帶著文化遊名城

老北京記憶

劉嘯 編著

追溯人文奇趣，感受歷史滄桑，領略老城風光。
這裡有原汁原味的北京民俗；
這裡有地道的京腔京韻；
這裡有濃厚的北京情結；
這裡是北京，有一種難以忘卻的老北京記憶。

前　言

　　北京是一座有著3000多年建城史和800多年建都史的歷史文化名城，它與西安、洛陽、南京並稱為「中國四大古都」，它擁有7項世界級遺產，是世界上擁有文化遺產項目最多的城市，因此北京是您選擇旅遊文化名城最合適不過的城市了。

　　那麼您真正地了解過北京嗎？您了解它的歷史文化嗎？《帶著文化遊名城——老北京記憶》可以帶您一一領略，在這本書裡您可以更加深入地了解北京的歷史，體會最具特色的老北京韻味。

　　歷史上關於北京這一地方最早的記錄源於北京西南地區。後來燕滅薊，並將都城遷在薊，被後人統稱為燕京或燕都，這就是北京最早的雛形。

　　秦、漢、魏晉南北朝及隋唐時期，因整個政權更替變遷的「主戰場」都在西安、洛陽、開封一帶的中原地區，因此北京並沒有成為那幾個朝代的主要城市，但隨著蒙古族建立元朝，北京也發生了翻天覆地的變化。西元1271年忽必烈建立了元朝，並定都北京（史稱元大都），如今我們所看到的北京城正是在元大都的基礎上建造而成。具有鮮明北京特色的「胡同」，其得名就源於蒙古語。可以說北京的文化就是當年元朝文化的一個縮影。

　　元朝滅亡之後，朱元璋開創的大明帝國將其都城定在了南京，北京城再次「暗淡」了下來，但歷史就像少女的心情——總讓人琢磨不透。朱棣於西元1402年發動「靖難之變」，奪取了明王朝的政權，隨後將「新明朝」的都城由南京遷到了北京，北京城再次「熱鬧」了起來。「靖難之變」不僅僅是明王朝新的開始，也是北京城新的開始，這次都城的變遷，不僅是地域上的變化，也是文化上的交流與融合！您知道嗎？如今聞名於全世界的北京烤鴨，其前身就是南京的板鴨；如今北京城的雅號紫禁城，其前身則是南京的

明故宮，這些您都可以通過《帶著文化遊名城──老北京記憶》這本書找到相應的解讀。

　　李自成起義打破了明王朝的大一統，愛新覺羅氏入主中原粉碎了李自成的皇帝夢，從此北京城迎來了它的新主人──清朝。北京城是在清朝時期最終建成的，如今北京城的一草一木、一山一水無處不透著當年大清王朝的氣息。當您來到故宮，想知道當年皇帝是由哪個門出入的嗎？當您看到故宮裡有很多烏鴉的時候，感到過奇怪嗎？這些即便以前您不知道，不要緊，翻開此書，會讓您一一了解。

　　辛亥革命槍聲的響起，讓中國徹底地告別了封建統治，民國時期的軍閥混戰，讓這座歷史老城飽受戰亂無情的折磨。但北京城是勇敢的，是堅強的，它挺了過來，並且在1949年的10月1日，成為了新中國的首都。

　　這兒就是北京，這兒有著純粹的京腔京味兒，這兒還有著您更多不知道的東西。《帶著文化遊名城──老北京記憶》將會帶領您更加深入地了解北京，了解它的歷史、了解它的文化、了解它的美。

　　《帶著文化遊名城──老北京記憶》一書按照北京獨有的特色分為九章，分別是「北京城的變遷與城門樓」「北京的皇家園林」「北京的陵墓寺廟」「北京的王府故居」「北京的名山勝水」「北京的民居胡同」「北京的民俗特色」「北京的街橋地名」「北京的美食小吃」。

　　在每章下又細分，如「北京的皇家園林」下分故宮、天壇、北海公園等景點；在每個景點下又細分出含有趣聞文化的故事，像「故宮的設計出自何人之手」「故宮裡真的沒有廁所嗎」「天壇裡真的有『鬼門關』這一地方嗎」等。不僅如此，本書還配上精美的插圖，讓讀者更直觀地理解北京。

　　本書可以讓您在如今快速的生活節奏下，將思緒穿越回幾百年前，將腳步走遍北京城的各個角落。人未至，心已遠，拿起本書，讓心靈去旅行吧！

目錄 CONTENTS

開 篇

北京城的變遷與城門樓

北京的皇家園林

北京的陵墓寺廟

北京的王府故居

北京的名山勝水

北京的民俗特色

北京的街橋地名

北京的美食小吃

附　錄

開　篇

出行前的準備

北京，首都，多少個朝代的都城。

這裡曾是自豪的天子腳下，這裡依然有著濃郁的老北京味道。

曾經只能通過螢幕看到的景象，如今即將展現在您的眼前。

這久遠的歷史，這沉澱的幽香，您是打算走馬觀花地掃一眼呢？還是跟著導遊跳躍性地瀏覽一番？抑或帶著文化遊名城，將這一次相遇演化為一場您與老北京的久別重逢？

您是否了解北京獨特的歷史？您是否知道北京獨有的特色？您是否了解北京最佳的旅遊季節？您是否知道北京少數民族的分布及其各自的風俗？您是否了解北京人一些常用的方言？

了解了這些，您將不再是一個沒有故事的過客。

北京的歷史

北京是中華人民共和國的首都，是中國政治、文化、國際交流和科技創新的中心。其地處華北平原的東北邊緣，緊靠燕山，毗鄰天津市和河北省。如今北京城分為東城區、西城區、朝陽區、海淀區、豐台區、石景山區、門頭溝區、房山區、大興區、通州區、順義區、昌平區、平谷區、懷柔區、密雲區、延慶區等16個市區。根據人口普查，到2015年末，常住北京城的人口已有2170.5萬之多。那麼您了解北京城的由來嗎？

其實，北京早在西周時期就已經出現了。周王分封天下的時候，將召公封於今天的北京房山地區，在當時稱為燕；又將堯的後代分封於今天的北京西南地區，當時稱為薊。後來燕滅了薊，便統稱為燕京或燕都。

秦朝時設北京為薊縣，為廣陽郡郡治。西漢時期，漢高祖將秦朝時的薊縣劃入燕國轄地，在漢昭帝時期又恢復了廣陽郡薊縣的稱號，但當時屬於幽州治所所在地。東漢光武帝改制時，置幽州刺史部於薊縣。永元八年復為廣陽郡駐所。西晉時，朝廷又將廣陽郡改稱為燕國，並將幽州的治所遷到范陽（約在今北京市和河北省保定市北部）。十六國後趙時，幽州治所又遷回薊

縣，並將燕國改為燕郡。隋朝時期，又改幽州為涿郡。唐初武德年間，又將涿郡復改為幽州。五代初年，軍閥劉仁恭在此建立了政權，稱燕王。後來此政權被後唐所滅。

宋朝時，宋曾與遼國在高梁河（約今北京市海淀區）發生了一場戰鬥，最後宋軍大敗，從此幽州成了遼國的區域。西元938年，遼國在北京地區建立了陪都，號稱南京幽都府。元朝統一全國後，將都城定於北京，史稱元大都。元朝滅亡後，明朝起初的都城在南京，後來朱棣發動靖難之變後，又將都城遷回北京。明末清初，北京城又一度作為清朝的都城，中華人民共和國成立，確定北京為首都，歷經建設形成了如今的北京城。

北京獨有的特色

北京特色眾多，有些儼然已經成為了北京的「符號」。這些「符號」主要可以分為建築符號、古蹟符號、地標符號和美食符號。

建築符號中，自然又以四合院和胡同為代表；古蹟符號有明十三陵和潭柘寺；地標符號有長城和天安門；美食符號自然少不了全聚德烤鴨和都一處的燒麥。

讓我們再進一步來了解一下這些北京的「符號」。

北京的建築符號

北京的胡同

胡同是北京獨有的特色，因此這裡也就形成了北京獨有的一種文化——胡同文化。胡同一詞的叫法，最早出現於元代，在蒙古語中叫「忽洞格兒」。因蒙古族地區水源相對缺乏，在蒙古族建立元朝後，這裡的居民在自己居住的場所前幾乎都會挖一口水井，而這些「井」成為了當時人們居住的代名詞。一排排民間的街道被稱為「忽洞格兒」，「忽洞格兒」在蒙古語中就是井的意思。後來人們就把「忽洞」諧音為「胡同」，由此一來「胡同」一詞一直沿用到今天。

北京的四合院

四合院是北京典型的民居，同時也是最能代表北京的一大特色。所謂合院，即是一個院子四面都建有房屋，四合房屋，中心為院，這就是合院。北京的四合院不單純是一種民居住所，它更多的是彰顯老北京獨有的一種文化。從四合院中不僅可以看出中國正統的封建思想，更能體會到老北京那獨特的韻味。

北京的古蹟符號

明十三陵是世界文化遺產、全國重點文物保護單位、國家重點風景名勝區、國家5A級旅遊景區。明十三陵中共有十三座皇帝陵墓、七座妃子墓、一座太監墓。來北京旅遊一定要去明十三陵，這裡已經不單純是皇家陵墓，更多的是向遊客們呈現中國歷史上那段不可遺忘的歷史——大明王朝的興衰成敗。

潭柘寺

潭柘寺始建於西晉，距今已有1700年的歷史，整個建築群充分體現了中國古建築的美學原理。其建築大體可分為中路、東路、西路三部分。中路的主要建築有牌樓、石橋、山門、天王殿、大雄寶殿等，大雄寶殿是中路的主體建築，殿內的重簷大脊，兩端有大型琉璃鴟吻，相傳為元代遺物；東路有方丈院、延清閣、流杯亭、行宮院等，其中的流杯亭是沿襲古代「曲水流觴」的習俗而建造的綴景建築；西路有觀音殿和石魚等，元世祖忽必烈的女兒妙嚴公主曾長期在觀音殿參拜禮佛，並留下後人稱誦的「拜磚」遺蹟。潭柘寺內每年不論什麼季節都會有眾多的遊客來此燒香拜佛，在這裡不僅可以感受到佛家文化的深厚底蘊，更能領略到北京這座繁華都市中的一種內在美。

北京的地標符號

長城

長城是世界聞名的奇蹟之一。它像一條蜿蜒盤旋的巨龍盤踞在中國北方遼闊的土地上；它是中國勞動人民智慧的結晶，是中國古代文化的象徵。長城始建於秦始皇時期，經過歷代的增補修建，如今我們見到的長城大多都是明長城，尤其是地處北京地區的八達嶺長城是明長城中保存最好的一段，因此長城也成為了北京的一種地標符號。

天安門

天安門廣場位於北京城中心，是北京的象徵之一，是當今世界上最宏大的城市中心廣場和最著名的旅遊勝地之一，有中國第一風景名勝之譽。在廣場的最北端，雄踞著金碧輝煌的天安門城樓。天安門前，鮮豔的五星紅旗迎風招展，高高飄揚。巍峨的人民英雄紀念碑，聳立於廣場中央。碑南是莊嚴肅穆的毛主席紀念堂，再往南則是高大典雅的正陽門城樓與箭樓（俗稱大前門）。這些宏偉的古今建築群，自北而南坐落在一條中軸線上，十分令人矚目。再加上廣場西側的人民大會堂、東側的中國國家博物館的有力襯托，整個廣場構成了一幅氣勢磅礴、無比壯觀的動人畫卷。

北京的美食符號

全聚德烤鴨

全聚德，中華著名老字號，創建於清朝同治三年（西元1864年），歷經幾代人的創業拼搏獲得了長足發展，如今已經成為了北京美食的一種「符號」。來北京旅遊一定要到全聚德吃一次這裡的烤鴨。當然在吃全聚德烤鴨時也有很多的講究，其中最需要注意的是，吃全聚德烤鴨最好在春、秋、冬三季，因為春、冬二季鴨肉比較肥嫩，而秋天天高氣爽，無論是溫度還是濕度，都利於製作烤鴨。

都一處的燒麥

都一處是北京老字號店之一，開業於清乾隆三年（西元1738年），起初都一處並不是經營燒麥的，而是一家經營燒餅、炸豆腐的小店鋪。不過因乾隆皇帝光臨過的緣故，這裡成為了京城一家有名的店鋪。後來經過幾代的人經營，都一處的燒麥成為了北京著名小吃之一。

北京最佳的旅遊季節

9至11月的秋季是遊北京的最佳季節，此時的北京秋高氣爽，楓葉漸紅，銀杏鋪路，景色是一年中最美麗的。尤其是10月下旬至11月上旬，紅葉層林盡染，有幸還能趕上香山的「紅葉節」，不過那時的北京也是遊人如潮。

北京的4月雖然多有風沙天氣，但中旬過後，滿城植物開始發芽開花，整個北京都充滿著朝氣與活力，一簇簇杏紅梨白將京城打扮得亮麗光彩。

北京的冬季是冷冷的，卻也是一個旅遊觀光的好時機。冬季北京的旅行社、飯店和眾多景點都實行淡季價格，而且冬天的北京也別有韻味。北京的廟會都是集中在冬季的正月裡舉辦，規模盛大，熱鬧非凡。冬季來北京遊玩，還可以在北海滑冰，上西山觀雪，吃一鍋熱騰騰的涮羊肉，樂趣橫生。

來北京常聽到的方言

中國通行的普通話是以北京話為基礎語音，把北京話去掉京味兒，以北方話為基礎方言，就成了普通話。

但這並不是說北京話就等於普通話——北京話是北京方言，它只活動在老北京人這個圈子裡，和其他地方的方言一樣也是一種方言。

北京建都數百年，人來人往，留下了各地方言，如蒙語、滿語、古漢語，再加上文化作品如元曲、傳奇、《紅樓夢》《兒女英雄傳》中的土語，

融匯成如今的北京方言。因此，想要理解北京方言，還是有一定難度的。

現在，我們先來認識一些簡單常用的北京方言。

砸窯——把好吃的放在一旁，先吃別的。

局器——仗義，大方，豪爽。

果礬——形容沒見過世面不開眼的人。

點卯——到那兒報到或看一眼，打個照面兒的意思。

言語——即說話的意思。

翻車——即翻臉的意思。

炸了廟——驚愕、急眼的意思。

練家子——練武術的人。

瞎了——即倒楣了、完了的意思。

這程子——這一段時間的意思。

拉了胯——服軟的意思。

半不囉囉——半截兒，事情做到一半，尚未完成。

大拿——能作主管事的人。

抹不丟地——難為情，面子上不光彩。有時也說成抹咕丟的。

顛兒了——撒腿跑了。

嘎雜子——心計壞、怪主意多的人。

蜇囉——剩飯剩菜燴在一起。

崴泥——把事情做砸了、壞事。

北京城的變遷與城門樓

　　老北京的城牆與城門樓見證了北京城昔日的歷史。城門樓下悠遠的駝鈴聲、城牆邊上的鴿哨燕鳴，都是老北京人最深處的記憶。

　　隨著時光流逝，北京的高樓大廈漸漸拔地而起，而北京的老城牆、城門樓卻在漸次消失。北京城如今保存下來的城門樓，僅存「一對半」——「一對」是正陽門城樓和箭樓，「半」是德勝門箭樓；而城牆，只剩下了不到400公尺。

　　那麼您對歷史上的北京城了解多少呢？您知道歷史上的北京城共有多少個稱謂嗎？您知道北京曾幾次更名為北平嗎？您了解北京城門樓「內九外七皇城四」的說法嗎？……

　　讓我們一起來看看北京城的變遷。

歷史上的北京城

歷史上的北京城有多少個稱謂

北京作為中國古都之一，距今已有3000多年的建城史，800多年的建都史。它聚集了人類文化的精華和瑰寶，是中國的政治、文化中心。

北京在不同的朝代有著不同的稱謂，據不完全統計，北京在歷史上先後有60多個稱謂，可能是世界上稱謂最多的城市。

早在70萬年前，北京地區就生活著猿人——最早的「北京人」。三皇五帝之時，黃帝的第三代，顓頊幽陵祭祖（幽陵即今天北京的總稱），到了帝堯時期正式建立幽都，即古代的北京。大約西元前1122年，武王伐紂後，周天子封帝堯的後代於薊，封召公於北燕。之後燕吞併了薊，並以薊為都城，建立了燕國。當時燕國的範圍包括今天整個北京地區和河北的北部以及遼寧一帶。因都城在薊，所以從西周到春秋時期，北京城被稱為薊城。

西元前221年，秦滅六國後在北京地區設薊縣，為廣陽郡的治所；西漢時期北京屬幽州；隋朝時改幽州為涿郡；唐朝又恢復了幽州之稱；宋朝時一直沿用幽州這一稱謂；遼國南下之後，佔領了當時的北京，並將幽州改為幽都府，建都南京，稱燕京；金滅遼後，改稱為中都；元朝統一全國後，北京城又被稱為元大都；朱元璋滅元建明後，改元大都為北平；朱棣發動「靖難之變」遷都北平後，又將北平改為北京；清朝時沿用明朝的稱謂也稱北京；辛亥革命後再將北京改稱為北平；新中國成立後又恢復了北京這一稱謂。

這就是北京在歷史上大體的稱謂變遷。其實，北京城的稱謂遠遠不止這些，還有春陽、京門、長安、京華等稱謂。

涿鹿之戰中的涿鹿是今天的北京城嗎

涿鹿之戰是中國遠古時代一場著名的戰役，戰爭的雙方分別是黃帝與炎帝的聯軍以及東夷部落首領蚩尤，作戰的地點在涿鹿，戰爭的目的是奪取適

合游牧和農耕的中原地帶，戰爭的結果是黃帝和炎帝取得勝利。涿鹿之戰對中華民族的發展起到了舉足輕重的作用。這場戰爭對華夏民族由野蠻時代向文明時代邁進起到了推動的作用。那麼這麼重要的一場戰役，所發生的地點——涿鹿是今天的北京地區嗎？

涿鹿之戰形勢圖

據歷史學家們的考究，涿鹿之戰後黃帝和炎帝在涿鹿建立起了部邑，但當時並沒有具體的稱謂。根據《史記‧五帝本紀》的記載，北京地區真正有名稱是在顓頊帝時，當時的北京稱為「幽陵」。當時「幽陵」在涿鹿的南方，後來經過歷朝歷代的改名和變遷，當時的「幽陵」成為了今天的北京，而涿鹿則成為如今的河北張家口。所以涿鹿之戰的涿鹿具體位置應該是今天的河北張家口涿鹿縣境內，並非北京。

周朝時期的薊城在今天北京城哪個地方

西周建國後，周天子將商朝的後裔分封到薊地，商朝的後裔在此建薊城；到了東周時期薊國被燕國所滅，燕國以薊城為新的都城。酈道元的《水經注》中也有相關的記載：「昔周武王封堯後於薊，今城內西北隅有薊丘，因丘以名邑也，猶魯之曲阜，齊之營丘矣。」那麼薊城到底是如今北京城的某個地方還是如今的北京城呢？

新中國成立以來，考古學家為了探索當初薊城的具體位置，先後歷經了數十年的考古探索，為薊城的所在地提供了大量的資料。在20世紀50年代，考古學家在薊丘以南4公里左右（如今的廣安門南700公尺處），發現了春秋戰國遺址，並從遺址中挖掘出了饕餮紋半瓦當，而這正是當時燕國建造都城常用的建築結構。1956年在永定河引水施工現場，人們意外發現100口陶井，經過考古專家推斷這些陶井屬於春秋戰國時期燕國的陶

薊城紀念柱

井，隨著考古學家進一步的發掘，發現這樣的陶井在陶然亭、白雲觀、姚家井、廣安門內白紙坊和南順城街、和平門外海王村等處都有分布，更為密集的地方是在內城西南角經宣武門至和平門一帶。由此可見，當時燕國的薊城並不是如今的整個北京城，而是在北京城的西南地區。

燕人指的就是北京人嗎

《三國演義》中張飛常說：「俺乃燕人張翼德」，那麼張飛所說的燕人指的是北京人嗎？根據《三國志》記載，張飛為涿郡人氏。

涿郡屬於今河北省。東漢末年，河北的涿郡屬於幽州，幽州的治所則是薊（如今北京西南地區）。而在戰國時期，河北屬於燕國，所以張飛才自稱燕人。因此，燕人多指河北人而並非北京人。其實，最早的北京人是土生土長的北京猿人，距今已有70萬年至20萬年的歷史；如今的北京人還或多或少地保留了北京猿人的特徵，如身材粗短、前額低平、眉骨粗大、顴骨高突等。

遼代時的南京是今天的北京嗎

我們都知道如今的南京和北京是地處南北兩座不同的城市。但是在「五代」遼國時期有個城市叫南京，那麼遼代時這個南京指的是今天的南京還是北京呢？

遼、北宋、西夏形勢圖

遼國是由北方的一個游牧民族契丹族所建立。西元907年，遼太祖耶律阿保機統一了契丹各族稱汗。西元947年，遼太宗耶律德光在開封定都，並改國號為「遼」。但後來遼國被後漢所擊敗，都城由開封遷移到上京（今內蒙古巴林左旗林東鎮南郊）。遼國在遷都之後，施行了五京制，除了都城上京臨潢府，還建立了四座陪都，包括西京大同府、南京析津府、中京大定府和東京遼陽府。其中的南京析津府的位置，就是今天的北京城所在地。因此遼代時期的

南京指的就是今天的北京，而不是南京。

西元1123年，金佔領上京後，南京成為遼國的代都城，當時的南京城是今天北京廣安門一帶，是遼國五個京都中規模最大、經濟最繁華的都城。

北京歷史上曾幾次更名為「北平」

「北平」可以說是北京歷史上最為人熟知的一個別稱了，尤其是在民國時期，已然婦孺皆知。不過您可知道北京在歷史上最早於何時有「北平」之名？又有幾次更名為「北平」呢？

「北平」一詞，最早源於戰國時燕國所置的右北平郡。西漢時北京屬廣陽國，東漢復為廣陽郡，均與右北平隔著漁陽郡。

西晉時期，右北平郡更名為北平郡。

唐朝時，北平郡更名為平州，西元714年至西元743年，北京為幽州治所，轄大約今天京津兩市，置范陽節度使。至此「北平」第一次消失。

老北京地圖局部

元朝定都北京，改名為大都。朱元璋於西元1367年建立明朝，次年派大將徐達領兵北伐攻佔大都。由於明朝定都應天（南京），大都光復後不再是中國的都城，遂改稱為北平府。北京第二次改稱「北平」。

明太祖在位時，北平是燕王朱棣的封地。後來朱棣發動「靖難之變」奪取皇位，成為明成祖。明成祖登基後（永樂元年，西元1402年），改北平府為北京，並於永樂十八年遷都北京。於是，應天降為陪都，因在京師北京的南邊，故稱為「南京」，此為兩京制。至此，「北京」出現，「北平」再度消失。此後清王朝也繼續使用「北京」一名。

1928年，蔣介石的國民政府北伐，北洋政府倒台，國民政府定都南京，北京第三次改名為「北平」。1937年「七‧七」事變後，北平被日軍佔領，並成立了偽中華民國臨時政府，將「北平」改名為「北京」。1945年抗日戰爭勝利後，國民黨蔣介石政府第四次把「北京」重新更名為「北平」。

新中國成立後，於1949年9月27日召開了中國人民政治協商會議第一屆

全體會議，會議通過了《關於中華人民共和國國都、紀年、國歌、國旗的決議》，決定定都北平，並將「北平」重新改名為「北京」。至此，「北平」便永遠地退出了中國歷史的舞台。

在北京歷史上的這幾次更名中，關於日偽政府將「北平」更名為「北京」一事可不算在內，因為這在當時並未獲得中國政府和廣大人民的承認。

為什麼說金代中都的修建開闢了北京城的修建先河

現在北京城的格局基本保留了明清時期北京城的格局，然而歷史上為北京城修建打下基礎的，並不是明清，也不是元朝，而是金代。

金滅遼後定都中都（今北京），金朝在修建北京城時，是按照北宋都城東京（今開封）的格局而設計。金朝的中都城分為大城、皇城和宮城三重，三城規劃完整，布局周密，輝煌壯麗。它的規劃布局，上承宋東京，下啟元大都，開創了北京都城建築布局的先河。金朝的建立者完顏阿骨打屬女真族，女真族很早就受到漢文化的影響，因此金朝在修建中都時，給中都城的四門取名為施仁門、彰義門、端禮門、崇智門，寓仁、義、禮、智之意。

另外，金朝在修建中都城時十分注重排水系統的修建，後來經過考古學家們的考古發現，金朝中都城的排水系統比以後歷朝的排水系統都要完善。此外，金朝修建的中都城不僅修建城池宮殿，而且大興離宮園囿。中都皇家園囿的分布，有大寧宮，還有東苑；有南苑，內修建春宮，宮外環水，金章宗曾14次去苑中遊幸；有西苑，金帝曾在苑內閱武；有北苑等。可謂景色秀麗、佳勝萬千。

著名的燕京八景，最初也是出現在金代。當時的燕京八景為：太液秋風、瓊島春陰、道陵夕照、薊門飛雨、西山積雪、玉泉垂虹、居庸疊翠和盧溝曉月。

可以說金朝中都城的修建是女真族文化和漢族文化融合的產物，同樣也為北京城能夠成為如今繁華的世界大都市開創了先河。

忽必烈為什麼會選擇北京為元朝的都城呢

　　元朝是中國歷史上疆域最廣的朝代。根據《元史・地理志》記載：「北逾陰山，西極流沙，東盡遼東，南越海表」，「東、南所至不下漢、唐，而西北則過之」，可知當時元朝的疆域包括蒙古全境和俄羅斯西伯利亞以及泰國、緬甸北部等地，其領域的面積是現在中國的兩倍之大。既然元朝的疆域深入歐洲和東南亞一帶，為何忽必烈在定都時會選在北京？

北京故宮

　　首先，元朝的都城元大都是在遼金的基礎上建立的，忽必烈意識到北京位於東西南北的交匯點上，不管是出兵南下還是北上，都可以縮短戰爭的供給線，可進一步加強中央集權的統治，因此定都北京。

　　其次，元朝內部的統治也並不太平，雖然元朝的疆域很大，但實際上都是由蒙古族內部各個部族的可汗所有。忽必烈在建立元朝時，其他的可汗國實際上已經獨立存在，他們直接受忽必烈的管制，雖然在法律上是屬於元朝，但實際上他們各自為政。因為忽必烈父親拖雷的領地治所是在今天的北京地區，因此忽必烈也就定都在北京。

　　此外，還有一種說法，元朝在選擇都城的時候，是由天文學家、風水學家劉秉忠和郭守敬師徒二人根據風水選擇北京的。劉、郭二人認為北京城是一個風水極佳的地方，這裡依山傍水，是「臥龍」之地。

在元大都的基礎上修建北京城的是朱元璋嗎

　　西元1368年8月，由朱元璋領導的農民起義軍攻陷了元朝的都城——北京，同年朱元璋稱帝，建立了明朝。但是明朝建立時並沒有定都北京，所以在元大都的基礎上修建北京城的並不是朱元璋。那麼到底是誰重新修建北京城呢？

實際上修建北京城的是朱元璋的第四子朱棣，也就是後來的明成祖。洪武三年（西元1370年）朱棣被封為燕王，管轄地就在今天的北京，朱棣被分封到北京後，就開始在元大都的基礎上修建北京城。西元1399年，朱棣發動「靖難之變」後，於西元1402年奪取皇位，並於西元1406年開始籌劃遷都北京，並在燕王府的基礎上歷經一年的時間營建西宮，西元1409又在昌平天壽山建造了壽陵。從西元1416年開始，仿效南京城開始重修北京，於1420年建成了紫禁城的宮殿、太廟、太社稷、鐘樓等。西元1421年遷都北京後，又在北京城的南郊修建了天地壇和山川先農壇。

可以說，如今北京城的整個格局和著名的建築群，都是在朱棣時期形成並修建的，朱棣為北京城的建設做出了巨大的貢獻。

朱棣為何要遷都北京

朱棣像

明朝建立後，起初的都城定在南京。但後來朱棣經過「靖難之變」奪取了政權，並將國都由南京遷往北京，到底是什麼原因讓朱棣遷都北京呢？

朱棣遷都北京的說法有很多，主要原因有以下幾點：

首先，從政治方面考慮。自明朝建立以來，元朝的後裔一直想要重新奪回政權，因此不斷出兵騷擾明朝的北部地方。朱棣為了鞏固自己的統治，由此決定將都城從南京遷往北京。

其次，朱棣也是一位重情之人。朱棣在未稱帝之前北京就是他的發跡之地，從他的封號「燕王」也可以看出這一點。在他獲得皇權之後，不忘自己的發跡之地，於是決定遷都北京；另一方面，朱棣在攻打南京時，南京城遭受了戰火的踐踏，皇宮內城可能遭受了不可修復的毀滅，因此朱棣才遷都北京。

還有一個原因，北京地處中原地帶，是連接東北、西南、西北的中心處，是十分重要的戰略要地。

清代時的北京為何被稱為一南一北「雙城」制

　　清代的政治中心是紫禁城，紫禁城的宏偉壯觀是無與倫比的，那麼既然已經有了如此氣派的政治中心，又何來一南一北「雙城」制一說呢？

　　這要從燕王朱棣發動「靖難之變」說起。朱

三山五園外三營地理全圖

棣即位之後，首先遷都北平，並把北平改稱北京。明北京城的營建，從永樂四年（西元1406年）開始，到永樂十八年（西元1420年）才基本上竣工，前後延續了十五年之久，可以說已經修建得非常完善了。當西元1644年清軍入關時，統治者幾乎完全沿用了明朝的北京城，沒有什麼變動，就連紫禁城在內，也只是對建築物做了一些重修和局部的、小範圍的改建、增建工作。

　　與此同時，為了滿足統治者的享受，大規模地開發了北京西北郊的園林風景區，營建了規模空前、華麗非凡的離宮建築群。這就是通常所稱的西北郊「三山五園」，即玉泉山靜明園、香山靜宜園、萬壽山清漪園（頤和園）和暢春園、圓明園。清代皇帝在這裡觀覽山水，處理朝政，成為與北京城中紫禁城並重的另一個政治中心。清代發生的許多重大歷史事件都與這一帶的園林有密切關係。

　　所以有人稱清代北京是一南一北的「雙城」制，並不是沒有道理的。

新中國的首都為何選在北京

　　北京作為中華人民共和國的首都，到現在已有60多年的歷史，但當時新中國在選擇首都的時候除了北京外，像南京、西安、洛陽等也是作為首都的熱選城市，那麼是什麼原因選定北京為新中國的首都呢？

　　首先，北京自金朝到清朝一直是建都之地，這裡有著寶貴的文化物質和非物質遺產，也是近代新文化思潮的發源地。這種新文化思想的發展對中國

革命的發展起到了推動性的作用。最早的文化思想發展以戊戌變法為起源，雖然最後失敗，卻代表著對封建制度一次空前的批判思潮。接著就是新文化運動與五四運動，這兩次運動為中國革命在精神上注入了新的活力，為中國共產黨的誕生奠定了思想上的基礎。

其次，既然蔣介石在南京建立政府，那麼毛澤東則選擇把政府建立在北京，以體現出兩種截然不同的政權體系。

第三，從國際地理位置來看，北京離當時社會主義盟友蘇聯比較近，而且三面環山，南部有水，地理位置極佳。而古城西安、洛陽等因中原地區經濟形勢趨於落後，而且這些地方都位於黃河流域內，水患多發，所以不適合選為首都。

因此，新中國在選擇首都時最終定為北京。

歷代建都北京有哪些風水依據

北京是一座歷史悠久的城市，更被多個王朝定為都城，從春秋的薊國，到戰國的燕國，再到金、元、明、清，以及現在的新中國，都選擇建都在北京。古人動土定居推崇風水，何況是建都這樣的大事。如此看來，北京定是一塊不可多得的風水寶地了，那麼，北京如此被地質地理學家和風水大師青睞又有哪些依據呢？

北京大學教授于希賢認為，北京西部是太行山脈，西北是燕山山脈，東北有山海關，這些山脈大都在千公尺以上；東有渤海，南有黃河，中間是河北平原。形成背有靠山屏障、前有水系明堂的最佳格局。從戰略意義上講，北京可以憑居庸關、山海關北控漠北，虎視江淮。

蘇軾有詩云：「燕山如長蛇，千里限夷漢。首銜西山麓，尾掛東海岸。」

朱熹精通堪輿，他曾向皇帝薦言：「冀州好風水，雲中之山，來龍也；岱嶽，青龍也；華山，白虎也；嵩山，案也；淮南諸山，案外山也。」

金人認為，燕都地處雄要，北依山險，南壓中原，若坐堂隍，俯視庭宇。北京在地理位置上的確獨特，它為中原北方門戶，是中國的「龍眼」所在。它面平陸，負重山，南通江淮，北連朔漠，可稱得上是「財貨駢集，天

險地利」，為汴（開封）、洛（洛陽）、關中（西安）、江左（南京一帶）所不及。

元代定都時，巴圖魯建議：「幽燕之地，龍盤虎踞，形勢雄偉，南控江淮，北連朔漠。且天子必居中以受四方朝覲，大王果欲經營天下，駐華之所，非燕不可。」忽必烈也認為北京「地扼襟喉趨朔漠，天留鎖鑰枕雄關」。

明初，朱元璋攻下大都，本想建都北京，但因忌諱元朝的亡國之氣，才改在南京。但後來朱棣奪取王位，發現還是北京的風水最好，所以於1604年定都北京。徐達在劉伯溫的授意下以射箭定都在老北京人的傳說中是件很有神秘色彩的事。

清軍入關取代明朝，毅然以北京為都，統治200多年。

對於新中國的定都經過，曾經有這樣一個故事。據說當時毛澤東曾向時任東北局城市工作部的部長王稼祥諮詢，他說：「我想聽聽你的意見，我們的政府定都何處呢？歷朝皇帝把京城不是定在西安就是開封，還有就是南京或北平。我們的首都定在哪裡最為合適呢？」王稼祥思考片刻後回答：「能否定在北平？」

毛澤東問他理由，王稼祥就分析說：「南京雖是虎踞龍盤，地理險要，但是只要翻開歷史就會知道，凡建都金陵的王朝都難以長命。西安太偏西，現在中國的疆域不是秦漢隋唐時代了，那時長城就是邊境線，現在長城橫臥於中國的腹地，地理位置上已不再具有中心的特點。特別從經濟的角度看，東部沿海和江南具有明顯的優勢，是經濟中心，這樣一來，選西安為都也不適合。黃河沿岸的開封、洛陽等古都，因中原經濟落後，而且這種局面不是短期內能夠改觀的，加之交通以及黃河的水患等問題，也失去了作為京都的地位。首都最理想的地點是北平。北平位於沿海地區，屬於經濟發達圈內，而且扼守連結東北與關內的咽喉地帶，戰略地位十分重要，可謂今日中國的命脈之所在。同時，它靠近蘇蒙，無戰爭之憂，雖然離海近，但渤海是中國內海，有遼寧、山東兩個半島拱衛，戰略上十分安全，一旦國際上有事，不至立即使京師震動。此外，北平是明清兩代五百年帝都，從人民群眾的心理上，也樂意接受。考慮到這些有利條件，我的意見，我們政府的首都應選在北平。」

對王稼祥的這一番話，毛澤東深以為然。

中國的版圖像一隻公雞，毛澤東詞曰：「雄雞一唱天下白，萬方樂奏有于闐」。北京的位置恰好就在「雞」的咽喉部位。

北京的中軸線指的是什麼

現在所謂北京城的中軸線實際上是指明清時期北京城的中軸線。中軸線在建立之初所蘊含的本意是凸顯封建帝王的中心統治地位。所謂的中軸線是指貫穿城市南北，平分城市的分割線。北京城的中軸線從城南的永定門起，止於城北的鐘樓，其長有8公里。從永定門開始依次為：永定門、前門、正陽門、中華門、天安門、端門、午門、紫禁城、神武門、景山、地安門、後門樓、鼓樓和鐘樓。

北京中軸線

整個北京城以此軸線為中心，形成了「左祖右社」「前朝後市」的布局。但關於北京城的中軸線還有一段久遠的歷史。最早在北京城劃分中軸線是在金代，當時的中軸線是一條貫穿內外城門的皇帝專用道路。後來到了元朝，中軸線才正式形成，其位置是今舊鼓樓大街的中心線及其向南的延伸線，越過太液池東岸的宮城中央。到了明代，統治者將中軸線向東平移了150公尺，最終形成了現在北京城中軸線的格局。

老北京的城門樓

北京城到底有多少座城門樓

老北京的城門和城牆見證了北京城久遠的歷史，那麼北京城到底有多少座城門呢？

關於北京的城門有「內九外七，皇七禁城四」的說法，這種說法具體形象地告訴了我們北京城共有二十七座城門。

永定門樓南側

其中的「內九」指的是：正陽門（前門）、宣武門、崇文門、阜成門、朝陽門、西直門、東直門、德勝門、安定門。

「外七」指的是：永定門、左安門、右安門、廣渠門、廣安門、東便門、西便門。

「皇七」指的是：天安門、地安門、東安門、西安門，大明門（大清門）、長安左門、長安右門。

而「禁城四」指的是紫禁城的四個門：午門、神武門、東華門和西華門。

薊門是北京城的一座城門樓嗎

北京城是有名的古都之城，在歷朝歷代都有著不同的稱謂，如薊城、薊州、薊縣、薊門、薊北等，但不論北京被稱作哪一個名稱，都沒有一座城門叫「薊門」。儘管在很多的古詩詞中都出現過薊門，但這個「薊門」泛指的是北京這個地方，並非城內的某一城門。即便是有名的京西八景之一的薊門煙樹，也不是北京城的一座城門，更不是古薊門的遺址，而是元代古城的舊

址。既然這樣，那麼薊門煙樹曾是清乾隆皇帝親自立碑題字的，這又是怎麼一回事呢？

　　乾隆是一位喜歡吟詩作賦、尋幽訪勝的皇帝。相傳有一次，乾隆帝在一首古詩中看到「薊門」這個詞，並對其產生了濃厚的興趣。他就問大臣們古詩中所寫的「薊門」到底在哪？大臣們一時也想不出「薊門」在哪，但又不敢說不知道，就敷衍而籠統地說：「古之『薊門』，在古城。」乾隆帝聽後，非常認真地說：「一定要找到這個古城。」不過北京城的古城很多，到底哪一個才是乾隆要找的古城呢？大臣又開始說：「若去延慶的古城需二百里，去房山的古城需一百里，去石景山的古城只需五十里，不妨皇上由近到遠地尋找。」說來也巧，乾隆皇帝果然在石景山處找到了一座古城，並在古城外看到了一座城門，他十分得意，以為這就是古詩中所寫的「薊門」，還在此處立一石碑，在石碑上題寫「薊門煙樹」四個大字。從此，薊門有了一個準地兒，還是皇家欽點的地方。

　　但實際上，這座古城並非古薊城，古城的城門更不是古薊門，而是元大都城西面城牆，靠北端的一個門，即肅清門的遺址。

老北京城真的是按照八臂哪吒畫像修建的嗎

　　老北京城一直被說成是八臂哪吒城，其實這只是對北京城一種形象的說法。北京城的整體格局和造型，在一定程度上是受到明清時期的規劃影響。而明清時期的北京城是在元大都的基礎上修建而成。對於老北京城是否真的是按照八臂哪吒的畫像修建的，還有一段有趣的傳說。

　　明成祖朱棣稱帝遷都北京後，決定重新修建北京城。在動工修建之前，有位大臣對朱棣說：「民間傳說，北京城原來是一片幽海，有一條惡龍在此看守，想要修建北京城必須先要把這條惡龍降服。」於是，朱棣命手下的兩位軍師——劉伯溫和姚廣孝去完成此事。

　　劉伯溫和姚廣孝在領到聖旨後，一起察看了北京城的整個地形。因兩人都想在修建北京城時拿到頭功，所以他們最後決定各自負責一個方向，於是劉伯溫對姚廣孝說：「咱們分開住，你住在西城，我住在東城，十天之後再碰面，到時候我們倆拿出自己的設計圖來，看看我們倆想的是否一樣。」姚廣

孝同意了這個建議。就此兩人一個住在了
西城，一個住在了東城，兩人都對自己負
責的地方的地形進行察看。說來也奇怪，
每當二人在勘察地形時，都會聽到一個小
孩說：「照著我畫呀，照著我畫呀。」更
奇怪的是，兩人每天晚上睡覺時都會夢到
一個頭上梳著小抓髻，露著半截腿，光著
腳丫子，穿著紅褲子紅襖的小孩。這小孩
的小紅襖很像一件荷葉邊的披肩，肩膀兩
邊有浮鑲著的軟綢子邊，風一吹真像有幾
隻臂膀似的。兩人一想這不就是八臂哪吒
嘛。於是兩人都按照八臂哪吒的樣子畫出了修建北京城的圖紙。

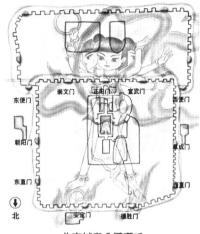

北京城與八臂哪吒

　　第十天的時候，兩人碰面了，各自拿出了自己的圖紙給對方看，結果兩
人同時哈哈大笑，原來兩人所畫的圖紙一模一樣，都是按照八臂哪吒的樣子
設計而成。那麼這八臂哪吒的樣子都是北京城的哪些地方呢？

　　正陽門是哪吒的頭；甕城東西開門是哪吒的耳朵；門裡的兩眼井是哪吒
的眼睛；崇文門、東便門、朝陽門、東直門是哪吒的左四臂；宣武門、西便
門、阜成門、西直門是哪吒的右四臂；北邊的安定門、德勝門是哪吒的兩隻
腳；皇城正門——天安門是五臟口，從天安門到正陽門中間那條長長的平道
就是哪吒的食道了；而北京的胡同就變成了哪吒的大小肋骨了。

老北京的城門一共有幾部分

　　來北京旅遊，不得不了解一下北京的城門。關於北京的城門有一句俗
語——內九外七皇城四，九門八點一口鐘。那麼老北京城的城門到底是什麼
樣子的呢？

　　說起城門也許很多人都在螢幕中見過，實際上老北京的城門並不像影視
劇塑造的那樣一個大門洞。城門首先是一扇門，這是毋庸置疑的，但畢竟這
是城門，不是普通的宅院門和房屋門。老北京的城門除了有通道之用外，更
重要的是在發生戰爭時它能起到抵禦功能。由此可見，老北京的城門其實

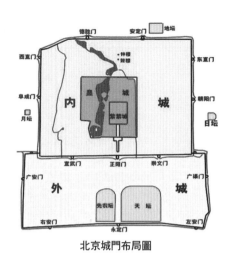

北京城門布局圖

是由一組具有防禦功能的建築所組成的，它主要包括城樓、甕城、箭樓、閘樓等。

城樓建築在城台上面。城樓的下面與城牆連成一體的部分是城台，城台要比相鄰的城牆稍微高一些、寬一些，在城台的中間開的門是「城門樓」。城門樓是城門最後的一道防線。

甕城則是建在城樓前的一座小碉堡。甕城的牆體和城樓的牆體相連，甕城多建為方形、長方形和半圓形等幾種不同的形狀。甕城主要是把防禦線向外延伸並起到保護城樓的作用。

箭樓建在甕城的正中間，分為四面，其中一面正對著城樓，其他三面每層上都有向外發射弓箭的箭窗。箭樓下的城台要比甕城的城牆稍高稍寬，並與甕城連在一起，在防禦外敵時起到射箭的作用。

閘樓也是建在甕城之上，或者在左，或者在右，也可能左右都有。它的形狀就好比是小一號的箭樓。閘樓也是三面闢有箭窗，下面闢有門戶。但是，閘樓的下面不設門扇，而是設有由閘樓控制可以吊起或放下的「千斤閘」。

這些建築建造在一起就形成了一扇完整的城門，而北京的皇城城門和內城城門主要是體現皇家至高無上的權力，所以內城城門只建了城門樓，而外城的城門主要是起防禦作用，因此城門的修建要更像城門。

老北京的城牆為何沒有西北角

北京城有著悠久的歷史，而見證這座古城歷史的則是那些富有「生命」的古城牆。但令人意想不到的是，北京城這樣一座具有歷史文化氣息的古城城牆卻沒有西北角，這不得不說是一種奇觀。那麼為何北京城的城牆會沒有西北角呢？關於這個問題，真的是仁者見仁智者見智，社會上各種觀點和說

法也是眾說紛紜。

說法一：著名的地理學家侯仁之教授曾解釋說：「當初修建北京城時，把北京城設計成為矩形，當時皇帝為了突顯至高無上的統治中心地位，讓修建人員把矩形的對角線交在故宮的金鑾殿上。但是由於受到當時施工技術的限制，最終對角線並沒有交會於金鑾殿上。修建北京城的人為了避免殺身之禍只好去了一角，而去的這一角就是西北角，這形成了北京城沒有西北角的現象。」當然這只是一家之言。

說法二：這是一種民間傳說。據說明朝在重修北京城的時候，起初西北角和其他三個角一樣也是直角。但不知因何緣故，一天北京城的西北角突然斷裂，之後明清幾代皇帝都試圖修復，但遺憾的是屢修屢塌，最後出於無奈只好將其修成斜角。

說法三：一些社會學家從傳統的觀念上全新解釋了這一現象，他們認為中國自古以來就認為西北方向是一個缺口。西漢劉安的《地形訓》就認為，大地的八個方向由八座大山支撐著天體，其中西北方向的那座山就叫不周山。在《天文訓》中也講到，風來自八個方向，而西北方向吹來的風被稱為不周風。東漢的魯班解釋「不周」為不交之意，也就是說西北兩個方向是不交會的，既然不交會自然會出現一個缺口。按此解釋，北京城的西北角有缺口也就不足為奇了。

老北京人所說的「九門走九車」到底指的是什麼

明成祖遷都北京後，在重修北京城時，共開設了九門，也就是常說的「內九」。這九座門在當時分別起到不同的作用，也就是所謂的「九門走九車」，那麼這九門到底走的是哪些車呢？

正陽門，在元代時稱麗正門，也就是如今人們俗稱的「前門」。正陽門因是皇帝出行專用的門，因此又有「國門」之稱。所以說正陽門走的是「龍車」。皇帝每年農曆的冬至日和仲春亥日都會走正陽門前往天壇祭天和前往先農壇進行春耕。皇帝這兩次出行走的必須是正陽門。1949年北平解放後，人民解放軍舉行的入城儀式走的也是正陽門。

崇文門，元代時稱文明門。清朝時清政府還在崇文門內設稅關。崇文門

走的是酒車，因為當時河北的涿州是盛產美酒的地方，這些酒從涿州地區運往京城自然走的是南路。運酒的車先經過外城的左安門，再經過崇文門上稅後運入京城。清朝時期賣酒的酒鋪都會在門前掛上一招牌，上面寫著「南路燒酒」，以此證明自己賣的酒是已經上過稅的了。據說和珅當年就是靠掌管崇文門的稅收發跡的。

朝陽門，在元代時又稱齊化門。朝陽門主要是負責運輸米糧之用，所以在朝陽門的甕城門洞刻有一束穀穗的圖形。因為當時交通不像現在這麼發達，一些從南方運送來的糧食必須先走通惠河，通過水路運到北京城東邊的通州後，再裝車從通州運往京城。運送糧食的馬車出通州後，進城走的就是朝陽門。糧食運入朝陽門後，就暫時存放在附近的糧倉內。如今的朝陽門內還有「海運倉」「太平倉」等地名。

東直門，元代時稱元崇門。東直門在過去一直有最貧之門的說法，因過去的東直門外設有很多的磚窯，因此一些京城內常用的磚都是通過東直門運到內城裡的。除此之外，從南方運來的木材走的也是東直門，所以，東直門走的是磚車和木車。

德勝門，元朝時稱健德門。德勝門多為出兵征戰之門，所以德勝門走的是「兵車」。按照星宿，北方為玄武，玄武主刀兵，因此出兵打仗的時候必須走北門，而德勝門在這「九門」中屬於正北門，所以每次出兵打仗時，都會走德勝門。之所以叫德勝門，其中也寓意著每次出兵都會取得勝利。清朝時期，在德勝門東邊的城牆上會安裝一門大炮，不過這大炮不是用來打仗的，而是用來報時的。每天到了午時，德勝門和宣武門都會同時放炮，城內的百姓會聽炮對時。但老北京人卻常說「宣武午炮」，而不說「德勝午炮」，這估計是因為每當午時宣武炮響之時都會有犯人被處死，所以「宣武午炮」要比「德勝午炮」更為有名。

安定門，元朝時稱安貞門。此門是朝廷出兵作戰後的收兵之門。因此安定門走的也是「兵車」。不同於德勝門的是，德勝門是「出兵之門」，而安定門則是「收兵之門」。每次凱旋之後，軍隊都會由安定門進入京城，當然即便是這場戰爭失敗了，也會從安定門進入京城。安定門另一個作用，就是將故宮內的糞便運到城外，所以安定門也走糞車。

西直門，元朝時稱和義門。西直門與東直門東西呼應，因此老北京人常

說，西直門是東直門的「姐們兒門」。清朝時期，因京城內的井水苦澀發乾，皇親國戚們都不喝城內的水，專門喝位於城西玉泉山上的泉水。當時運水的車基本上都要經過西直門，所以西直門走的是水車。

阜成門，元朝時稱平則門。阜成門走的是煤車，因為當時京城西邊的門頭溝一帶設有很多的煤窯，從門頭溝運入京城的煤炭，走的都是阜成門。

宣武門，元朝時稱順承門。因菜市口刑場就在宣武門內，所以押運囚犯的囚車要經過宣武門，因此宣武門走的是囚車。

前門樓真的有九丈九高嗎

正陽門

「前門樓子九丈九，四門三橋五牌樓」；「前門樓子九丈九，九個胡同九棵柳」；「前門樓子九丈九，王口花炮響上頭」這些老北京民間歌謠都能體現出北京城的前門樓很高很大，那麼前門樓真的有歌謠中所說的「九丈九」那麼高嗎？

前門只是一個俗稱，其真正的名稱是正陽門，原名是麗正門。明成祖朱棣遷都北京後，將元大都向南平移了800公尺，將元大都的麗正門遷建在今天的正陽門位置，但城門的名字依然叫麗正門，在明英宗年間才將麗正門改為正陽門。正陽門從修建之初到現在歷經幾百年，經過不斷的修復，其具體的高度過去一直沒有一個準確的說法，有的說正陽門有41公尺，有的說有42公尺，還有的有說40.36公尺。新中國成立後對正陽門進行修繕時，北京市古代建築研究所的相關人員對正陽門進行了一次準確的測量，其城樓通高（從室外地平線到門樓正脊上皮）是43.65公尺，正陽門箭樓通高35.37公尺。

如果按照明清時的計量單位換算，1丈=9尺，1尺=31.1公分，那麼9丈9大約就有45公尺，這超過了正陽門的實際高度。那麼為什麼很多歌謠中會出現「前門樓子九丈九」這個說法呢，其實「九」自古以來就是象徵吉祥、無窮的數字，正陽門不僅是北京城所有城門中最高的城門，也是紫禁城的正門，

因此常說「前門樓子九丈九」。

崇文門上為何會掛著一口大鐘

　　老北京有句俗話：「內九外七皇城四，九門八點一口鐘。」其中前一句說的是老北京城的幾座城門，而後一句說的是「內九門」中八門掛的是點（一種鐵製響器，掛起來敲用以報時），而只有崇文門掛的是鐘。這到底是怎麼一回事呢？

　　崇文門上掛鐘在老北京民間有兩種傳說，這兩種傳說都與龍有關。其一，傳說龍的九子之一叫「蒲牢」，這「蒲牢」善吼，在明朝時「蒲牢」經常在北京城的東南方向亂吼亂叫，嚴重地影響了城內百姓的生活，於是朝廷就派姚廣孝前去制伏「蒲牢」。姚廣孝先鑄了一口大鐘，然後施法將「蒲牢」鎮壓在鐘裡，因為姚廣孝知道「蒲牢」的特長，所以就把京城東南側崇文門上的點摘了下來，掛上了鎮壓著「蒲牢」的鐘，讓它定時吼叫，發揮報時的作用。

　　還有一個傳說，當年龍王在北京偷運水時，被劉伯溫和高亮破壞了。龍王一怒之下水淹了北京城。後來，劉伯溫降服了龍王，並把他鎖在了崇文門內，劉伯溫臨走時告訴龍王，想要出來，除非聽到崇文門上打點的聲音。老百姓們為了不再遭受水災，就偷偷地將崇文門上的點換成了鐘。這樣一來，龍王再也不可能聽到打點的聲音，也就不會有出頭之日，北京城也就不會再有水災。

崇文門老照片

宣武門為何又被稱為「死門」

　　宣武門是京師九門之一，在元朝時叫順承門，在明朝時改名為宣武門。宣武大炮是當時宣武門最有名的標誌，因宣武門外的菜市口是當時的刑場，

所以從宣武門帶出的囚犯都會被行刑，所以宣武門有了「死門」這個稱謂。

宣武門老照片

明清時期，尤其是在清朝，犯人經過刑部的審核後，都會用囚車經宣武門押送到菜市口問斬。因此在宣武門的城門洞上刻有「後悔遲」三個字。這可真是「後悔遲」，都要問斬了，再後悔哪還來得及。其實，在菜市口並沒有一塊規定的刑場，一般都是在菜市口路北的商戶門口，設下監斬官的坐案，到了午時監斬官下令將犯人問斬。當然，在菜市口被問斬的人，也不全是罪大惡極之人，其中宋末元初的宋朝丞相文天祥，因誓死不肯歸順元朝，被問斬於菜市口。在臨終時，他憤然地對監斬官說：「我能為宋朝辦的事，都已經做完了！」說完後慷慨就義了。還有清朝時期戊戌六君子之一的譚嗣同，同樣也在菜市口喊出了「有心殺賊，無力回天，死得其所，快哉快哉！」的豪邁遺言，更是為這刑場增添了一股肅殺之氣。

被稱為「生門」的是哪座城門

被稱為「生門」的是「九門」中的安定門，其蘊含著安國定邦之意。明清時期，皇帝每年農曆的夏至日都會經過此門去地壇拜祭地神，以求一年的風調雨順。安定門最為特別的是，其他八門的甕城內都築有關帝廟，而唯獨這安定門內建的是真武廟。

安定門老照片

既然安定門這麼獨具風格，明清時期的安定門主要是用來做什麼的呢？按照過去老北京人的說法，安定門是朝廷出兵凱旋之時必走的門，還

有一種說法，當時清朝所有的精兵部隊全都駐紮在安定門，所以每次收兵時要走這裡。實際上，安定門也不全是為了收兵之用，從皇城內往外運送糞便的車，都經過安定門，這是因為當時京城的糞場在地壇附近，從皇城出來到地壇最近的路就是經過安定門，所以後來有了安定門走糞車的說法。

安定門還是一座多災多難的城門。明清兩朝，安定門前後兩次遭受火災。明正統六年（西元1441年）安定門失火，當年明政府重修此門；清道光六年（西元1826年）安定門再次失火，清政府同樣進行了修繕。在清咸豐十年（西元1860年）英法聯軍侵佔北京城時，佔領安定門，將英法兩國的國旗懸掛於安定門之上，並不允許中國人出入此門。

「德勝祈雪」的典故與德勝門有關係嗎

德勝門曾經是朝廷出兵時必走的門，這意味著出兵之後能夠旗開得勝。德勝門是京城通往塞北的重要門戶，因此又有「軍門」的稱號，在歷史上享有軍事要塞的聲譽。如今的德勝門已不復當年的樣式，僅剩一座箭樓。除此之外，德勝門能夠與京師其他八門一樣聞名，還要得益於「德勝祈雪」這個典故。

「德勝祈雪」的典故的確是發生在德勝門。據說，在清乾隆四十三年（西元1778年），整個北京城遭受了百年不遇的大旱，城內的百姓都攜全家逃離京城。年末，乾隆皇帝在北行查看明十三陵後，回宮時經過德勝門，突然天降大雪。乾隆皇帝當時大悅，將鑾車停在德勝門前，下車御書祈雪詩兩首，並諭刻石立之，以慰天公。這塊「德勝石碣祈雪碑」當時就立在德勝門

德勝門箭樓

甕城中「同興德煤棧」的西側。至此「德勝石碣祈雪碑」與「阜成梅花」「崇文鐵龜」等鎮門之物一樣譽滿京城。

1980年，北京市政府對德勝門僅存的箭樓進行了大規模的修復，1992年將德勝門內的真武廟改建為錢幣博物館。如今，來北京旅遊的

人登上德勝門的箭樓後，往南可以看到元代御河海子橋（今德勝門橋），以及當年運輸皇糧的水運碼頭（今積水潭）；向北可以欣賞到護城河的垂柳碧波和關廂景物等美景。

午夜的計程車到了地安門為何不敢按喇叭

在北京開計程車的人都知道，深夜來到地安門時一定不要按喇叭。這到底是怎麼一回事呢？難不成是地安門那兒有鬼？其實，這與老北京民間一個關於地安門的故事有關。

相傳，以前地安門是皇家出兵的城門，每年都會有很多男人走過此門後就再也沒有回來。曾經一對生活在北京城內的夫妻，原本過著和睦快樂的生活，但因戰爭需要，丈夫被朝廷編入軍隊中，並要馬上趕往前線。按照當時的規矩，家中有丈夫出征時，妻子都會為丈夫縫製一雙繡花鞋，以喻平安。然而，這次出征來得太突然，妻子來不及縫製繡花鞋。臨行前，丈夫對妻子說：「我一定會平安回來的。」妻子也對丈夫說：「我會一直等你的。」

然而，在這場戰爭中，這位丈夫不幸陣亡。丈夫的魂魄經過奈何橋要喝孟婆湯時，他對閻王說：「我不能就這樣走了，家中的妻子還在等我呢！」就這樣丈夫的魂魄又回到了人間，可惜的是他不敢白天出來，只有到了午夜時才能出來，但此時地安門的城門早已緊閉。於是，他的魂魄每天晚上都會來到地安門，希望自己有機會能夠進去。

家中的妻子在丈夫出征後縫製了一雙繡花鞋，每天都會跑到地安門等待丈夫歸來，這一等就是幾十年，直到妻子老死的那一天丈夫也沒有回來。當地府的人要帶走妻子時，妻子同樣對他們說：「我不能就這樣走，我還要等待我的丈夫回來呢！」於是，妻子的魂魄每天晚上都會拿著繡花鞋在地安門內等待丈夫歸來，可是城門緊閉，她根本看不到城門外的丈夫，就這樣，這對夫妻隔門相望了幾千年。

所以，今天在北京開計程車

地安門老照片

的司機們形成了一條不成文的規定，午夜到了地安門時一定不要按喇叭，以免打擾了這對苦命的夫妻。

「西紅門的蘿蔔」與慈禧太后有什麼關係

在老北京城裡一直流傳著這樣一句俏皮話：「西紅門的蘿蔔叫城門」。這句俏皮話說是什麼意思呢？在明清時期，每天晚上到了六七點鐘出入紫禁城的大門都會關閉，如果沒有朝廷親自簽發的腰牌是不能出入的。那麼，在俗語中的「紅蘿蔔」又不是腰牌，為何能叫開城門呢？

說起「西紅門的蘿蔔叫城門」，這與慈禧太后有著莫大的關係。相傳一年冬天，慈禧太后去南苑打獵賞雪回宮的途中經過西紅門時，感到身體疲累、口乾舌燥，想要吃些梨來緩解饑渴。這時，西紅門的行宮管事端給慈禧太后一盤名為「心裡美」的蘿蔔。慈禧一嘗，覺得「心裡美」蘿蔔脆甜可口，於是下旨將西紅門的蘿蔔定為貢品，凡是西紅門上貢來的蘿蔔不管是在什麼時間，都必須為之打開城門。打那時起，就有了「西紅門的蘿蔔叫城門」這一俗語了。

天安門門前的石獅子上為何有傷痕

天安門是如今北京城主要的「符號」之一，來北京旅遊的朋友沒有一個不會不去天安門。但細心的朋友在遊覽天安門時，會發現天安門前的那兩隻石獅子上有傷痕。那麼，到底是誰打傷了那兩隻石獅子呢？

天安門前石獅子

這還得從明末說起，明朝末年，由李自成率領的農民起義軍從陝西出發，一路勢如破竹，在西元1644年攻到了北京城。當李自成佔領北京城後，來到了天安門前（當時叫承天門）時，發現承天門前的這一對石獅子雕刻栩栩如生，其中東邊的這隻石獅子右爪踩著一個繡

球，頭略向東歪，眼向西看；西邊這個，左爪踩著一個小獅子，頭略向西歪，可眼睛向東看。

大家擁簇著李自成走近這對石獅子時，突然有一名士兵大喊道：「闖王小心，東邊的那隻石獅子動了一下！」李自成喝道：「石獅子怎麼可能會動！」其實，李自成早就發現這石獅子後面有問題，他邊說邊催馬挺槍，一槍刺到了石獅子的腹部，這時只見一個黑影直奔西邊的石獅子身後，李自成又向西邊的這座石獅子猛刺一槍。此時李自成的部下也圍了上來，從西邊的石獅子後抓出一個人來。眾將士一看原來是明朝大將李國禎。打那時起天安門前的這對石獅子留下了兩道傷痕。到了清朝，曾經有大臣向皇帝提出，要重新換一對新的石獅子放在天安門，但皇帝制止了，並說這樣可以用來時刻警示自己前朝是如何滅亡的。

民間還流傳著一種說法，說天安門石獅子身上的傷痕是八國聯軍侵華時留下的。

天安門的華表有何寓意

今天來北京旅遊的人，在遊覽天安門時會發現在天安門的前後都設有一對漢白玉的柱子，這個柱子就是華表。那麼聳立在天安門的這兩對華表有何寓意呢？

華表

天安門外的那對華表在過去叫「望君歸」，是呼喚皇帝出宮之後，能夠早日回宮處理朝政；天安門內的那對華表又叫「望君出」，是希望皇帝不要每天都在皇宮裡，要適時地出宮體驗民情。這與華表最早出現時有著異曲同工之妙。

華表相傳最早在堯舜時就出現了。堯、舜為了納諫，在一些交通要道上樹立一個木柱，讓人們在上面書寫諫言。當時的華表叫「誹謗木」。到了漢代，「誹謗木」發展成為一種通衢大道的標誌，因為這些標誌從遠處看上去很像一朵花，所以改名為「華表」。當時的華表多立在郵亭處，是為了不讓送信的人迷失方向。

　　後來，華表發展成為一種立在橋頭或者陵墓前的小型裝飾建築物。在《清明上河圖》中，汴梁虹橋兩端就畫有兩對高大的華表。明朝在修建承天門（今天安門）時，就在承天門內外各修建了一對華表，既起到了裝飾作用，又發揮了「望君歸」和「望君出」的作用。

　　如今，天安門內外的兩對華表是用漢白玉雕刻而成的。華表柱身呈八角型，上面刻畫著雲龍圖案，柱上橫貫著一塊美麗的雲板，好似插入雲際。蹲坐在華表頂端的神獸，名字叫「犼」（ㄏㄡˇ），更是栩栩如生。

北京的皇家園林

    北京的皇家園林在中國園林史上佔有重要一席。其突出特點是規模浩大、面積廣闊、建設恢宏、風格多姿、金碧輝煌，盡顯帝王氣派。

    這一章節主要為您介紹故宮、地壇、天壇、日壇、月壇、先農壇以及北海公園的相關歷史和傳聞。您將稀罕故宮裡隨處可見的「九」；您將知道故宮裡為何沒有廁所；您將目睹神秘的古代帝王祭天、祭地、祭日、祭月之壇；您將詫異九五之尊竟然也要農耕……

    接下來，將會給您呈現極細微的發現，或許也會是極意外的驚歎。

世界最大的皇室宮殿──故宮

故宮的設計到底出自何人之手

　　北京故宮是世界上規模最大、保存最完好的古代皇宮建築群。它氣勢恢宏，文化底蘊濃厚，吸引了許多中外遊人來參觀遊覽。那麼，這座皇宮是誰設計建造的呢？

　　許多人都認為，故宮是蒯祥設計的。蒯祥是明朝有名的木匠，他技藝高超，匠心獨運。相傳在建造故宮三大殿時，緬甸國向明王朝進貢了一根巨木，永樂皇帝下令將其製成大殿的門檻。一個木匠不留心鋸短了一尺多，嚇得臉色煞白，趕快找蒯祥補救。蒯祥看了之後，叫那個木匠索性再鋸短一尺多，然後在門檻的兩端雕琢了兩個龍頭，兩端各鑲一顆珠子，用活絡榫頭裝卸。後來皇帝見了十分高興，大加讚賞。這就是蒯祥發明的「金剛腿」。時人稱他為「蒯魯班」。

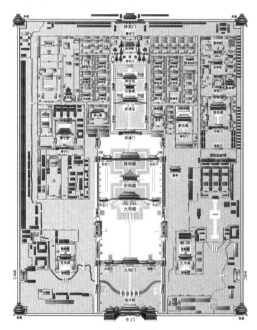

故宮全景圖

　　但也有人提出異議，認為參加建造南京宮殿的蒯祥不應該是故宮的設計者，真正的設計者是名不見經傳的蔡信。因為永樂十五年故宮開始進行大規模修建時，蒯祥才從南京去往北京，任職故宮的施工主持人。而在此之前，蔡信已經主持設計、規劃和建造了。但這只是個人的意見，民間通常還是認為故宮的設計者是蒯祥蒯魯班。

　　蒯祥生於木匠世家，他的父親蒯富，就是很有名的木匠。他子承父業，終有大成，明憲宗成化十二年卒，享年84歲。

故宮裡一共住過幾位皇帝

故宮建於永樂四年，建成於永樂十八年。自明成祖遷都北京之後，一共入住過25位皇帝。他們分別是：

明成祖朱棣，在位22年（永樂），遷都北京；

明仁宗朱高熾，在位1年（洪熙）；

明宣宗朱瞻基，在位10年（宣德）；

明英宗朱祁鎮，在位14年（正統）；

明代宗朱祁鈺，在位8年（景泰）；

明英宗朱祁鎮，在位8年（天順）；

明憲宗朱見深，在位23年（成化）；

明孝宗朱佑樘，在位18年（弘治）；

明武宗朱厚照，在位16年（正德）；

明世宗朱厚熜，在位45年（嘉靖）；

明穆宗朱載垕，在位6年（隆慶）；

明神宗朱翊鈞，在位48年（萬曆）；

明光宗朱常洛，在位1年（泰昌）；

明熹宗朱由校，在位7年（天啟）；

明思宗朱由檢，在位17年（崇禎）；

大順李自成，在位1年（永昌）；

清世祖愛新覺羅・福臨，在位18年（順治）；

清聖祖愛新覺羅・玄燁，在位61年（康熙）；

清世宗愛新覺羅・胤禛，在位13年（雍正）；

清高宗愛新覺羅・弘曆，在位60年（乾隆）；

清仁宗愛新覺羅・顒琰，在位25年（嘉慶）；

清宣宗愛新覺羅・旻寧，在位30年（道光）；

清文宗愛新覺羅・奕詝，在位11年（咸豐）；

清穆宗愛新覺羅・載淳，在位13年（同治）；

清德宗愛新覺羅・載湉，在位34年（光緒）；

愛新覺羅・溥儀，在位3年（宣統）。

故宮為何又被稱為紫禁城

故宮又叫「紫禁城」，1925年才被國民政府改為「故宮」。那麼，它之前為何叫「紫禁城」呢？

原來，「紫禁城」這個名字與古代的天文學有關。古人認為，紫微星位於天的中心，是天帝的居所，天帝的天宮就稱為紫宮。而皇帝就是天子，所以皇帝的宮殿也該是紫宮。而同時，因為皇宮裡住的都是皇室成員，出於安全考慮，宮牆都修得很高，牆外還有幾十公尺寬的護城河，除了宮女、太監和護衛，閒雜人等是不得隨意出入宮殿的，嚴禁侵擾。因為它既是紫宮，又是禁地，所以稱之為紫禁城。

紫禁城建築為什麼多用黃色和紅色

故宮建築群

站在景山之巔俯視整個紫禁城，宮殿屋頂宛如一片金色海洋。走進紫禁城，最突出的色調便是紅牆黃瓦，極為醒目。

那麼，紫禁城的建築為什麼多用紅黃二色呢？原來，在中國古代陰陽五行中，金、木、水、火、土分別代表西、東、北、南、中五個方位。土居於中央，代表黃色，象徵尊貴的皇權，皇帝認為自己的宮殿居於世界的中心，可以掌控四方，因此就更加注重黃色了，連衣著和用具也要使用黃色。於是黃色便成了皇帝的專屬，以維持皇帝唯我獨尊的地位，別人用了就是大逆不道。

如辛亥革命後，遜帝溥儀仍然居住在紫禁城內，過著有名無實的帝王生活。一天他看見二弟溥傑的袖口、衣裡是黃色時，立刻沉下臉來訓斥道：「這是明黃，不該你使的！」

紫禁城的墩台、殿柱、宮牆、門窗等，則大都使用紅色。紫禁城建築之所以大量使用紅色，是因為自古以來，紅色屬火，象徵著吉祥、喜慶、美滿

和幸福。

當然，也有個別宮殿不使用紅、黃色，如文淵閣。它的屋頂鋪的是黑色琉璃瓦，因為黑色屬水，水能克火，而文淵閣是藏《四庫全書》的地方，為防起火，這也是皇帝的願望。

故宮為何有九千九百九十九間半房屋

故宮宮殿繁多，鱗次櫛比，人們都說，它有九千九百九十九間半房屋。但至於為什麼會是九千九百九十九間半，眾說紛紜。

有人說，因為當時明朝的舊都南京明宮有一萬間房屋，朱棣遷都之後，覺得自己的功勞不及他的父親朱元璋，所以就下令故宮的房屋不能超過一萬間，於是設計師們就蓋了九千九百九十九間。也有人說，因為天帝住的天宮是一萬間，人間的皇帝不能超過天帝，所以就少蓋了半間。

還有人用《周易》來解釋，說易經講的是九九之數，除去九五之尊的概念之外，還有個「不滿」的概念，即「亢龍有悔」。如果滿了，接下來就會衰落。而九千九百九十九正是極限，所以又蓋了半間，表示未滿之意。

還有的人則以奇偶數來解釋這半間。因為這半間指的是文淵閣樓下西頭的那一小間。文淵閣是中國第一部《四庫全書》的藏書閣，書最怕火，為防火，就取「天一生水，地六成之」，以水克火之意，文淵閣在建造上一反紫禁城房屋多以奇數為間的慣例，採用了偶數為間6間。但又為了布局上的美觀，西頭一間就建造得格外小，看上去彷彿只有半間，其實也是一間。

而且實際上，故宮的房屋也沒有九千九百九十九間，據實地測算，只有八千七百餘間。

皇帝出入故宮時走哪個門

午門是紫禁城的正門，位於南北中軸線上，居中向陽，位當子午，所以叫午門。皇帝出入故宮走的就是午門。

平常我們看電視時，經常會聽到裡面說，「推出午門斬首」，這是不符合事實的。因為午門是明清皇宮大門，極其尊嚴潔淨，死刑犯人只會押往柴市

（今西四）或菜市口等刑場處決。只有當大臣們觸犯了皇帝的時候，才會被課以「逆鱗」之罪，推到午門外面打板子，就是所謂的「廷杖」。明代的大臣特別喜歡死諫，而皇帝就特別喜歡打他們的板子。據史書記載，明正德十四年，皇帝朱厚照因為大臣阻撓他選美人，就下令廷杖，結果一下子打死了11人。後來的嘉靖皇帝更是一次性打死了17人。可能根據這些歷史，民間才會有「推出午門斬首」的說法。

午門

午門又叫「五鳳樓」，下面有五個門洞，可是從正面看，似乎是三個，實際上正面還有左右兩個掖門，開在東西城台裡側，一個面向西，一個面向東。這兩個門洞分別向東、向西伸進地台之中，再向北拐，從城台北面出去。因此從午門的背面看，就有五個門洞了，所以有「明三暗五」之說。當中的正門平時只有皇帝才能出入。皇帝大婚時，皇后也可從中門進宮。文武大臣出入東側門，宗室王公出入西側門。左右掖門平時不開，皇帝在太和殿舉行大典時，文武百官才由兩掖門出入。

另外，每逢科考，殿試結束宣布結果後，皇帝欽點的狀元、榜眼、探花也可從中門出宮。午門正中門樓左右的兩座闕亭，內設鐘鼓。何時鳴鐘，何時擊鼓，都有規定。皇帝祭祀壇廟出午門鳴鐘；皇帝祭祀太廟時擊鼓；皇帝升殿舉行大典時則鐘鼓齊鳴。

故宮的門釘為何都是「九」個

因為九為至陽之數，乃數字之極，最能體現帝王的尊貴，所以故宮門上的門釘均以九為基數。其中午門、神武門和西華門均是九九縱橫八十一顆，為陽數；唯有東華門是八九七十二顆，是陰數。這其中有個不小的緣故。

明末時候，起義軍領袖李自成攻入紫禁城，明思宗倉皇逃到煤山自縊。
逃走的時候，就是從東華門走的。
因此後來的清朝皇室認為東華門不
吉利，就決定把此門定為皇家出靈
柩門，俗稱「鬼門」，因此就少打
一排門釘，弄成了陰數。

故宮的門釘

故宮的前三殿為何不種樹

故宮的三大殿是太和殿、中和殿和保和殿。令人奇怪的是偌大的三個宮
殿，周圍一棵樹也沒有，這到底是怎麼回事呢？

有人說，因為故宮的院子是方形的，種樹的話，就像是「困」字，不吉
利。這說法其實不能成立。因為照此邏輯，院子裡有人，更像「囚」字。
有人說是怕種樹不安全，會有人借著樹枝爬進來謀刺皇上，而且樹木高大的
話，容易引發火災。這種說法也不靠譜，因為這樣說來，養心殿、御花園中
古松蒼柏高大茂密就無法解釋了。

其實，最根本的原因是由於太和殿、中和殿和保和殿這前三大殿是皇帝舉
行盛典的地方，從位置上說居整個外宮建築的中心，也是當時北京城的中心。
為了突出宮殿的威嚴氣勢，格局布置上就採用了其院內不植樹的方法，從皇城
正門天安門起，經端門、午門、太和門，這之間的一系列庭院內都無樹木（現
在端門前後的樹是辛亥革命以後種植的）。當時人們去朝見天子，進入天安
門，經過漫長御道，在層層起伏變化的建築空間進入太和門，然後看到寬闊的
廣場與高聳在三重台基
上的巍峨大殿，會感到
一股無形的精神壓力。
而它，正是來自至高無
上的皇權。如果種上
樹，綠蔭宜人，再加上
蟬鳴鳥叫，這種效果就
會大打折扣了。

三大殿俯瞰圖

故宮的後三宮是何人所住

後三宮俯瞰圖

故宮的後三宮分別是乾清宮、坤寧宮和交泰殿。

乾清宮是明清兩代皇帝在紫禁城中居住和處理日常政事的地方。它是後三宮之首，位於乾清門內。「乾」是「天」的意思，「清」是「清亮」的意思，象徵透徹的天空，不渾不濁，無小人亂政，比喻國家安定；同時也象徵皇帝的作為如天一樣坦蕩蕩。

坤寧宮在交泰殿後面，是皇后住的地方，始建於明朝永樂十八年，正德九年、萬曆二十四年兩次毀於火，萬曆三十三年重建。清沿明制於順治二年重修，十二年仿盛京瀋陽清寧宮再次重修。嘉慶二年乾清宮失火，延燒此殿前簷，嘉慶三年重修。乾為天，坤為地，乾清宮代表陽性，坤寧宮代表陰性，以表示陰陽結合，天地合璧之意。

交泰殿則位於乾清宮和坤寧宮之間，殿名取自《易經》，含「天地交合、康泰美滿」之意。約為明嘉靖年間建，順治十二年、康熙八年重修，嘉慶二年乾清宮失火，殃及交泰殿，是年重建。

交泰殿為皇后千秋節受慶賀禮的地方，是皇后生日時接受慶賀禮的地方。清朝於此殿貯清二十五寶璽，每方玉璽都有專門的用途。每年正月，由欽天監選擇吉日吉時，設案開封陳寶，皇帝來此拈香行禮。清世祖順治皇帝有鑑於明代宦官專權的教訓，就規定宦官不得干預朝政，在交泰殿立了一塊「內宮不許干預政事」的鐵牌。交泰殿每年春季祀先蠶，皇后先一日在此查閱採桑的用具。

太和殿為什麼是故宮裡級別最高的宮殿

太和殿俗稱金鑾殿，為北京故宮三大殿南面第一座，是明清兩代北京城內最高的建築，也是開間最多、進深最大和屋頂最高的大殿，堪稱中華第一殿。因為它是舉行大典的地方，如皇帝登基即位、皇帝大婚、冊立皇后、命將出征

等，此外每年萬壽節、元
旦、冬至三大節，皇帝在此
接受文武官員的朝賀，並向
王公大臣賜宴。有時候還要
在太和殿舉行新進士的殿
試。因為重大事件都在此處
理，所以它的級別最高。

太和殿

太和殿修建於明永樂
十八年（西元1420年），當
時叫奉天殿，明嘉靖四十一
年（西元1562年）改名為皇極殿，到清順治二年（西元1645年）才改名為太
和殿。太和殿自修建完成後，屢次遭受焚毀，如今我們所看到的太和殿是清
康熙三十四年（西元1695年）重修後的樣子。作為整個紫禁城中級別最高的
宮殿，它上承重簷廡殿頂，下坐三層漢白玉台階，採用金龍和璽彩畫，屋
頂仙人走獸多達11件，開間11間，均採用最高形制。太和殿的匾額「建極綏
猷」，是當年乾隆皇帝親筆所寫。現在我們看到的匾額是一塊複製品，真正
的那塊匾額已經在袁世凱稱帝時被他換掉了。

慈禧太后為何長住在儲秀宮

眾所周知，慈禧太后把持著晚清政局幾十年，可以說大清國命運全攬在
她手裡。但為什麼她不去住別的大宮殿，而是一直居住在儲秀宮呢？

這其中是含著慈禧很重的心機的。因為慈禧最開始只是個嬪，咸豐帝只寵
幸了她很短的一段時間，直到生了兒子以後，她才晉升為妃。後來咸豐帝在熱
河駕崩，她兒子繼位，為同治帝，慈禧這才得到和東太后慈安同等的地位。她
發動「辛酉政變」，把八位顧命大臣的權力奪走，然後獨攬大權，垂簾聽政。
雖然後來她有了更為尊貴好聽的稱號，但她心裡明白，自己最能拿得出手的
本錢，就是給咸豐帝生了個兒子，繼承了大統，而這個兒子是在儲秀宮後殿生
的。那是她的通天金字招牌，是抓權的真正政治資本，住在儲秀宮是為了做給
大臣們看的。一者，可以表示對先帝咸豐的眷戀，念念不忘先皇帝對自己的雨

儲秀宮內景

露之恩，以顯示自身的美德；二者，自己對同治帝有養育劬勞之苦，以顯示自己的功勞。這樣一來，一手就抓住兩個皇帝，對內可以折服六宮，對外可以號召臣下，使人們都對她心服。出於這幾種政治上的考慮，所以她樂於住在儲秀宮。不過，晚年她也住過樂壽堂，因為那是乾隆以前當太上皇的時候住的，她處處自比乾隆，加上她此時的位置已經根深蒂固，無人可以撼動了，所以就在此短暫住過一段時間。

雍正帝為什麼把寢宮搬到了養心殿

　　從明成祖朱棣遷都北京後，便將寢宮設在紫禁城的乾清宮。自明永樂帝至清康熙帝先後有16位皇帝都住在乾清宮內，康熙帝後，雍正帝將寢宮由乾清宮搬入了養心殿。這樣，從雍正帝到最後一位皇帝宣統帝，清朝最後的八位皇帝都住在養心殿。那麼，為何雍正帝會將寢宮由乾清宮搬入養心殿呢？

　　原來康熙帝在位61年，基本上都是居住在乾清宮。西元1722年，康熙帝駕崩後，雍正帝繼位。雍正帝感到康熙帝在位61年，功德顯赫，不忍心住父親當年住過的乾清宮。他先以乾清宮東房為守喪的地方，後來又決定到養心

養心殿內

殿為其父親守喪。在守喪期滿後，雍正帝再沒有將寢宮搬回乾清宮，從此就把養心殿改為自己的寢宮。

　　在民間還流傳這樣一種說法，據說雍正帝為了能夠早日登上皇位，將康熙帝秘密謀害，並篡改了康熙帝留下的遺詔。當然這只是民間的一種傳說，大可不必相信。

故宮裡真的有「冷宮」嗎

　　故宮裡三宮六院，宮殿很多，但沒有一個叫「冷宮」的，那麼我們常在電視上看到的，將某個妃子打入冷宮，指的是什麼宮呢？

　　查遍所見明清史料，紫禁城無「冷宮」匾額，說明冷宮並不是某一處宮室的正式命名。因此所謂冷宮，應該就是指紫禁城裡任何關押那些妃嬪的地方。根據一些文獻記載，明清時代被作為「冷宮」的地方有好幾處。明末天啟皇帝時，成妃李氏得罪了太監魏忠賢，被由長春宮趕到御花園西面的乾西，一住四年。被關押在此地的有定妃、恪嬪等人。這個「冷宮」在紫禁城內之西。

　　光緒皇帝的珍妃被慈禧落井之前，據說關在景祺閣北邊北三所（現坍毀），這地方就在今天珍妃井西邊的山門裡。因為這個消息出自一名太監之口，如果該傳聞屬實，則此地也算是一處「冷宮」。

清代皇帝的「婚房」在故宮的哪個殿裡

　　據記載，清代皇帝大婚時的婚房是在坤寧宮的東端，一共兩間。房間內壁飾以紅漆，頂棚高懸雙喜宮燈。洞房有東西二門，西門裡和東門外的木影壁內外，都有金漆雙喜大字，有出門見喜之意。洞房西北角設龍鳳喜床，床上的帳子和被子都是江南進貢的精品織繡，上面都繡有一百個神態各異的頑童，稱作「百子帳」和「百子被」。皇帝大婚時要先在這裡住兩天，之後再另住其他宮殿。

　　但如果是先結婚後當皇帝的，就不能享受這樣的待遇了。清代，只有年幼登基的康熙、同治和光緒三個皇帝用過這個婚房。

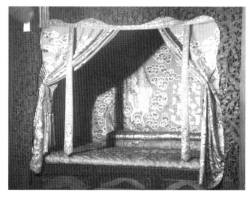

坤寧宮的龍鳳喜床

在故宮裡為什麼有很多烏鴉

　　現在，人們都把烏鴉視為不吉利的象徵。但其實在宋代及以前，

烏鴉被漢族人稱為神鴉、孝烏，並沒有認為它不吉利，這從古人的大量詩文裡可以看出。從元朝開始，烏鴉才成為淒涼、窮困、接近死亡的象徵。

而到了清朝烏鴉卻又被尊崇起來。據說是因為滿族某代祖先樊察，在被仇人追殺的途中躲在灌木叢裡，有很多烏鴉飛來落在灌木上面。仇人追到這裡，以為烏鴉下面肯定沒人，所以就沒有搜查，讓樊察逃過一劫。大難不死的樊察回去以後，告誡子孫，不許射殺烏鴉，而且只要以後自己有吃的就不能讓烏鴉挨餓。後來努爾哈赤的名聲更大，所以這故事的主人公就轉移到了努爾哈赤身上。此後歷代清帝遵從祖訓，就在故宮中飼養烏鴉，以此報答烏鴉的恩德。

故宮的內殿裡為什麼沒有門檻

細心的人們在遊覽故宮時會發現，故宮內殿裡的門是沒有門檻的。這是為何呢？

原來在清末時候，宣統帝很小就登基即位了。辛亥革命後，溥儀被逼退位，但仍舊住在故宮裡，隨著慢慢長大，年輕的溥儀逐漸接受了西方的先進思想，他率先把清朝世代留傳的辮子剪掉，並在故宮裡安裝了電話，還請來了外國老師教授自己洋文。

後來，有位晚清老臣送給溥儀一輛自行車，溥儀非常喜歡。溥儀學會騎車後，每天都騎著自行車在內廷裡玩，可是故宮裡門檻太多，每當騎到一道門時都要下來，太麻煩了。於是，他就下令將內廷裡的門檻全部鋸掉。所以，故宮內殿裡面就沒有門檻了。

故宮裡真的沒有廁所嗎

在遊覽故宮時，有的人會發問道：怎麼沒有古代的廁所？難道以前皇宮裡的人不去廁所嗎？事實上，過去的故宮裡是真的沒有廁所，這是因為當時故宮內沒有下水道，如果安置了廁所，整個故宮就會變得臭氣熏天。

那麼，居住在故宮裡的皇帝、妃子、太監、宮女是如何進行方便的呢？原來，皇帝、妃子、太監宮女等人，大小便都有專用的便器。皇帝和妃子們用的便器被稱為「官房」，主要是木製、瓷製和錫製的。他們方便時就在自

己寢宮裡，之後會有太監或宮女收拾乾淨。

而太監和宮女用的便器叫便盆。這些便盆放在「淨房」裡，「淨房」分布在皇宮的各個角落。太監和宮女在此處進行大小便。最後，由太監們定期將糞便運出宮外。

自從溥儀被趕出紫禁城後，這些便溺器具被清理了出去，另存他處，只剩下了空屋子，而這些屋子與其他屋子並沒有什麼不一樣，人們自然不會知道它的用處了，所以人們才產生故宮沒有廁所的疑問。

中國現存規模最大的帝王祭地之壇——地壇

地壇的出現來源於一場政治事件嗎

地壇最早稱為方澤壇，嘉靖十三年（西元1534年）重新修葺後改叫地壇，是明世宗以後明清兩朝帝王每年夏至祭祀「皇地祇神」，即土地神的場所，是中國現存規模最大的帝王祭地之壇，也是古都北京五壇中的第二大壇，總面積37.4公頃。1925年，當時的京兆尹，類似於現在的市長——薛篤弼，在徵得當時內務部同意後，將地壇改名為「京兆公園」，同時增加了一些體育器材，建成了北京第一個體育場。1928年，京兆公園改名為市民公園，之後由於一些原因導致公園逐漸荒廢。北平和平解放以後，政府在1957年4月把這個廢棄的園子重新修整並開闢為公園，園內現存有方澤壇、皇祇室、宰牲亭、齋宮、神庫等古建築。

地壇修建之前的150多年時間裡，明代帝王們一直遵循著天與地一起祭祀的宗教典禮，一起祭祀本來只需要一個祭壇就足夠

地壇

了，那北京為什麼會有天壇、地壇等五壇呢？其實，地壇的出現與其說是一場純粹的禮儀制度變革，倒不如說是一場蓄謀已久的政治事件。

原來，明世宗嘉靖皇帝是前任皇帝明武宗正德皇帝的堂弟，因為正德皇帝暴斃且沒有皇子，才被強拉過來，硬生生逼迫著接替自己堂兄當的皇帝。不僅如此，朝臣強迫嘉靖皇帝認自己的伯伯當爹，也就是讓嘉靖以「兄終弟及」的方式繼承皇位，這讓重禮節、有主見的嘉靖皇帝很是生氣。嘉靖皇帝希望自己的生母隨自己一起住進皇宮，且追封自己的親生父親為皇帝的方式繼承大位，而這一想法又遭到大臣們的強烈反對。這場皇帝與大臣們之間的**轟轟**烈烈的鬥爭，史稱「大禮議之爭」，最後因為大臣張璁引經據典，使用《周禮》等古籍批駁了群臣的觀點，最終使皇帝取得了勝利。而這件事也讓皇帝嘗到了通過改變禮儀制度的方式，達到為自己樹立威信、鞏固統治的甜頭。於是嘉靖皇帝找準機會，表明祭祀當中的「天地合祭」有違古代禮制，需要分開祭祀的意願。到了嘉靖九年，皇帝恢復了明太祖前期「天地分祭」的禮儀制度，進而建造了專門祭地的方澤壇，後經修葺，最終成為現在的地壇。

所以，地壇的出現根本就不是一場禮儀制度的變革，而是蓄謀已久的政治事件。

其實，天與地之前之所以合在一起祭祀，也是因為當年朱元璋認為天代表父親，地代表母親，父親與母親應該在一起生活，所以不能把天與地分開。看來，這天與地到底是應該分還是應該合，全在於統治者的一句話。

地壇的設計思想是什麼

地壇作為皇家祭祀「皇地祇神」的場所，其設計不僅要體現出皇家的威嚴氣派，更要體現出「天人合一」的終極思想。可以說，不論是地壇修建的位置、規模大小、設計樣式，乃至哪裡一磚哪裡一瓦，都無不體現著古代的陰陽學說與古人對自然的敬畏之心。

方澤壇是地壇的主體建築，是皇家盛大的祭祀禮儀之地。壇周圍有一圈水渠，象徵中國古典地理中中國地處「澤中方丘」的思想。

同時，古人還認為陰陽是存在於世間萬物中的一對對立面，而地壇作為祭祀土地神的場所，其設計思想就是將抽象的問題具體化，從而達到祭壇形

式與功能的統一。所以，地壇設計思想的理論依據主要有三條：首先，「壇匣南北，以從陰陽之位」。以北向屬陰，所以祭地於京城北郊，布局坐南向北，由北向南行禮。其次，「制別方圓，以則陰陽之像」。依據「天圓地方」的說法，地壇總平面和方澤壇平面均採用正方形。再次，根據《周禮》「東方謂之青，南方謂之赤，西方謂之白，北方謂之黑，天謂之玄，地謂之黃」的要求以黃顏色來象徵地，因此，方澤壇和皇祗室均採用黃琉璃構件。

不僅如此，地壇還需要表達大地觀念與領地觀念。剛才所說的「天圓地方」「地謂之黃」都屬於大地觀念。而領地觀念則體現在方澤壇上層鋪成四正四隅八個正方形上，表示「普天之下，莫非王土，率土之濱，莫非王臣」。而在祭祀時，除了在壇上層設皇帝祖先牌位以外，下層還要設代表天下名山大川的四從壇，表示以皇權為中心的大一統觀念。這屬於領地觀念。地壇最重要的設計思想即在於此。

地壇鳥瞰圖

地壇裡有哪些特別的數字

或許我們從宏觀的角度一眼便可以看出地壇「天圓地方」「天地玄黃」「天南地北」的設計理念，但是如果你可以細數地壇的台階級數、壇面的長度與墁石的數量，這些特別的數會更加使你驚奇於地壇的設計之精妙與無所不在的陰陽思想。

根據陰陽學說「天為陽，地為陰」的說法，方澤壇壇面的石塊數量也均為陰數，即雙數。比如方澤壇上層壇面的中心是由36塊較大的方形石塊鋪成，縱橫各有六塊，因為《周易》中以六表示陰爻，所以方澤壇正中鋪縱橫各六路石塊；圍繞著中心點，上台砌有8圈石塊，最內者36塊，最外者92塊，每圈遞增8塊；下台同樣砌有8圈石塊，最內者200塊，最外者156塊，亦是每

圈遞增8塊；上層共有548個石塊，下層共有1024個石塊，兩層平台用8級台階相連。

以上這些特別的數字都是設計者依據陰陽學說精心設計的。

地壇建築色彩為何只有黃、紅、灰、白四種

地壇建築在色彩運用方面也頗具匠心，方澤壇只用了黃、紅、灰、白四種顏色，便完成了象徵、對比、過渡，形成了協調的藝術整體，起到了營造氣氛的作用。祭台側面貼黃色琉璃面磚，既標明其皇家建築規格，又是地坻的象徵。

在中國古代建築中，除了九龍壁之外，很少見到「天玄地黃」這種做法。在黃瓦與紅牆之間以灰色過渡，又是中國古代宮廷建築常見的手法之一。整個建築以白色為主色，伴以強烈的紅白對比，給人以深刻的印象。紅牆莊重、熱烈，漢白玉高雅、潔淨；紅色強調粗重有力，白色如輕紗白雲，富有變幻的光影和宜人的質感；紅色在視覺上近在眼前，象徵塵世，而白色則有透視深遠的效果。遠方蒼松翠柏的映襯又使祭壇的輪廓十分鮮明，更增添了它神秘、神聖的色彩。

地壇裡為何種植很多柏樹

「北京為世界上古樹最多之都會，尤多遼、金、元、明以來之古柏。盤根錯節，蒼翠彌天，斧斤所赦，歷劫不磨。滿京城洋洋大觀的古樹，的確是京城的一大特色。」這句話是中國近代國畫大師徐悲鴻對北京古柏的讚美。而地壇公園的168株古樹當中，便有許多這樣的古柏分布在齋宮的周圍，且大部分古柏的樹齡已經超過300年，而其中的獨臂將軍柏、大將軍柏等更是吸引了眾多的中外遊客與之合抱合影。其中的獨臂將軍柏幹圍3.16公尺，因屢遭創傷，獨存一臂卻屹立不倒、挺拔蔥翠而聞名；大將軍柏幹圍5.15公尺，需要三人以上合抱才可以抱住。那麼，是什麼原因使古代帝王那麼喜歡在皇家祭壇的旁邊種植柏樹呢？

那是因為，種植柏樹不光可以起到綠化的作用，更是為了去迎合中國古

人的禮儀制度。孔子曰：「歲寒而知松柏之後凋。」柏樹以它長青的針葉與長壽的生命與皇家祭壇相得益彰，可以完美表達統治者對「江山永固，萬代千秋」的寄託。

另外，《周禮》中也明確規定要在廟壇旁植樹，起到「尊而識之，使民望即見敬之」的作用，甚至連種植的樹木的品種都是有特別規定的。想想看，這些飽經滄桑、蔽日蔭天的高大樹木與廟宇的神聖森嚴的氛圍是不是相得益彰呢？

地壇公園的柏樹

齋宮種植的樹是專供皇帝乘涼用的嗎

地壇的齋宮是皇帝祭地時吃飯和睡覺的地方，始建於明嘉靖九年（西元1530年），並於清雍正八年（西元1730年）重建，清代皇帝包括順治、康熙、雍正、乾隆、嘉慶都在這裡齋宿過。齋宮的主體建築坐西面東，由南、北、西三殿組成。

明清皇帝祭地的時間是在每年的夏至，為了表示對「皇地祇神」的虔誠與敬畏，必須在祭祀的前三天開始齋戒，前兩天在紫禁城，第三天住在壇內的齋宮。由於夏至的北京酷暑難耐，再加上祭祀的禮儀極其繁瑣，禮服也華麗厚重，所以在乾隆十八年（西元1743年）祭祀時，一位執事人員竟然在皇帝祭祀時中暑而死，由此，祭祀禮儀才改為皇帝在宮中齋戒三日後直接到地壇行祭禮，並在齋宮周圍新植樹木。

由此可見，齋宮種植的樹木並不是專供皇帝乘涼用的，而是為了預防在祭祀過程中可能會出現的工作人員中暑等意外。

地壇裡的「北斗七星」在哪裡

地壇是古代帝王祭祀土地神的地方，在這樣一個以「土地」為祭祀主題的廟壇之中，究竟在哪裡會隱藏著「北斗七星」呢？

原來，在地壇西門有座牌樓，高大雄偉，正面中心有「地壇」二字，背

面有「廣厚街」字樣。它在明代剛剛建成時稱為「泰折街」牌坊，雍正年間改為「廣厚街」牌坊。老的牌坊由於一些原因沒有被保存下來，我們現在所見的這座牌樓是1990年按照乾隆年間牌樓的式樣重新修建的。

其實，這座牌樓就是「北斗七星」的起點，再加上內、外壇門，終點及御道的三個拐點，恰恰構成了完整的北斗七星的形狀。

北斗七星在中國道教文化裡有著符號性的作用。地壇的設計者將天上的北斗七星與地上的地壇聯繫起來，可見設計者用心之精妙。

世界上最大的古代祭天建築群之一——天壇

天壇真是按周易學而建設的嗎

天壇位於北京市區南部，永定門大街東側，是中國現存最大的古代祭祀性建築群，是華夏文明的積澱之一。天壇從選位、規劃、建築的設計以及祭祀禮儀和祭祀樂舞，無不依據中國古代《周易》陰陽、五行等學說，把古人對「天」的認識和「天人關係」表現得入木三分。各朝各代均建壇祭天，而北京天壇是完整保存下來的僅有一例。天壇建築處處展示中國古代特有的寓意、象徵的藝術表現手法。圓丘的尺度和構件的數量集中並反復使用「九」這個數字，以象徵「天」和強調與「天」的聯繫。

天壇祈年殿以圓形、藍色象徵天，殿內大柱及開間又分別寓意一年的四季、二十四節氣、十二個月和一天的十二個時辰以及象徵天上的星座——恆星等。處處「象天法地」是古代「明堂」（中國古代帝王專用的一種禮制建築）式建築僅存的一例，是中國古文化的載體。天壇在以易學為主導的前提下，集古代哲學、歷史、數學、力學、美學、生態學於一體，在建築設計和營造上集明清建築技術、藝術之大成。其中祈年殿、皇穹宇是木製構件、圓形平面、形體巨大、工藝精製、構思巧妙的殿宇，是中國古建築中罕見的實例。而同時又有大面積樹林和豐富的植被，創造了「天人協和」的生態環境，是研究古代建築藝術和生態環境的實物，極具科學價值，是皇家祭壇建築群中傑出的範例。祈年

殿體態雄偉、構架精巧、內部空間層層升高向中心聚攏，外部台基屋簷圓形層層收縮上舉，既造成強烈的向上動感，又使人感到端莊、穩重。色彩對比強烈，而不失協調得體，使人步入壇內如踏祥雲登臨天界。天壇從總體到局部均是古代建築的佳作，是工藝精品，極具藝術價值。天壇是物化了的古代哲學思想，有著極高的歷史價值、科學價值和獨特的藝術價值，更有著深刻的文化內涵。

天壇與祈年殿是同一地方嗎

天壇始建於永樂十八年，清乾隆、光緒時曾經重建，為明清兩代帝王祭天祈福之地。天壇共有圜丘、祈穀兩壇，有壇牆兩重，形成內外壇，壇牆南方北圓，象徵天圓地方。主要建築在內壇，圜丘壇

天壇鳥瞰圖

在南、祈穀壇在北，二壇同在一條南北軸線上，中間有牆相隔。圜丘壇內主要建築有圜丘壇、皇穹宇等；祈穀壇內主要建築有祈年殿、皇乾殿、祈年門等。著名的祈年殿在最北方，這是天壇內最宏偉、最華麗的建築，也是想像中離天最近的地方。

祈年殿嘉靖二十四年改為三重頂圓殿，殿頂覆蓋上青、中黃、下綠三色琉璃，寓意天、地、萬物。清乾隆十六年改三色瓦為統一的藍瓦金頂，定名「祈年殿」，是孟春時祈穀的專用建築。祈年殿中間四根「龍井柱」象徵著一年的春夏秋冬四季；中層十二根大柱比龍井柱略細，名為金柱，象徵一年的十二個月；外層十二根柱子叫簷柱，象徵一天的十二個時辰；中外兩層柱子共二十四根，象徵二十四節氣。

根據此資料可知，祈年殿屬於天壇的一部分，是在同一個地方。

天壇裡真的有「鬼門關」這一地方嗎

祈年殿

因為天壇是用來祭天祈福的，所以裡面就修建了一個「犧牲所」，專門飼養祭祀牲畜；又有一個屠宰祭祀牲畜的地方，叫宰牲亭，這兩組建築，一個在天壇的西南角，一個在東北角。祭祀的時候，要把「犧牲所」的牲畜趕到宰牲亭去宰殺，就必須橫穿通天路。但明清皇室都有一個規定：除了天上的飛鳥，任何地下的走獸，都不准從大路上通過，避免弄髒神路，否則玉帝就會降罪。為此，特地在大路下面開了一條東西隧洞，故稱橋。這個隧洞是專門趕運牲畜的過道，叫「進牲門」。從進牲門過去的牲畜，不出半天時間，就全部死掉，無一生還的。因此，人們又把它叫作「鬼門關」。鬼門關裡黑洞洞的，因為這裡殺了太多的牛羊，所以古人迷信般傳聞這裡鬧鬼，沒人敢從這裡過。

後來人們又傳說，天上的張天師下來捉鬼了。因為張天師也是個神仙，王母娘娘生日這天，眾神仙都去祝壽。大家觥籌交錯，忽然張天師失手打爛了一隻玉杯，玉帝大怒，就把他貶到天壇來捉鬼了。

天壇的「七星石」為什麼會有八塊

七星石位於天壇七十二長廊東南的場地中，是按照北斗七星的方位排列的七塊巨石。在它們的東北隅還有一塊小石，共是八塊石。為什麼明明名字叫「七星石」，卻有八塊石頭呢？這種名不副實讓人不免感覺奇怪。

其實，七星石是明嘉靖年間的鎮石，迄今已470餘年。據說明成祖朱棣遷都北京之後，想尋找一個祭天場所，一天夜裡，他夢見天門大開，北斗七星落於此地，於是就在此修建了天壇。到了明嘉靖九年，有一道士說天壇這裡太空曠，不利於皇位和皇壽，就按照北斗七星的傳說設置七石鎮在這裡。

七星石應該是七塊，為什麼會是八塊呢？對於這個問題，人們有各種解釋。其中一種解釋是說，這第八塊石頭是滿族人入關以後加上去的。滿人認

為七塊石頭代表中原的七座大山，然後就把象徵東北長白山、滿族人自己老家的石頭給帶來了，加到這裡代表自己家鄉的山山水水。但也有人說，七星石其實在明代的時候就有八塊了，並非清朝人後加的。但是為什麼七星石會

七星石

出現八塊石頭？這恰恰說明了中國古人對於星象觀測的準確度之高。

　　古人通過觀察北斗七星，發現在它勺子的位置有兩顆星，這兩顆星連接起來的延長線，延長五六倍後就可以看到北極星。它們組成了一個像水舀子似的物體。我們還可以看到北斗七星上邊的一顆小星，這顆星叫「輔星」，比較暗，現在的天文學裡管它叫「大熊座八十號星」。中國古人看它離開陽星不遠，於是就把它叫做「輔」。因此當初在設計七星石的時候，就擱了八塊。這說明古人對天象觀測非常準確，這樣一顆晦暗的輔星，古人都沒有把它落下，由此也可以看出中國古代文化的精深之處。

天壇裡真的有會「說話」的石頭嗎

　　在天壇圜丘正北的皇穹宇有非常奇特的回音現象，好似石頭自己在說話，遊客們去了都會體驗一下。還有傳聞說，假如站在皇穹宇殿前的第十八塊石頭上說話，便能聽到各種奇怪的對話聲，這些聲音各自不同，有的委婉，有的堅決，有的如泣如訴，有的鏗鏘有力。

　　據說當年修建天壇時，發生了很多離奇古怪的事，比如今天打好的地基，明天就被破壞；上午才雕刻好的石欄，下午就會出現很多劃痕。人們對此都議論紛紛，猜測百出。有人認為這是上天以發怒的方式警告世人，這個地方不適合建造天壇。為了穩住人心，朱棣就命令大臣們趕快想出對策。誰知大臣們也是束手無策。後來一個雲遊僧人到了這裡，讓人按照他的要求，把天壇的丘壇建造成三層圓形，所用石料的數目都與「九」有關。上層的直徑是九丈，中層

便是十五丈，下層就成了二十一丈，三層直徑之和為四十五丈，正好是「九」的倍數，在上壇的圓心還特意放置一塊圓形大理石，雲遊僧人說那叫天心石，也叫「億兆景從石」。人站在上面說話能夠起到擴音的作用。皇帝站在這個位置舉行祭天典禮，不必大聲嘶喊，聲音就會顯得格外洪亮高亢。那時的人們以為只有真龍天子才能發出這樣的聲音，從而對皇上產生了更多的敬畏之心。

到了清朝乾隆十七年，朝廷對天壇進行了重修，把殿頂改作黃銅貼真金葉九層，而門樓、殿瓦、牆頂以及圍牆的牆身和宮門左右的垛牆則全部換成了藍色琉璃磚。這種設計是為了表示天象，而這種圓形圍牆也被人們叫做「扇面牆」，遠遠望去，彷彿是一個閃爍著藍光的琉璃筒。

眾所周知，這座圍牆還可以用來玩傳聲遊戲，因此又被人們稱作「傳聲牆」（也叫回音壁）。當兩個人分別在東西配殿後面貼牆而立時，兩人面向北面，一人貼著牆說話，另一人把耳朵貼在牆上仔細去聽，無論那邊說話人的聲音多麼小，對方都可以聽得很真切，甚至還可以自行調節音量。這無疑又是天壇的一大奇景。

回音壁

其實，這些奇怪的現象就是因為合理而巧妙地運用了聲學原理，而非什麼真龍天子顯示「聖蹟」，那只不過是封建社會裡統治者們用來愚化百姓的手段罷了。

天壇的益母草有怎樣的傳說

話說在天壇還沒有修建的時候，那裡是一大片的莊稼地，住著很多農民。其中有一家姓張的住戶，當家的死得早，只有母女兩人相依為命。母親年事已高，身體不好，又加上成天思念死去的丈夫，所以就得了重病。女兒見母親生了病，四處求醫，花光了家裡僅剩下的一點兒積蓄，可母親的病還是不見好轉。情急之下，她想起小時候家人給她講的故事，說北山上有靈藥，不管什麼病，吃了包管好，便決定到北山去找靈藥。這年秋天，她收割

完莊稼，就出發了。

她並不知道北山在哪兒，但一定是在北邊，於是就向北走。走了許多天，終於看到山了，她正要進山時，來了一個白鬍子老頭兒。這老頭兒是個神仙，就告訴她說，小姑娘，你從這兒上山，左拐七道彎，右拐八道彎，餓了吃松子，渴了喝清泉，瞧見地上天，靈藥到手邊。姑娘就按照老頭兒的吩咐上了山。她左拐右拐，渴了就喝山泉，餓了就吃松子，走了很久，終於到了山頂。山頂上有一個小池子倒映著天上的白雲。姑娘心想，這就是「地上天」了。可是靈藥在哪裡呢？正想著，來了兩個小姑娘，一個穿著白色衣裳，一個穿著黃色衣裳，給了她一個袋子，說：「這裡面就是靈藥，還有種子，趕快回去救你母親吧。」姑娘接過袋子，飛奔下山了。

回到家之後，她把藥熬好給母親喝。果然藥到病除，母親很快就痊癒了。她把靈藥的種子撒在外面的地上，好讓其他人有病了也來採藥用。鄰居們看她千辛萬苦地把草藥找來，還分享給大家，都很高興，稱讚她孝順，心腸好，就把這種草叫做「益母草」。

「花甲門」和「古稀門」是誰專用的門

天壇的祈年殿是古代皇帝祭天的地方。到了祭天的那一天，皇帝就要在丹陛橋北段的階梯處下輦，然後步行過去，再從正門進入祈年殿，以示對上天的尊重。這是皇家規矩，連皇帝本人都得遵守，但有一個人卻例外，他就是乾隆。

乾隆六十歲那年，因為體力下降，去祭天的時候為了縮短步行的距離，就在丹陛橋最北邊祈年殿正門的西側開了一個小門，此門叫「花甲門」。「花甲」者，60歲也。到了71歲的時候，連從「花甲門」進入他都嫌遠了，於是在就在祈年殿的北側又開了一個小門，叫「古稀門」。因為中國有句俗語，叫「人生七十古來稀」嘛。乾隆走過之後，就規定：後代子孫當皇帝時，年過60歲方可出入花甲門，年過70歲方可出入古稀門。

可惜的是，乾隆以後的皇帝都沒能活過70歲。因此就只有他一人祭天時走了「花甲門」和「古稀門」，這也就相當於是他專用的了。

明清兩代皇帝祭日、月之地──日壇和月壇

朝日壇與日壇是同一個地方嗎

日壇，又名朝日壇，是同一地方，只是稱呼不同。它位於北京朝陽門外東南，是明清兩代帝王祭祀太陽的處所。原為明錦衣衛蕭瑛的處所，明嘉靖九年（西元1530年）圈建。壇西向，白石砌成一層方台，壇面明代為紅琉璃以象徵太陽，清代改為方磚墁砌，四周有諯牆（矮圍牆），清乾隆七年（西元1742年）改建於壇西北角。解放前古建大部分被毀，文物被盜，日壇變為一片廢墟。2006年05月25日，日壇作為明清時期的古建築，被中國國務院批准列入第六批全國重點文物保護單位名單。

清代皇帝祭日時的禮儀有哪些

祭日是古代皇帝的一項很重要的活動。每當農曆春分，他都要率領文武百官去日壇祭日。封建社會結束後，這項活動自然被取消了，我們也就無從看到那種盛況了。但從留下的資料中還可以窺見一二。

祭日禮儀非常之繁雜，共分迎神、奠玉帛、初獻、亞鮮、終獻、答福胙、車饌、送神、送燎等九項議程，每一步都必須按照制度要求去嚴格執行，連皇帝本人都是小心翼翼的，生怕有半點差池。

古代皇帝祭日之地為何會有馬駿墓

日壇乃是古代皇帝祭日之所，為何裡面會有一個馬駿墓呢？而這馬駿又是何許人也，會被埋到這種地方呢？

馬駿（西元1895─1928年），回族，是周恩來、鄧穎超在天津搞學生運動時的戰友，吉林省共產黨組織的創建人，中共天津市委早期領導人之一。民國十七年（西元1928年）因被叛徒出賣，在北京被張作霖殺害。死後被葬

在日壇公園內。1951年北京市政府隆重公祭並重修其墓。1987年再次重修，墓碑由鄧穎超題寫。同時馬駿夫人楊秀蓉的遺骨移葬於東側。墓為漢白玉石砌築，台基四周環以白石護欄。1998年建成「馬駿紀念室」，成為朝陽區第一個有規模的愛國主義教育基地。每年清明時節，來此祭奠的師生多達數萬人。

日壇公園舉行祭日典儀

明清兩代皇帝是每年都要去月壇祭拜嗎

月壇公園位於北京市西城區南禮士路西，月壇北街路南。月壇原名「夕月壇」，是北京五壇之一，建於明嘉靖九年（西元1530年），是明清兩代帝王秋分日祭夜明神（月亮）和天上諸星宿神祇的地方。皇帝祭月在秋分亥時舉行，主祭夜明神，配祀二十八宿，木火土金水五星及周天星辰。每逢丑、辰、未、戌年皇帝都要親赴月壇行祭祀，其他年份「朝日則遣文臣，夕月則遣武官」代行。因此並不是皇帝每年都親去月壇祭拜。

你聽說過月壇詠月的傳說嗎

傳說有一天晚上，皓月當空，朱元璋祖孫三代在月壇上賞月，見有此良辰美景，朱元璋就讓兒孫們作詩助興。太子先作詩道：「昨夜嚴灘失釣鉤，何人移上碧雲頭？雖然未得團圓相，也有清光遍九州。」長孫接著吟道：「誰將玉指甲，掐破碧天痕。影落江湖裡，蛟龍未敢吞。」朱元璋聽了之後不禁悵然，因為他覺得「未得團圓」和「影落江湖」都不是吉兆。後來果然一語成讖，懿文太子死在朱元璋之前，建文帝

月壇內的伴月廣場

也沒有保住皇帝的寶座，被燕王朱棣逼下寶座，流落江湖，不知所終。

明清兩代皇帝農耕的地方——先農壇

貴為天子的皇帝也要農耕嗎

　　中國是農業文明社會，歷朝歷代的統治者都很重視農耕，甚至採取了很多「重農抑商」的政策；而且還專設了觀耕台，每年的三月份，由皇帝親自躬耕，作為天下之表率。

　　觀耕台位於太歲殿東南。台南向，東、南、西三出階各為八級，台呈方形，邊長16公尺，高1.5公尺。此台始建於明嘉靖年間，最初為木結構，清乾隆十九年（西元1754年）台面改砌方磚。明、清時期，農曆每年三月上亥日，皇帝都要率百官來先農壇，先祭拜先農神，然後到具服殿脫下禮服，換上龍袍，到耕台東面的親耕田躬耕。

　　親耕田共1.3畝，以兩旁分為12畦，由三王九卿從耕。明制是皇帝右手扶犁、左手執鞭，往返犁4趟；清制改為往返犁3趟，然後從西階登觀耕台，觀耕終了，由東階退下。

　　所以說，在農業社會裡，天子也是要農耕的。雖然只有很短的一會兒，耕了不到一畝田。

先農壇主要是由哪幾個建築構成的

　　先農，遠古稱帝社、王社，至漢時始稱先農。先農壇起初叫籍田壇，唐垂拱年間改為先農壇。每年開春之時，皇帝率文武百官在此行籍田禮。

　　先農壇共有建築群五組：慶成宮、太歲殿（含拜殿及其前面的焚帛爐）、神廚（包括宰牲亭）、神倉、具服殿。

　　另有壇台四座：觀耕台、先農壇、天神壇、地祇壇。這些組群建築與壇台基本都坐落於內壇牆裡，僅慶成宮、天神壇、地祇壇位於內壇牆之外、外壇

牆之內。另外，內壇觀耕台前有一畝三分耕地，為皇帝行籍田禮時親耕之地。

先農壇歷史文化展演

先農壇裡為何有一座太歲殿

古時候的中國有句俗語，叫「不得在太歲頭上動土」，把太歲說得很玄乎，言語之間很是敬畏，有的人還愛拿這個來嚇唬人。而據現代科學研究，所謂太歲，其實是一種真菌，並不是什麼神物。但因為古人不認識，所以把它就當成神來崇拜，還專門為它修建神殿來供養。

在先農壇裡就有一座太歲殿。因為太歲神是傳說中的值年之神，主管著人間萬事萬物的興敗禍福，所以每年皇上都會來此祭祀。逢到水澇乾旱的年份，還有大將出征和凱旋的時候，都要派遣官員來此祭祀。由此可

太歲殿

見太歲神在古人心目中的重要性，連皇上都得祈福於他。因此在先農壇裡建座太歲殿，也就是理所應當的事情了。

世界上現存建園時間最早的皇家宮苑——北海公園

瓊華島上真建有信炮台嗎

瓊華島位於北海太液池南部，簡稱瓊島，因島上建有白塔，故又別稱「白塔山」。島高32.3公尺，周長913公尺。島上建築精美，高低錯落有致，依山勢分布，掩映於蒼松翠柏之中。南面以永安寺為主體，有法輪殿、正覺

瓊華島

殿、普安殿及配殿廊廡、鐘鼓樓等，黃瓦紅牆，色彩絢麗。西面為悅心殿、慶霄樓、琳光殿及問古樓。島的東側林木成蔭，鮮少建築，景色幽靜，別具一格。乾隆曾書「瓊島春陰」於一石碑上，立在綠蔭深處，為「燕京八景」之一。島的北面山麓沿岸一排雙層臨水遊廊，如彩帶般把整個瓊島攔腰束起，迴廊、山峰和白塔倒映水中，景色如畫。東南面有石橋和岸邊相連，與秀美的景山、故宮交相輝映，湖光山色，美不勝收。

在島的頂端，設有信炮台。清初，有八旗軍在島上駐紮，站在信炮台上，俯瞰全城，一旦發現有警報，立馬就可以發出信號。

北海白塔中為何會有舍利

北海白塔位於北海公園瓊華島上，建於清初順治八年，是一座藏式喇嘛塔。據史料記載，它的建成是因為當時有西域喇嘛者，欲以佛教陰贊皇猷，所以奏請順治帝，請求建塔立寺，保國佑民，得到了順治的恩准，於是修建了白塔和永安寺。白塔高35.9公尺，上圓下方，為須彌山座式，塔頂設有寶蓋、寶頂，並裝飾有日、月及火焰花紋，以表示「佛法」像日、月那樣光芒四射，普照大地。

但由於歷史久遠，幾百年過去了，白塔各部位有了不同程度的受損。解放後，新中國政府對白塔進行了比以往任何一次都徹底的修復，除表面粉刷白堊外，還對塔身、相輪等做了加固處理。1976年唐山大地震時，波及北京，白塔的相輪石座被擠壓破碎，導致相輪歪閃，華蓋天盤上的日、月易位，火焰被甩落在塔身上。為此，1977年又進行了一次大規模的修繕。這次修繕時發現相輪中心的主心木已腐朽不堪，幸運的是在主心木上還意外地發現一個兩層金質舍利盒，內裝米粒般大小的舍利子十八顆，太極圖形瑪瑙蓋

四個（缺一個）。這些舍利子應該是一些得道高僧涅槃時留下的，被人秘密地藏在白塔中。經過這次修繕時的意外發現，才得以展現在世人面前。

善因殿的殿頂為何是上圓下方的雙重簷

一般來講，我們所見到的任何建築，不管是皇室宮殿還是普通民房，都是一層屋簷，但為何位於北海公園白塔前面的善因殿卻是上圓下方的雙重簷呢？

因為按照古人的理解，天圓地方，天在上，地在下，上圓下方以示「天圓地方」之意。所以上面就修了個圓的屋簷，下面修了方的屋簷。

善因殿

九龍壁為何能倖存於戰火之中

中國歷史悠久，朝代很多，自然的，每一個朝代的更替，都伴隨著戰火，每一次戰火都焚燒宮室文物不計其數，而為何九龍壁歷經戰火卻倖存了下來呢？

原來，九龍壁通體都是非燃材料。如今我們去觀賞的時候，發現它是一個「孤壁」，即周圍光禿禿的，什麼都沒有。但據《清宮史》記載：嘉慶年間，「西天梵境之西，有琉璃牆（今九龍壁）如屏障，牆北為真諦門，門內為大圓鏡智寶殿……殿北及左右屋宇四十三楹，皆貯藏經版之所也」。

從中可以知道，當時的九龍壁並不是孤零零的，而是佇立在一座金碧輝煌的大殿前面。遺憾的是，1900年八國聯軍入侵北京時，九龍壁北面的建築被侵略軍放火燒光了，只有九龍壁因為不能燃燒而保存了下來。

其實九龍壁並非全部是琉璃磚材料，上面有一條龍是木質的。據說當時在建造時出了一些麻煩，但迫於工期，一個心靈手巧的木匠就用木料做了一條龍，然後漆上油漆，跟琉璃龍一模一樣，因此讓所有修建九龍壁的工匠們躲過了一劫。

九龍壁上真的只雕刻了九條龍嗎

　　北京共有兩處九龍壁，一處在故宮皇極門前，一處在北海公園五龍亭以北，天王殿西側。若就造作精工而論，則推北海九龍壁為最。位於北海的九龍壁，高5公尺，厚1.2公尺，長27公尺，金碧輝煌，頗為壯觀。據史料記載，此九龍壁始建於遼，清乾隆二十一年重建。重建後的九龍壁，比之前更加雄渾壯麗，雖歷二百年風雨侵襲，而顏色不變，因此才得以保存下來，成為現有的最有價值的文物之一。

　　九龍壁用黃、紫、白、藍、紅、綠、青七種顏色。南北兩壁，每壁用長

北海九龍壁

方琉璃磚200塊拼組而成，二層40塊，計五層。上面所雕刻的游龍，姿態各異，栩栩如生，大致可分為兩類，躍身騰空者為升龍，俯身探海者為降龍。除壁前壁後各有九條蟠龍在戲珠外，壁的正脊、垂脊、筒瓦、隴垂等地方都雕有游龍，據統計共有635條龍。

北京的陵墓寺廟

　　坐落在北京城的明十三陵是中國乃至世界上現存規模最大、保存最完整、埋藏帝王最多的墓葬群。

　　散佈於北京城的寺廟，則年代久遠，風景怡人，不僅是香客信徒的好去處，也是遊客了解佛教文化的好地方。這些寺廟以各自的方式存在著，為遊客們滌清心靈，也為這座古老的城市默默祈福。

　　但關於北京的這些陵墓寺廟，您又了解多少呢？比如，您知道明朝共有16位皇帝，為何北京只有13座陵墓嗎？您知道乾隆曾經盜過永陵墓嗎？您知道北京為什麼沒有清朝皇帝的陵墓嗎？您聽說過香妃魂飄香界寺的傳說嗎？您聽說過妙應寺白塔上鐵箍的由來嗎？您聽說過曹雪芹與法海寺的傳說嗎？……

　　還等什麼？趕快翻過這一頁進入一個滿是趣味和答案的世界吧。

北京的陵墓

明十三陵有哪十三座陵墓

明十三陵是自明成祖朱棣遷
都北京後13位皇帝陵墓的總稱，
它坐落在北京昌平區境內的天壽
山南麓，是迄今中國乃至全世界
現存規模最大、保存最完善的皇
帝陵墓群建築。明十三陵地處
東、西、北三面環山的盆地之
中，陵墓前小河曲折蜿蜒，山清

明十三陵

水秀，陵墓的總面積有120餘平方公里。現在是北京西北郊區一處有名的旅遊
勝地。

十三陵的陵墓依次是長陵（成祖）、獻陵（仁宗）、景陵（宣宗）、
裕陵（英宗）、茂陵（憲宗）、泰陵（孝宗）、康陵（武宗）、永陵（世
宗）、昭陵（穆宗）、定陵（神宗）、慶陵（光宗）、德陵（熹宗）、思陵
（思宗）。明十三陵中除了以上十三位皇帝的陵墓之外，還有7座妃子墓和1
座太監墓，共埋葬了13位皇帝、2位太子、30多位妃子和1位太監。

明朝共有16位皇帝，為何北京只有13座陵墓

明朝自西元1368年由朱元璋建立，到西元1644年崇禎帝自縊於景山，歷
經276年，前後共有16位皇帝，奇怪的是明朝既然一共有16位皇帝，為何在北
京的明十三陵中只有13位皇帝的陵墓呢？

其實這也不足為奇，翻開有關明朝的歷史我們會發現，開國皇帝朱元璋
在建立明朝時，起初選定的都城是南京，朱元璋死後葬在南京的鍾山之陽，
史稱「明孝陵」。明朝的第二代皇帝建文帝朱允炆，在其叔父朱棣發動「靖

難之變」後逃離了南京，最後不知下落，所以他的陵墓更是無從查起。後來有關歷史學家分析，朱允可能逃到了今天的雲貴一帶，也有可能死於那場戰亂之中，但最終也沒有一個準確的結論，至今仍是明朝歷史的一大懸案。

明朝第七位皇帝代宗朱祁鈺，是因明英宗朱祁鎮在「土木堡事變」中被瓦剌所俘虜後，在大臣和太后的旨意下才登基稱帝的。後來英宗被放了回來，在英宗心腹的策劃之下，發動了「奪門之變」，又將皇位奪了回來，而代宗朱祁鈺被處死。朱祁鈺死後英宗不承認他是明朝的皇帝，所以以藩王的身分將其葬在北京西郊玉泉山北麓的金山口。

這樣明朝雖然有16位皇帝，其中開國皇帝朱元璋的陵墓在南京，建文帝朱允下落不明，代宗朱祁鈺葬於金山口，所以北京的明十三陵中便只有13座陵墓了。

明十三陵的選址與風水學有關係嗎

明十三陵的地址在北京西北郊昌平區內的天壽山南麓。為什麼明十三陵會坐落於此呢？這要從明成祖朱棣說起。

明成祖朱棣遷都北京後，就開始為自己選擇修建陵墓的地方，因為他本人篤信風水，因此陵墓的選擇可謂一波幾折，歷時頗久。相

明十三陵內景

傳，當時朱棣也選擇了很多地方，最後因種種原因才選擇了天壽山。據說當年朱棣手下的一位風水大師，最初提議將陵墓修建在一個叫屠家營的地方。但朱棣考慮到自己姓朱，「朱」與「豬」同音，朱棣認為「豬」一旦進入屠宰場，除了被殺沒有別的結果，所以朱棣馬上否定了這個方案。後來又有人向朱棣提議，選在京西潭柘寺，說這裡是千年古寺，必是一塊風水寶地，朱棣起初也覺得潭柘寺這個地方不錯，但當他親自去潭柘寺查看一番後便決定不選在這裡，緣由是他認為，潭柘寺雖然是千年古寺的所在地，但這裡地形狹隘，山高谷深不利於子孫後代的發展。其後，又選擇在懷柔的羊山腳下，

這「羊」和「豬」總該相安無事吧，可是偏偏在這羊山附近有一處叫「狼兒峪」的村子，這「豬」天天睡在「狼」身邊豈不是早晚會出事！後來也沒有選在那裡。還有一處則是門頭溝的「燕家台」，但因為「燕家」與皇帝去世意境的「晏駕」諧音，所以也被否定。

最後朱棣看上了昌平的黃土山這個地方，他在勘察黃土山時發現，這黃土山前面有座村子叫康家墳，西邊是一片橡子林，東邊是一條清澈的河流。朱棣認為這裡前有康（糠），左有橡子，右有水，這可是我們朱家的風水寶地，於是就決定將陵墓修建於此，恰巧這一年又是朱棣的五十大壽之年，所以又將黃土山改名為天壽山。

裕陵墓主人朱祁鎮的生母真的是宮女嗎

十三陵中裕陵墓的主人是明朝的第六位皇帝英宗朱祁鎮。朱祁鎮生於明宣德二年（西元1427年），是一位一生充滿傳奇色彩的皇帝，其身世就很神秘，他的父親是明宣宗朱瞻基，但生母卻相傳是一位宮女，這一傳說是真的嗎？

明宣宗朱瞻基在位期間政績還算不錯，朱瞻基的正宮皇后也是一位賢良溫淑的好皇后，但朱瞻基還有一位十分寵愛的孫貴妃，這位孫貴妃是主簿孫忠的女兒，10歲時就進了宮，在永樂十五年（西元1417年）被冊封為皇太孫嬪。宣宗繼位後，又被封為貴妃。這位孫貴妃深得宣宗的寵愛，但唯一讓她感到遺憾的是她始終沒有得到皇后的位置，於是孫貴妃想盡辦法要除掉胡皇后而自立。

機會轉眼間就來，明宣宗的子嗣一直不多，這位胡皇后也未能為宣宗生下一子，雖然孫貴妃亦是如此，但她想到了一條偷梁換柱的妙計，她派人四處打聽哪位宮女受到皇帝的臨幸後懷有身孕，最後她找到

明裕陵

這樣一位宮女，於是她將這位宮女私藏在一間密室裡，每天都會派專人給這位宮女送飯、照看。然後，買通宮中的御醫向外宣揚自己懷孕的消息。

由於孫貴妃十分受寵，所以這件事也就沒有走漏半點風聲，就這樣這位宮女十月懷胎後，產下一男嬰，孫貴妃馬上讓人把孩子抱給自己，聲稱這孩子是自己所生，然後又將那位宮女秘密處死。就這樣這個小男嬰成為了孫貴妃的孩子，而這位男嬰就是後來的明英宗朱祁鎮。

乾隆帝真的盜過明永陵墓嗎

盜墓一直是考古學家們痛恨的事情，盜墓不僅讓很多文物古蹟流失，還阻礙社會對歷史更加深刻的考究和發現。像這樣不光彩的一件事怎麼能和清朝的一代明君乾隆皇帝牽扯上關係呢？歷史上的乾隆皇帝到底有沒有盜過明十三陵中的永陵墓呢？

清乾隆皇帝，在古代的帝王中算的上是一位明君，他在位期間，因為勤於政事，整個清朝不論在政治、經濟還是文化上都有了不錯的發展。但就是這樣一位明君，為了一己之私，也難免做出一些不光彩的事來。相傳，乾隆皇帝為了盜取明長陵中的楠木大柱，對外宣稱自己要重修明長陵，以示

明永陵

對前朝皇帝的追思之情。當劉墉等大臣得知乾隆皇帝的本意後，竭力勸諫才保住了明長陵。但乾隆仍不死心，最後還是「重修」了明永陵墓。

根據史料記載，乾隆五十年至五十二年（西元1785～1778年），清朝的確對明永陵進行了大規模的修繕。經過這次修繕後，明永陵的祾恩殿「變小」了。根據《大明會典》的記載，祾恩殿原有重簷7間，左右配殿各9間，恩門面闊5間。現代考古發現，讓乾隆「修葺」過的祾恩殿變為5間，恩門減為3間，柱網分布也與舊制不同。於是，關於乾隆盜墓的傳說便在民間流傳開來。

泰陵墓的主人朱祐樘真只娶過一位女人嗎

　　泰陵墓的主人朱祐樘是明朝第九位皇帝，他在位期間勤於政事，勵精圖治，任用王恕、劉大夏等為人正直的賢臣，使明朝中期再度出現盛世之態，史稱「弘治中興」。朱祐樘不僅在政績上有所作為，更為後世稱奇的是他一生只娶過一位女人，這是真事嗎？

　　翻開中國的歷史，我們可以看到，中國皇帝最大的一個特點就是老婆多，其中像晉武帝、唐玄宗所擁有的後宮真算得上是「三千佳麗」，即便是清光緒帝這樣的傀儡皇帝，也有一后二妃，所以現在我們所說的一夫一妻制好像跟皇帝沒有什麼關係。其實不然，中國歷史上還真有一位皇帝一生只娶過一位女人，這個皇帝就是明孝宗朱祐樘，他唯一的妻子就是張皇后。那麼身為九五之尊的明孝宗為何只娶了一位女人呢？

　　首先明孝宗本人性格溫和，又長期受到儒家思想的薰陶，對男女之事沒有特別濃厚的興趣；其次，明孝宗自幼為了躲避萬貴妃的迫害，長期被秘養在安樂堂內。他對宮中妃嬪之間爭風吃醋、勾心鬥角的後宮江湖，可謂體會深切，有切膚之痛。在他登基後，為避免後宮再次上演這些「鬧劇」，索性就不再納妾封妃；另外，張皇后本人博學多才，性格活潑，對孝宗有足夠的吸引和約束力。這位張皇后後來在內廷的政治鬥爭中也起到了舉足輕重的作用，史稱張后「驕妒」；此外還有一個原因是大臣謝遷的勸諫。弘治元年，也有大臣提出要為孝宗選妃，但謝遷進諫說：「皇帝選妃，本是理所當然。但如今先帝明憲宗的陵墓尚未修建完善，皇帝正在為先皇守孝，選妃之事現在恐怕不宜進行。」孝宗向來以孝治天下，原本就定下為憲宗守孝三年的制度，再加上謝遷的勸諫，因此就再沒有提選妃之事。

　　就這樣，明孝宗選妃之事再沒有提及，直到駕崩，孝宗再也沒有選納其他的妃嬪，成為中國歷史上唯一一個只有一位女人的皇帝。

明泰陵

昭陵墓為何修建了兩次

　　明昭陵是隆慶六年（西元1572年）由明神宗下詔後開始在大峪山修建的。如此浩大的工程，僅僅用了一年的時間就修建完工了，但因為工程進展得太過迅速，一些施工細節做得並不到位，用現在的話說就是豆腐渣工程，過了不到一年的時間，昭陵陵墓的整體建築就出現了地基下沉的現象。明神宗不得不重新修建昭陵，於是昭陵的「二期工程」在萬曆三年（西元1575年）開始。

　　昭陵先後兩次的修建都花掉了大量的銀兩。第一次修建所耗費的銀兩，根據當時工部的計算就高達50多萬兩。第二次修建的花費雖然沒有官方具體的統計，但根據《明熹宗實錄》記載，這次修建共花費了近150萬兩。如果算上嘉靖年間的那次修繕，其花費的銀兩起碼在200萬兩左右，這幾乎相當於隆慶時期國庫一年的稅收總收入。

明昭陵內景

為何明十三陵中只有思陵被盜過

　　明十三陵是迄今為止保存最完善、規模最大的皇家陵墓，除了明思宗朱由檢的思陵被盜過，其他的十二陵基本保存完整。那麼十三陵中為何單單只有思陵被盜過呢？

　　這還要從明朝李自成起義說起。李自成率起義軍攻入北京城後，明朝最後一位皇帝崇禎帝朱由檢在走投無路之下，選擇了上吊自縊殉國。當時的北京城可謂亂作一團。李自成起義軍後來在清理戰場時，發現了崇禎帝和周皇后的屍體。李自成命人將這兩具屍體用兩扇門板抬放到了北京東華

思陵墓

門外。可憐這位生前堂堂的大明皇帝，死後竟然被停屍在光天化日之下，更為荒唐的是不知是誰，把他的頭砍了下來。

後來，李自成將崇禎帝和周皇后的屍體安葬在田貴妃的墓中。在安葬時，李自成命人用重達幾十斤的黃金打造了一個「金頭」安放在崇禎帝身上。就是這尊金頭引來了盜墓者的「光顧」。幾年後一位看守陵墓的人，早上起來發現安葬崇禎帝的思陵的墓門大開，於是他叫來了其他守陵人，聞訊而來的人們順著墓門進入陵墓中發現，崇禎帝的那顆金頭已經不翼而飛了。

可憐這位崇禎帝，在世的時候做了「亡國皇帝」，死後還不得安寧。

明十三陵裡為何有一座太監的陵墓

在明十三陵中有一座很明顯的太監陵墓，那麼這位太監是何許人也？他的陵墓為何出現在皇帝的陵墓群中呢？

這座太監墓的主人是明末太監王承恩。在人們的印象中，太監通常弄權、狡詐、滿腹壞水，但王承恩卻並非如此。西元1644年，李自成攻入北京城後，崇禎皇帝被迫在景山上吊自縊，而陪同崇禎帝一同自縊的還有這位太監王承恩，當年李自成幾萬大軍圍困北京城時，明朝的很多將領都解甲歸田，而王承恩卻統領禁軍，誓死抵抗。後來，清朝第一位皇帝順治帝在為崇禎皇帝發喪時，還為王承恩修墓立碑，並將他安葬在崇禎皇帝的陵墓外，讓他永遠「守護」陵墓。

太監王承恩的陵墓至今保存較為完善，雖然陵墓本身只剩一個直徑6公尺的土堆，但墓前的三通石碑卻保存得比較完整。王承恩的陵墓是坐西朝東的，在陵墓東側的第一通石碑上刻有「王承恩墓」字樣，其碑有2公尺之高；第二通石碑有4公尺高，碑首刻有「敕建」，下面緊跟著400字的碑文，這是清順治帝親手題寫的；緊靠陵墓的石碑，碑高2公尺，碑首刻有「御制旌忠」四字，下面同樣刻寫著將近240字的碑文，這是清順治帝營建崇禎帝陵墓時，為褒獎王承恩的忠義護主所題寫的。

明十三陵為何很少被盜

中國的皇家陵墓大多數都被盜過，從漢朝陵墓到清朝的東、西陵都無一倖免，但唯獨明十三陵很少被盜，這其中到底有何玄機？難不成明十三陵中暗藏「機關」？

明十三陵很少出現被盜的情況主要得益於明朝及以後歷代統治者對其特殊的保護。明朝時每修建一座陵墓，都會設一隊士兵看守陵墓。在明朝中期，又在陵墓的所在地昌平設昌平鎮，在昌平鎮駐守著上萬的兵將，這樣一來既起到了保護京師的作用，又加強了守衛陵墓的力量。當時鎮守昌平的總兵，還在各個陵墓外設置了神宮監和祠祀署等官職專門用來保護陵墓。

明朝滅亡時，李自成因急於攻擊北京城，推翻明王朝，在攻打昌平鎮時，僅僅燒毀了定陵中的一些建築，並沒有對十三陵進行大規模的破壞。

清朝時期，清廷對明代的陵墓也採取了保護措施，清朝在明十三陵各陵都設有陵戶，起到保護明十三陵的作用。從清順治帝到乾隆帝，還設有司香內史這個官位，專門用來看護明十三陵。

民國時期，政府將明十三陵列為了歷史文物保護對象，專設明陵員警對其進行保護。

經過明、清、民國三個時期的保護，明十三陵除思陵外，其他十二座陵墓均沒有被盜過。

明十三陵的石牌坊是如何立起來的

在明十三陵的長陵神道南端，有一座巨大的石牌坊。它是中國現存規模最大、保存最完整的仿木結構石坊建築。它並不是在朱棣修建長陵時建的，而是明世宗朱厚熜在嘉靖十九年（西元1540年）造的。明十三陵

石牌坊

的石牌坊是用青白石做的，通闊28.86公尺，最高的主樓離地面有12公尺，重達幾噸。如此高而重的石牌坊，在當時沒有起重機、吊車這樣先進工具的情況下是如何立起來的呢？

關於石牌坊是如何立起來的這個問題老北京民間一直流傳著一個傳說：相傳，明十三陵的石牌坊能夠立起來是魯班出的點子。當時，在修建石牌坊時施工的勞工們正發愁如何才能立起這石牌坊時，魯班化身為一位白衣老者出現在他們面前，勞工們一看這位老者，鶴髮童顏、精神矍鑠，絕非凡人，就向他請教該如何立起這巨大的石牌坊，老者淡淡地笑著說，我是一位土埋脖子的人了，哪有什麼辦法將這麼重的石牌坊立起來。說話間突然就消失了。就在勞工們一臉茫然的時候，突然有位勞工喊道：「這位老者，已經告訴我們辦法了，就是『土埋脖』啊！我們一邊屯土，一邊往上立。這樣不就可以了嘛！」大家一聽，這倒是一個可行的辦法，於是按照這個辦法動工了。最後果然將這又高又重的石牌坊立了起來。

明十三陵中為何有十二陵沒有碑文

如今在遊覽明十三陵時，細心的朋友可能會發現，這十三陵中只有明成祖朱棣的長陵石碑刻有「大明長陵神功神德碑」字樣，以及下面刻有朱棣兒子為其題寫的3000餘字碑文，其餘十二陵的石碑上都沒有碑文，屬於無字碑。這又是怎麼一回事呢？

關於明十三陵中的無字碑文，歷來有兩種說法：一種說法認為，皇帝功德太大，根本無法用言詞來表達，所以乾脆就不寫了。還有一種說法說，明太祖朱元璋曾親下聖諭，說所謂的皇陵碑記，都是一些虛華的言辭，根本沒有必要在石碑上書寫。所以，明朝的史官都不再為皇帝撰寫碑文，而這個責任卻落到了皇帝的身上。

明長陵的石碑

根據有關史料記載，明十三陵從第二座陵墓到第六座陵墓，起初連石碑都沒有樹立，直到嘉靖年間，明世宗朱厚

熄重補這些石碑，但按照慣例明世宗應該在這些石碑上撰寫碑文，但因世宗沉迷於酒色之中，根本沒有時間理會這些事，所以直到他駕崩那天他所立的石碑上也沒有一篇碑文被寫成，之後的皇帝看到先祖的石碑上都沒有書寫碑文，在立碑的時候也就都不再刻寫碑文了。

這樣就形成了明十三陵除了朱棣的石碑上刻有碑文，其他十二座陵的石碑上都沒有碑文的現象。

修建十三陵的工匠最後真的都被處死了嗎

民間有一直以來有一種傳說：為了保護皇帝的陵墓，防止被盜，那些為皇帝修建陵墓的工匠，在完工之後都被秘密處死了。那麼負責修建十三陵的那些工匠最後也都被殺死了嗎？

答案是否定的，因為明十三陵很多的建築都修建在地面之上，即便是地下的宮殿也都建在地面建築的中軸線上，更何況明十三陵周圍都建有很高的城牆，還駐守了很多看守陵墓的士兵。如此興師動眾地修建陵墓，肯定不會是什麼秘密的事。另外，修建如此浩大的陵墓需要的工匠肯定成千上萬，即便皇帝有心殺這些人，也難以全部滅口。

北京為什麼沒有清朝皇帝的陵墓

北京城裡有很多的皇家陵墓，其中最為著名的當屬位於昌平區天壽山上的明十三陵，此外還有房山區的金陵墓。可是作為中國最後一個封建王朝的清朝，為何沒有將皇陵修建在北京呢？

想要知道北京為何沒有清朝的皇家陵墓，首先要了解清朝陵寢的幾個特點：第一，清朝的陵寢選擇非常注重風水。一說起風水，也許很多人認為風水學就是迷信，其實並不能那樣講，風水學是中國人獨有的一門學問。第二，清代的陵寢修建更加強調建築和自然環境的和諧性。第三，清代的陵寢更加注重建築品質，建築要求非常堅固平整。

由此可以看出，清朝陵寢的選址標準比以前歷朝都更為嚴格，尤其是在風水方面。而位於河北遵化馬蘭峪西部的昌端山和河北易縣西部的永寧山的

風水在順治、雍正兩位皇帝看來要遠比北京城郊區的風水更好，並且這裡山清水秀，與陵墓相得益彰。因此，清代的陵墓沒有選在北京也就不足為奇了。

李蓮英的陵墓為何稱為「雞蛋墳」

李蓮英是清末有名的太監，因生前得到慈禧太后的寵愛，所以在朝中飛揚跋扈，可謂做盡了壞事。他死後所安葬的陵墓，更是極為奢華，在老北京民間將李蓮英的陵墓稱為「雞蛋墳」。

位於海淀西八里莊以西的恩濟莊是清代太監的陵墓地，其中最為引人注意的當屬大太監李蓮英的陵墓，李蓮英的墳塋相傳是用雞蛋清拌石灰修建而

李蓮英

成的。李蓮英在世的時候，被慈禧太后破格封為宮內二品，但因康熙帝曾定下內監職銜最高不能超過六品的制度，所以，李蓮英的陵墓不能超過二品的規格，因此不能用磚來砌墳。於是為了使墳塋堅固，李蓮英派人買了大量的雞蛋，將雞蛋打碎後，去掉蛋黃，把蛋清倒入石灰中攪拌，用來修建墳塋。因此，民間有了李蓮英墳是「雞蛋墳」的說法。

八寶山公墓安葬過哪些名人

革命公墓骨灰堂

八寶山公墓在北京石景山區八寶山東部，八寶山實際就是一座小山丘，在很早以前這裡就是墳場。其中有名的革命公墓骨灰堂，原來是一座寺廟，建於明朝時期，當時叫「護國寺」。

20世紀60年代初期，毛澤東提出共產黨員逝世一律火化的制度後，古寺的大殿被改為骨灰堂

一室，一盒盒骨灰都按照先後的順序排列在骨灰堂內。後來，大殿的前廳前開闢了一間副室。到目前為止，骨灰室已有11間了。

　　進入骨灰堂後，這裡沒有富麗堂皇的裝飾，而是充滿著一種嚴肅、莊重的氣氛。骨灰堂中首先映入眼簾的是101號骨灰盒，這是朱德元帥的骨灰，緊挨著的是董必武、彭德懷元帥，接著依次是陳毅、羅榮桓、賀龍等老一輩革命家。除此之外，還有不少馳名中外的科學家、思想家、文學家的骨灰都安置於此。

　　每當清明節前後，每天都會有人來此掃墓，以紀念這些為新中國的建立和發展作出過貢獻的革命先烈們。2009年中國國務院公布這裡為全國愛國主義教育示範基地。

老北京的寺廟

「先有潭柘寺，後有北京城」的說法是真的嗎

　　潭柘寺始建於西晉，至今已有1700多年的歷史，是北京最早的寺廟。在北京民間一直有「先有潭柘寺，後有北京城」的說法。那麼，是否真的有這回事呢？

　　這個說法最早起源於民間的一個傳說。相傳，在很早以前，北京、天津、河北一帶附近還是一片汪洋大海，在海裡住著一條惡龍，這條惡龍只要一擺尾，整個北京城都會地動山搖，只要一吐水，北京城就會三年水災不斷，住在這裡的百姓苦不堪言。後來，劉伯溫知道後，決定來收服這條惡

潭柘寺

龍。經過幾天的激戰，劉伯溫最後活捉了惡龍，將惡龍的身體鎖在了北新橋下，龍頭鎖在了潭柘寺中，並用潭柘寺中的一根大柱作為箭，緊緊揷在惡龍的脖子上。從此，惡龍被制伏，整個北京城的水也漸漸地消退了，後來人們在這裡修建城郭，建立城市。據說，後來每朝在修建北京城的時候，都要比潭柘寺的大梁低一寸，以防止惡龍再次甦醒過來，這就有了「先有潭柘寺，後有北京城」的說法。

但這畢竟只是民間一個有趣的傳說，並不是真正的歷史。「先有潭柘寺，後有北京城」這句話，其實是告訴人們，潭柘寺的悠久歷史以及它在北京城中的重要地位。

廣化寺真是用大米換來的嗎

北京廣化寺內

廣化寺位於北京風景秀麗的什剎海北段，東臨銀錠橋，西鄰宋慶齡故居，是北京城一座重要的大型佛教寺廟。廣化寺分中、東、西三院，擁有殿宇329間，雕梁畫棟，布局嚴謹，金碧輝煌。廣化寺大約建於元朝，關於廣化寺的修建相傳是由大米換來的。

據《日下舊聞考》援引《柳津日記》載：「廣化寺在日中坊雞頭池上。元時有僧居之，日誦佛號，每誦一聲，以米一粒記數，凡二十年，積至四十八石，因以建寺。」說的是，在元朝有一位僧人，每天都在廣化寺附近誦經化齋，誦一聲經，便會化來一粒米，就這樣他每攢夠一定數量的米，便用來換取修建寺廟所用的磚瓦、木材。這位僧人就這樣在此誦經化齋整整20年，用20年化來的米換來的磚瓦、木材最後修建了這座廣化寺。

明朝初期，廣化寺寺院已荒廢。根據寺院碑文的記載，明成化年間和萬曆年間人們曾對廣化寺進行了修繕，重修後的寺院整個規模比以前更加宏大，禪宗大德自如和尚成為廣化寺方丈後，改寺內的子孫廟為十方叢林，成

為了廣化寺中興第一代。

到了清朝時期，廣化寺成為京城影響最大的淨土宗寺院。清道光皇帝還於道光六年（西元1826年），出資重修了殿堂僧舍。

清末民初，廣濟寺成為了京師圖書館。1908年清朝大臣張之洞將自己的藏書存放於寺院中，並上奏要求建立京師圖書館。次年清政府予以批准，在此成立了京師圖書館。中華民國成立後，時任中華民國教育總長的蔡元培任命江瀚為京師圖書館館長，並對外開放圖書館接待讀者。但後來京師圖書館已遷往別處，廣濟寺也恢復為原本的寺廟。

如今的廣化寺成為了北京一處有名的旅遊景點，每年到了旅遊旺季，廣化寺內都會迎來一批批燒香求佛的善男信女們。

恭親王奕訢真的在戒台寺隱居了十年嗎

戒台寺位於北京門頭溝區的馬鞍山上，始建於唐朝武德五年（西元622年），原名「慧聚寺」，到了遼代因高僧法均在此建戒壇，四方的僧人都來此受戒，因此改名為戒台寺。戒台寺是一座佛家寺院，為何清末時期的恭親王奕訢會來此隱居？

恭親王奕訢在光緒十年（西元1884年）被慈禧免職後，便來到戒台寺隱居。這一隱就是十年。說是隱居實際上是為了躲避慈禧太后的進一步迫害。那麼這位清代有名的親王和慈禧太后有何過節呢？

恭親王奕訢是道光帝同父異母的兄弟，歷經道光、咸豐、同治、光緒四朝，先後擔任內閣大臣、總理各國事務衙門大臣等要職。西元1860年英法聯軍攻入北京後，咸豐帝逃往承德避暑山莊時，任奕訢為議和大臣，留守北京，與英法聯軍進行談判。「辛酉政變」時奕訢幫慈禧剷除肅順等八位顧命大臣，被慈禧封為議政王，為慈禧能夠垂簾聽政立下了汗馬功勞，正因如此，慈禧害怕

戒台寺的塔林

奕訢政治地位過高，會威脅到自己的權力，於是在同治四年（西元1865年）以「信任親戚，內遷召對時有不檢」的理由，罷免了奕訢議政王之職，同治十三年（西元1874年）又以「召對失儀」為藉口，將奕訢降為郡王，光緒十年（西元1884年）中法戰爭時，又因奕訢「不欲輕言戰」免除了其一切職務。從此恭親王奕訢為了避免慈禧太后的進一步加害，便以「養病」的藉口，隱居於戒台寺中。奕訢在戒台寺隱居時，對戒台寺進行了大規模的修繕，他出資重修了五百羅漢堂、千佛閣等殿堂。

奕訢隱居於戒台寺期間，不僅對戒台寺進行了修繕，還對保護寺院、吸引布施和繁盛戒台寺香火起到了一定的作用。如今，戒台寺還存有奕訢所撰的《重修萬壽寺壇碑記》、慧聚堂匾牌以及「臥龍松」題名碑。

紅螺寺的改名真的與紅螺仙女有關嗎

紅螺寺

紅螺寺位於北京懷柔區，始建於東晉咸康四年（西元338年），原名「大明寺」，在明朝時易名為「護國資福禪寺」，俗稱「紅螺寺」。關於紅螺寺這一名字的由來，在民間還流傳著一個神話傳說。

相傳，天上的玉皇大帝有兩個女兒，相伴下凡來雲遊人間的美景。一天，這兩位仙女來到一座山前，被這裡清幽古雅、山清水秀的美景所吸引。進入山林後，她們發現在山間有一座古寺青磚灰瓦，古色古香，頓時萌生了在此生活的念頭，於是她們白天幻化成為寺裡的和尚，跟隨其他僧人們一起念經誦佛，晚上則變化成一對斗大的紅螺，並隱藏在寺前的放生池中（據說就是現在的紅螺泉），並且到了深夜會從池水中放出萬道紅光，將寺院和山麓籠罩在一片紅霞祥雲之中。自從這兩位仙女來到此處，整個北京城每年都風調雨順，林茂糧豐，萬民安居樂業。後來，她們長時間未返回天庭的事被玉皇大帝知道了，很快便被玉皇大帝召回天庭。民間的老百姓為了紀念這兩

位紅螺仙女，便把這座寺院改名為紅螺寺。

妙應寺的白塔上為何會有鐵箍

妙應寺白塔位於阜成門內大街北的妙應寺內，元十六年（西元1279年）建成，通體塗以白色，因此將寺俗稱「白塔寺」。如今，到妙應寺的遊客會發現，白塔上帶有一個個的鐵箍，為何要給這白塔套上鐵箍呢？

相傳，妙應寺自元朝修建後，香火甚為旺盛，每天來此燒香拜佛的人絡繹不絕。但到了明朝，忽然有一天，隨著野獸般恐怖的怪叫聲從地底下一陣陣傳出來，整個北京城都開始地動山搖起來。北京城內發生了前所未有的地震，只見一座座房屋霎那間東倒西歪，全城百姓東竄西逃，場面慘不忍睹。

地震過後，人們發現妙應寺出現了幾道巨大的裂縫，白塔也傾斜了下來，人們開始擔心萬一這白塔要是徹底坍塌下來，豈不是要把剛剛修建好的房屋再次夷為平地？生活在妙應寺周圍的百姓，每日提心吊膽地生活著，有人建議搬出這個地方，可是剛剛經過地震，很多地方都還在重建中；有的百姓建議讓人去修，可是這又高又傾斜的白塔，誰敢冒著生命危險去修呢。

過了幾日，來了一位鋦東西的師傅，人們便紛紛從家裡拿出在地震中被毀壞的水缸、花甕、大瓦盆等物件，但這位師傅卻說：「我不鋦這些東西，實在太小，我要鋦大傢伙。」其中，有人說：「你是不會鋦吧，還吹牛要鋦大東西，你看妙應寺內的白塔夠大吧，有能耐你把白塔鋦好。」這位師傅淡淡地笑了一下道：「鋦白塔可以啊，不過要等到明天了。」轉身便走了，大夥都你一言我一語地談論著這位師傅能否鋦好白塔。就這樣過了一夜，等第二天人們醒來後，發現白塔真被鋦好了，並且在白塔上套了很多鐵箍加以固定。於是，人們開始說，昨天那位師傅是魯班轉世，專門為鋦這白塔而來。

妙應寺的白塔

雲居寺為何會有一座「娃娃庫房」

雲居寺外景

雲居寺，中國著名的佛教寺院，位於北京西南部房山區境內的白帶山下。它始建於隋末唐初，寺內九個藏經洞珍藏著浩瀚的石經、紙經、木板經，號稱「三絕」。

位於雲居寺第六層的大悲殿，供奉著一尊千手千眼觀音菩薩，但事實上，在佛教經典中，本是沒有送子觀音的，但是在人們傳統的觀念裡，觀音是救助眾生的大慈大悲的菩薩，所以，人們根據需要，就在三十三位觀音之外，又加了送子觀音的名號。雲居寺第六層殿大悲殿供奉的千手千眼觀音菩薩為明代鑄造。菩薩的左右兩邊，是許許多多的童子，他們是虔誠的香客許下求子之願，願望實現後還回去的娃娃。雲居寺大悲殿求子靈的消息不脛而走，幾百年來，人們代代相傳，到大悲殿求子或者保佑孩子平安成長的人越來越多，以致這些年來大悲殿裡的娃娃無數。

管理處為了妥善安置這些娃娃，還在殿外設了一處娃娃庫房。大悲殿裡為每一個還願娃娃都設立了娃娃專座，還願的娃娃在專座上坐滿一年後，就需要進入娃娃庫房，因為還娃娃的實在是太多了。那些還願娃娃整齊地排坐在送子觀音左右，「童子伴觀音」成了雲居寺獨有的景觀。

智化寺是一座為太監修建的寺廟嗎

北京智化寺位於東城區祿米倉東口北，修建於明正統九年（西元1444年）。廟內莊重典雅、用料獨特的黑琉璃瓦頂，素雅清新的裝飾彩繪以及精美古樸的佛教藝術，素來有「中國古音樂活化石」的美譽。那麼這麼一座古典清雅的古寺為何相傳是為太監修建的呢？

事實的確如此，根據史料記載，智化寺是明英宗為大太監王振所修建的

家廟，後因被英宗賜名「報恩智化寺」而繁盛至極。

當初，王振為了向世人展示自己的權力，擅自將宮中的一些宮廷御用音樂移植入寺院中，並訓練寺裡的僧人演奏樂器，即佛教樂曲，稱為京音樂或「經音樂」。到了清道光、咸豐年間，智化寺的京音樂逐漸傳播至全國其他各地的寺廟中，智化寺漸漸成為了傳誦佛教音樂的中心。長期以來，智化寺的京音樂一直遵

智化殿

以嚴格的師承關係，在演奏技巧和姿勢及樂譜方面的傳承都十分嚴謹，是中國現存古樂中唯一按代傳襲的樂種。

新中國成立後，智化寺的京音樂再也沒有以音樂佛事的面貌出現，而是以弘揚中國傳統文化、繼承古老音樂藝術、保護珍貴的國寶為出發點。後來，文化界和宗教界很多學者深入研究之後，都認為應該將智化寺的京音樂繼續傳承下去，因此智化寺又出現了藝僧，並舉行了承拜師會，老藝僧收徒弟，接續智化寺音樂的香火，培養傳承人。

大覺寺的坐落位置為什麼是坐西朝東呢

大覺禪寺，位於北京市海淀區陽台山麓，始建於遼代咸雍四年（西元1068年），因有山泉從寺內流過，所以得名為清水院，在金代時成為了皇家行宮，為金章宗西山八院之一。到了明代宣德三年（西元1428年），大覺寺被重新修建，明末時又被破壞。清康熙五十年（西元1720年），康熙帝又重修了大覺寺，並新增了四宜堂、領要亭等。來到大覺寺後，人們會奇怪地發現，整個寺院坐西朝東，這在北京的寺廟中是極為罕見的。那麼為何大覺寺會是坐西朝東呢？

這還要從大覺寺的修建說起，大覺寺修建於遼代，而遼代是一個由契丹族建立的王朝。契丹族人向來對太陽有著至高無上的崇拜之情，因太陽是東

升西落，所以他們的很多建築都是向東。當第一縷陽光灑向大地時，契丹人最先領受到太陽光輝，因此，遼代契丹人的建築都表達了這一習俗，大覺寺當然也不例外。

大覺寺雖然之後經歷過幾次修繕，但其寺院的整體格局並沒有改變。北京存有的遼代建築極少，而表達對太陽崇敬之意的建築更是稀有，因此大覺寺在北京眾多寺廟中顯得尤為珍貴。

臥佛寺為什麼會有兩座臥佛像

臥佛殿

臥佛寺位於北京壽牛山南麓、香山的東側。始建於唐貞觀年間（西元627～649年），原名兜率寺，又名壽安寺，後因寺內有一尊佛像，俗稱為臥佛寺。如今進入臥佛寺大殿所看見的那尊側身睡臥，一臂曲肱而枕，體態安詳自如的大佛，已經不是唐代那尊大佛了，而是修鑄於元代的大佛。

那麼，臥佛寺裡為何會先後出現過兩尊佛像呢？

臥佛寺建成後，當時由紫檀木雕刻的佛像就一直安放在此，接受人們的朝拜，雖然朝代更迭，戰亂不斷，但是寺院內香火始終不斷。到了元代，忽必烈定都北京後，兜率寺改名萬安山寺，並成為皇家寺廟。元英宗繼位後，下令重新修繕萬安山寺，並用銅打造了一座重五十萬斤的新臥佛像。元代的統治者在打造銅製臥佛像後，並沒有丟棄原來的那尊紫檀木佛像，而是將其放在了寺院的後殿內，所以臥佛寺中就有了兩尊臥佛像。但遺憾的是，唐代的那尊臥佛像在清雍正、乾隆年間神秘地消失了，至今下落不明。

真的有香妃魂飄香界寺這回事嗎

北京香界寺位於北京西山餘脈平坡山龍王堂西北，是八大處中面積最大的一座寺院，因這裡山勢平緩，又名「平坡寺」。香界寺始建於唐乾元初年

（西元758年），明洪熙元年（西元1425年）重建，改稱「大圓通寺」。清康熙十七年（西元1678年）再次重建，改稱「聖感寺」。乾隆十三年（西元1748年）經重修改名為「香界寺」，意為「香林法界。」香界寺之所以有名，並不是因為它的歷史有多悠久，而是源於「香妃魂飄香界寺」這個民間傳說。

據說，清乾隆年間，香界寺來了一位叫桂芳的和尚，他精通佛經，每次乾隆帝來香界寺避暑時都會找他談論古經。

香界寺

一次，乾隆皇帝又來到香界寺，在與桂芳談論經文時，桂芳發現乾隆皇帝心神不寧。向乾隆帝打聽後才得知，乾隆皇帝這是在思念香妃。於是，桂芳對乾隆帝說：「貧僧有辦法，讓皇上現在和香妃相見。」乾隆皇帝自然高興。

就在當天夜裡，桂芳讓小和尚抬來一面碩大的銅鏡放在大殿之上，又在藏經閣中拿出了還魂經。並點上一炷清香，頓時整個大殿如同在夢境一般。此時，桂芳對乾隆帝說：「皇上現在可以沐浴更衣，在殿外靜等。一會兒不論大殿的銅鏡上出現任何人，對您說任何話，皇帝都不要接近。」乾隆皇帝當時連連答應，沐浴之後便在殿外等候。

大約過了半個時辰，乾隆皇帝突然看到，大殿的銅鏡中出現了香妃，只聽鏡子中香妃對乾隆帝說：「聖上駕到，我有話想對皇上說。」乾隆皇帝見此情景，早就忘記桂芬和尚的叮囑，便邁門進入大殿的銅鏡前，就在此時鏡子裡的香妃突然消失。在此期間，整個大殿響起了香妃家鄉的歌曲。乾隆帝恍然大悟，原來香妃這是想念自己的故鄉。第二天回宮後，乾隆帝就派人將香妃的遺體運回了她的故鄉。這就是香妃魂飄香界寺的傳說。

大鐘寺是因永樂大鐘而得名的嗎

大鐘寺位於北京市海淀區北三環路聯想橋北側。其實大鐘寺以前叫覺生寺，但因為寺內曾藏有著名的永樂大鐘，所以改名為大鐘寺。銅鐘鑄造於明永樂年間，通高6.75公尺，重約46噸，鐘體內外遍鑄經文，共22.7萬字，是中國現存最

永樂大鐘

大的青銅鐘。關於它的來源在民間一直流傳著兩個傳說。

據說當年燕王朱棣當了皇帝後，總怕別人推翻他的寶座，就派軍師姚廣孝收集民間老百姓家中的鐵製用具鑄了這口大鐘，還在其上刻上了《華嚴經》。說這樣一旦老百姓聽到鐘聲，就不會再反抗他了。

還有一個傳說是，朱棣在下令鑄造大鐘時，要求鐘聲能傳百里，很多工匠和監官因沒有鑄出這樣的鐘而被砍頭。新一任監官上任後，知道也無法完成這個任務，終日愁眉不展，心想這鐘鑄好之時，便是他人頭落地之日。這位監官有一位女兒，每天看到父親如此哀愁，便準備和父親在鐘鑄好那天共赴黃泉。這天，女兒跟隨父親來到鑄鐘的地方，趁父親沒有注意跳入了滾燙的銅水中。父親在慌亂中只抓到了女兒的一雙繡花鞋。正當父親悲痛不已之中，奇蹟發生了，這口鐘鑄好之後，居然能聲傳百里，但鐘聲的尾音總發出「鞋」的字音。人們說這是女兒在向父親要自己的鞋子。所以，大鐘寺每年都會供上一雙繡花鞋，以紀念那位捨身救父的女兒。

大鐘寺內的永樂大鐘為何移掛到了圓明園裡

覺生寺內懸掛著一口巨大而古老的大鐘——永樂大鐘，因是明代永樂年間製造，故得此名。據歷史記載，此鐘剛鑄造好後先是放在宮中，於明萬曆年間移至萬壽寺。那為何現今的大鐘卻在圓明園內的覺生寺高高地掛著呢？這其中又經歷了哪些波折呢？

據史料記載，永樂大鐘的確在萬壽寺裡大概待過20年，但是到了明末，人們卻看到古鐘靜靜地橫躺在地面上，無人照看。到了滿清入關，建立清朝後，清雍正十一年（西元1733年），雍正皇帝召集群臣商討安置永樂大鐘一事，文武百官眾說紛紜，經過一番激烈的爭論，雍正皇帝最後決定，將此口大鐘置放在有「京城之乾方，圓明園之日方」之稱的風水寶地——覺生寺。

這一舉措是根據陰陽五行相生之說而來的，因為大鐘屬金，北方屬水，金水相生，有著很好的寓意，所以就放在了京城之北。這項移鐘的工程直到乾隆八年（西元1743年）才大功告成。當時乾隆皇帝還題名「華嚴覺海」一詞，並將其製成一塊醒目的牌匾高懸於鐘樓之上，著實壯觀。那時工作人員為了更好地懸掛這口大鐘，專門為其設計了一座豪華的兩層鐘樓，它的構造是上層呈圓形，下層呈方形，還特意在樓內設置了盤旋而上的樓梯。為了更好地採光，又在鐘樓上各面都製作了窗戶，大大提高了能見度，可以讓觀賞者更清楚地看到大鐘的鐘紐和鐘身頂部。懸掛大鐘的架子，由粗壯的木梁製成，將鐘的重力分散在四根大柱上，目的是減少壓力，使之更為牢固。整個大鐘的結構非常合理，因此經過了200多年的洗滌，也毫無傾斜、倒塌的跡象。設計者們為了避免鐘架過於高大，特意在鐘的正下方，挖了一個約深70公分的八角坑穴，這樣使人們可以更好地觀看到大鐘內壁的佛教經文。

這口永樂大鐘被後世讚為內含「五絕」，這是根據其本身的特點毫不誇張的讚譽。其悠久的歷史，刻印的銘文，悠長的音響，科學的力學結構，還有精湛的鑄造工藝，都讓世人為之驚奇，歎為觀止。

真覺寺為何又名五塔寺

真覺寺又名五塔寺，乃是皇家寺廟，始建於永樂年間。既具備中國古建築的風格，又融合了印度佛塔的特點，為當時的寺廟建築添上了一筆華麗的色彩，但是真覺寺為何改名為五塔寺，這其中是不是有著不為人知的故事？

永樂初年，佛教盛行，當朝皇帝明成祖沿襲明太祖的治國策略，利用宗教鞏固江山社稷，並准許僧人穿上官服，即上朝為官，穿上袈裟，即為廟中和尚。甚至還親手為《法華經》作序，因此大事興建佛堂寺廟，得知印度得道高僧班迪來訪大明王朝，還特意向高僧尋求建造金佛像和金剛寶座的錦囊妙計。明成祖與班迪高僧談經論法很是投緣，對其的佛法理念也甚是讚許，於是封他為大國師，授予只有官員才能有的金印，並賜地於西關外長河北岸，建立起寺廟，當時取名為真覺寺，後因寺內高石台上有五座小型石塔，改名為「金剛寶座塔」，吸引著來自各地的僧侶在此修行。

到了清朝，乾隆帝為給其母清世宗孝聖憲皇后做壽，曾兩次對真覺寺進

行重修和改名。第一次是在乾隆十六年（西元1751年），經過這次大修後，為避雍正（胤禛）的名諱，更名為「大正覺寺」。第二次是在乾隆二十六年（西元1761年），因以真覺寺作為當朝皇太后七十大壽的主要祝壽場所之一，故再次進行全面修葺，寺內建築屋頂全部換上金黃琉璃瓦，在陽光照耀下熠熠生輝，顯示出皇家寺院的威嚴氣派，因而更名為「五塔寺」。

清朝後期，塔寺逐漸衰落，到民國初年僅剩一孤塔矗立於一片瓦礫中。由於當時時局動盪，無暇顧及，以致寶塔的銅質鎏金塔剎多次被盜。1961年，五塔寺被列為全國重點文物保護單位。如今五塔寺已成為北京石刻藝術博物館，收藏著北京城郊現存的石刻藝術品，成為了京城一道靚麗的風景。

龍泉庵內為何供奉著關公的神像

走進八大處的龍泉庵，正門朝東的文昌閣殿內供奉著關公坐像，長鬚飄飄，面如重棗，眼眉間透露出雄赳赳的英氣。他身穿寬大的圓領深綠袍，胸掛一盔甲，腹膝著龍雲紋衣，兩側侍立著關平、周倉，豪氣奔放，威風凜凜。但來到此地的遊客心裡定會問為何關公坐像會在龍泉庵裡出現呢？

關羽，字雲長，本字長生，河東解州人士，三國時期的傳奇人物，是蜀漢昭烈帝劉備座下的一員大將，此人集孝忠義勇於一身，在北攻曹魏時不幸遇害。為了紀念這位英雄人物，民間就把他奉為神明，尊稱其為「關公」。然而，這與寺廟又有什麼關係呢？原來這其中有著這麼一段故事：

根據《佛祖統記》的記載，隋朝時期，有一位名叫智凱的佛學大師想創建一座有規模的弘法道場，經聖人指引，便前往荊州的靈地玉泉山進行考察。某

龍泉庵

天，大師正在閉關打坐，忽聞有人直呼他的名諱，便睜開眼睛想詢問是誰，但見關羽、關平威儀如王地站在自己面前，自稱想坐山為王，一聽說智凱大師想在玉泉山上建立廟宇，便前相助。法師甚是困惑。七天後，智凱大師出定，只見那一座宏偉壯觀的佛寺坐落在山頂之上，其「漱潭千

丈，化為平址；棟宇煥麗，巧奪人目」。見此狀，大師率領眾多弟子前去入住，並為關羽等人授了無戒。此後，大師便將此前的所見所聞相告於弟子，弟子就把那些情景抄寫記錄下來：「神之威德，昭布千里，遠近瞻禱，莫不肅敬。」之後，智凱大師又將此事稟報給晉王，晉王認為這是件奇事，於是賜美名「關聖帝君」予關公，而關公也就成了那座寺廟的伽藍神，成了佛教的護法神。

因此，我們在龍泉庵裡看到關公也就不足為奇了。

法源寺與毛澤東有何關係

法源寺位於北京市西城區，至今已有1300多年的歷史。是唐朝初期建立的一座律宗寺院，初名憫忠寺，清雍正年間在大地震中被毀後重修，並改為今名。法源寺結構嚴謹，規模宏大，是標準的中軸對稱格局。1956年，中國佛學院在此成立，旨在培養僧才；1980年，又在此創辦了「中國佛教圖書文化館」，意在進行佛學研究和佛教文化的傳播。

作為聞名中外的千年古剎，法源寺內有眾多著名景觀，如華嚴三聖、布袋和尚銅像、觀音殿、藏經閣、大悲壇等。歷史上，也曾有多位名人與此寺有過淵源，古有唐太宗李世民，近有詩人徐志摩、偉大的開國領袖毛澤東等。而其中最為人樂道的，就是毛澤東和法源寺的故事了。

據說，在新中國成立之前，毛澤東曾多次造訪法源寺。第一次，是在1920年。當時毛澤東的恩師楊昌濟因病在北京逝世，其靈柩就停放在法源寺內，毛澤東在寺內為恩師守靈多日。至於後來毛澤東有沒有來過此地，來了幾次，沒有明確的記載，但毛澤東還在北大當圖書管理員的時候，曾為未婚妻親手製作過一本收錄北京花木名勝的精美「集花冊」，冊中就有「丁香花……法源寺」的字樣。我們都知道法源寺後來以丁香花聞名。或可由此推知毛澤東後來還曾「第二次、第三次」地來過法源寺吧。

法源寺內大雄寶殿

　　還有一個來自坊間的傳說。說是毛澤東一生與佛教緣分極深，在幾十年的革命生涯中經常到各地名剎拜訪高僧論道，受益頗多。據傳，在新中國成立前夕，毛澤東曾密會法源寺當時的住持，詢問解放軍入京的最佳時間，但在和高僧一番會談之後，高僧卻奇怪地突然圓寂。而毛澤東在悲痛之餘，將高僧贈予的一張紙條端正放在了上衣口袋中滿意而回。

　　1949年，解放軍於3月份離開西柏坡進軍北平。1949年9月21日，毛澤東在中國人民政治協商會議上莊嚴宣告中華人民共和國成立，並說出「中國人民從此站起來了」的名言。1949年10月1日，毛澤東在天安門城樓上正式向全國人民宣布：中華人民共和國成立了。

　　數字9在佛教中具有特殊的地位。而從解放軍開進北平到新中國成立，都有9字的影子，這是否與坊間所傳的毛澤東密會法源寺高僧有關呢？

被稱為「鬧市中的淨土」的是哪座寺廟

　　廣濟寺位於西城區阜城門內大街，是一處異常幽靜之所，被稱為「鬧市中的淨土」。

廣濟寺內景

　　廣濟寺是京城著名的「內八剎」之一，緣起於宋朝末年，時名西劉村寺；在元朝時曾改名為報恩洪濟寺，後毀於元末戰火。明天順（西元1457～1464年）初年，山西僧人雲遊至此，並於廢墟上募資重建。寺院建成後，明憲宗於成化二年（西元1466年）賜名「弘慈廣濟寺」。從此廣濟寺成為京城名剎。善男信女紛至沓來，寺內香火旺盛，一片熱鬧景象。清朝皇室對廣濟寺甚為重視，曾多次出資修繕或擴建，但格局依然保持原狀。民國期間也曾對其進行擴建，新中國成立後，政府又幾次對廣濟寺進行改建、擴建，無論是規模還是管理，都比之前更好。1953年，中國佛教協會在此成立。

廣濟寺建築雄偉壯觀，為典型的「川」字形格局，其外觀完全按照中軸對稱式布局。寺內院落錯落有致，主、配殿清晰明瞭，觀之讓人肅穆，心有豁然開朗之感。近代著名建築家梁思成先生就曾高度評價這樣的建築格局，說其尤適合莊嚴肅穆之場合。人們之所以稱廣濟寺為「鬧市中的淨土」，或許也是因為在這樣的建築格局面前心有畏懼吧，就像你來到一個無比莊嚴、宏大、安靜之地時的感覺。

清朝時，廣濟寺曾因改為律宗道場，由恆明法師在此設壇布道而盛極一時。律宗，乃佛教13宗之一，是研習佛教戒律、嚴肅佛教戒規的宗派。律宗與其他宗派的最大不同之處在於它沒有什麼深奧的教義，只強調研習和修持戒律，即只強調對修為的保持和對紀律的遵守。或許是因為這裡曾是律宗布道之所，天長日久，不僅久居於寺內的僧人謹遵清規戒律，品德修為甚高，就連長於寺內的一草一木、建於此處的一磚一瓦，也因「久聞」律宗教義，而變得肅靜異常。外人到此，頓覺七情六欲全消，心靈復歸沉靜，恍覺來到了塵世中的「淨土」。

廣濟寺的靜雅，除了建築的規整和曾是律宗的傳播之地外，還緣於寺內典藏的豐富。這裡有無比珍貴的明代檀木製善財童子五十三尊。大雄寶殿內，還懸掛有一幅由清人傅雯用手指所畫的《勝果妙因圖》，它是迄今為止所發現最大的一幅手指畫，頗為珍貴……除此之外，寺中藏經閣內還藏有大量佛學經典，浩繁的典籍著作，對中國佛教的傳承具有深遠的意義。

廣濟寺之所以有名，除了它是「鬧市中的淨土」外，還有一個原因，那就是據說在這裡拜觀音求姻緣最為靈驗。每年好多心有所願的朋友都慕名而來，或求可相伴終生的佳侶，或求夫妻同心永結，白頭到老，或求在工作、生活中增加人緣，求桃花運旺盛等等。

所以，如果您來北京旅遊，就一定要來廣濟寺「卸」下您的浮躁之氣；如果您來廣濟寺，就一定要到圓通殿來拜拜觀音，讓您「背」上對感情、工作、生活的美好希望，讓心從這裡重新出發。

妙應寺內的白塔真的是外國人所建嗎

在北京西城區的阜成門內大街，有一座因塔而聞名中外的寺院，這便是

妙應寺。其內的白塔據載係元世祖忽必烈命尼泊爾人阿尼哥主持耗時八年所建，這座白塔也是中國現存最早、保存最完整的藏式佛塔。

在元代，怎麼會請一個外國人來建一座藏式佛塔呢？

在元代，國家初定，急需用一種信仰來使民心歸服，由於元朝一向信奉藏傳佛教，於是，在西元1271年，元世祖忽必烈便敕令在大都修一座具象徵意義的白塔，以實物的形式向世人昭示皇廷對佛教的重視。這對民眾具有強烈的暗示效果，不失為一種「以佛攏心」的絕佳之策。

為使所建之寺符合自己的期願，忽必烈在白塔修建者的選擇上可謂煞費苦心，在全國廣納賢才。但找來找去，中原地區精於藏式佛塔建築之人實在難尋。在為難之際，忽必烈的藏族帝師八思巴便不失時機地向其引薦了尼泊爾人阿尼哥。

阿尼哥，尼泊爾人，具有皇室血統。據說他從小就聰明過人、博文強記，在美術、建築方面擁有極高的天賦。妙應寺內至今仍有他的雕像。由於尼泊爾的北邊即中國的西藏，加之中尼兩國自晉代起就有交往，故在元朝時多有尼泊爾人來華。年僅17歲的阿尼哥亦於西元1260年率領他的建築團隊來到了中國西藏。在西藏完成了一座佛塔的建造之後，便於1271年被八思巴推薦給了元世祖，擔當藏式佛塔的總建築師。在白塔建造期間，阿尼哥兢兢業業，傾其才華在耗時將近九年後，終在1279年完成了舉世聞名的元大都白塔建造工作。

建成的白塔通體白色，高約51公尺，完全按藏式佛塔模樣修建，由塔基、塔身、塔剎三部分組成，遠觀塔體大致呈一個葫蘆狀，塔身亦如一個倒扣的鉢盤。看後給人留下大氣、華麗、不同流俗之感。白塔寺至今猶存，且已成為中華民族的寶貴文物，為歷代官民所瞻仰，不同的人從中得到不同的收穫，建築家或得到設計之靈感，美學家或體會到美在建築中的展現，普通人或可感受到歷史的滄桑……其設計之精巧，建築之牢固，尤其在今天看來，會讓很多人或驚歎，或羞愧。

忽必烈大帝是元朝的開國皇帝，他結束了中國之前一盤散沙的局面，使中國的版圖達到了史上最大；他在治國上也頗得方法，使疆域遼闊、各民族混雜的中國得到統一，結束了長年的戰亂，使人民得以休養生息，使經濟得到發展。從長遠來說，他通過在全國實行「政教並行」和「一國兩制」的制度達到了和平統一西藏的目的。能做到這些，足見忽必烈的雄才大略。那麼，這樣的

一位開國雄主，難道就是因為國師八思巴的推薦而就輕易任用了阿尼哥嗎（雖從現在看來他的眼光很精準）？相傳，這裡面還有一個小插曲呢。

當阿尼哥通過八思巴的引薦來到元大都面見忽必烈後，忽必烈見其年輕，恐難當建塔之重任，便有心要考驗他一下。於是就一臉嚴肅地問道：「你為什麼到我大都來？」阿尼哥不卑不亢地回答道：「我看到陛下的子民飽受戰亂之苦，特來陛下身邊求陛下拯救他們。」忽必烈聽後大喜，仍然不露聲色地問他有何過人之處，阿尼哥也都一一如實作了回答。最後，忽必烈還以一尊業已損壞的銅人像對他進行了實際考察（這尊銅人像在此之前國內無人敢領命修補，可見其復原的難度）。阿尼哥欣然領命後，歷經五年的艱辛，以其精湛的工藝，終將其修補完成，修完後的銅人像令眾匠折服，亦得到了忽必烈的認可。從此忽必烈便將國家建寺造塔、鑄鏤雕刻之工事委任於他，對國家具重要意義的元大都白塔寺的建造便包括在內。

北京的白塔寺至今常有尼泊爾政要及民眾前來參觀，這座白塔從某種程度上已成為中尼人民友好往來的見證，也從一個側面說明了阿尼哥為中尼友誼做出的巨大貢獻。

曹雪芹和北法海寺有怎樣的淵源

位於香山附近的北法海寺，相傳是曹雪芹出家之所。

如今的北法海寺雖已成為一片廢墟，但我們在唏噓嗟歎之餘，探究之心更甚：此處為何不像其他北京古寺般依然延續舊時的莊嚴繁華，卻落得如今荒蕪一片，讓人心生惋惜之情？曹雪芹又為何在此地「出家」，他和彼時這座曾顯赫一時的皇家寺院又有什麼特殊的淵源？

如此這般的疑問，是否讓您很想立即去北法海寺「尋跡釋惑」？

如今的北法海寺，雖已是荒草叢生、殘垣斷壁之地，但如果你來到這裡尋古，請不要心生失望，相信北法海寺因與曹雪芹和《紅樓夢》的淵源，也不會為自己如今的模樣而「痛心」，而是會與曹雪芹的身世和《紅樓夢》的後四十回一樣，讓後人不斷地探索下去。

來到山腳下，撥開橫亙於路上的樹枝茂葉，沿著山路而上，在幽深茂密的山林間，穿過微拱的石橋，沿彎曲小道來到北法海寺的廟門前，進入寺

中，首先映入眼簾的是兩塊旗杆座夾石，依然保存完好地矗立於原地。仔細尋找，可看到院落中山門、石碑、柱基猶在，在兩處尚存的殿基遺址上，有四座高聳的石碑依然雄偉地立於大殿兩旁，上面的碑文字刻分別為順治和康熙年間的皇上或重臣所賜、所寫。其中有一塊由順治帝於1660年題寫的「敬佛」石碑，其上方還有用小字所刻的「癡道人」三字（順治帝生前亦篤信佛教），據傳曹雪芹《紅樓夢》中的「空空道人」亦是由此啟發而得，細讀紅樓，可發現書中留有深深的北法海寺的影子。由此或可推知曹雪芹當時與北法海寺的親密關係。來到第二進大殿的遺址處，從殘存柱石的排列上亦可推知此殿跨度極大，它當年的宏偉景象可想而知。

經過一次次地穿甬道、拾台階，終於來到了最後一處寬闊而平坦的遺址處，據說這裡便是當時僧人們居住休息的場所。來到此處，請忽略即將呈現於你眼前的荒蕪之色，試著展開你豐富的想像力，「穿越」到那個清朝中期充滿曹雪芹活動足蹤的香煙繚繞、誦經聲不斷的北法海寺，去那裡和曹雪芹來一次「親密接觸」。在寬闊幽靜的院落裡，兩棵松柏樹靜立於旁。在其中一棵樹下，擺放有石桌石凳（熟讀《紅樓夢》的你想必知道曹雪芹是個品茗高手，甚至已達登峰造極的地步。據傳北法海寺南邊不遠處的「品香泉」就是曹雪芹煮茶的取水之地，曹雪芹後曾評價此地泉水清冽、香甜，常飲可延年益壽）。你或許會「看」到曹雪芹正坐於樹下的石凳上，與禪師或煮茶論道，或品茗對弈，他雖粗布素衣，卻談吐風雅，院內還不斷傳來他與禪師的歡笑之聲。將鏡頭拉近，你甚至還「看」到了他正在用手輕拂桌面上的落葉……

在院落後一方不遠處，還有布置巧妙的假山、清冽的泉水和綠綠的方塘，真是一個尋幽覓靜的好去處！推想著當時曹雪芹或因生存之艱難，又正寫作傳世之作《紅樓夢》，而北法海寺的幽深、安逸正合他的性情與處境，如此之下，他便整日駐足於其中，專心寫作《紅樓夢》。而他的這一舉動，在外人看來，便是他在曹法海寺「出家」了。

將思緒拉回到現在，看著這裡依稀可辨的殿基、柱礎，保存完好的碑文石刻，想著雪芹當年生活於此時或曾親手打掃過它們，你是不是也禁不住伸出手去將上面的塵埃拭去……

北京的王府故居

　　清末民初，異彩紛呈，各個大事件幾乎都離不開北京這個中心，各位名家大師也齊聚此地，給後世留下了一段段佳話。大師遠去，再鮮大師，仙去的大師已遠遊。相見無緣，這不得不說是一種遺憾。但是，所幸我們還是看到了他們寶貴的思想的痕跡——書籍，而這裡，又有他們珍貴的生活的痕跡——故居。這裡有魯迅的「老虎尾巴」；有老舍的「丹柿小院」；有紀曉嵐曾經使用過的煙袋鍋……

　　文化是任何時代都不可或缺的精神食糧，而榮耀也是一圈長久閃耀的光環。人們忘不了那幾個出生入死而位極人臣、世襲罔替的「八大鐵帽子王」；人們忘不了那被曹雪芹寫進《紅樓夢》的克勤郡王府；人們忘不了和珅，以及有著「一座恭王府，半部清史稿」之稱的恭親王府……

老北京的王府貴地

「八大鐵帽子王」真的只有八位王爺嗎

　　「八大鐵帽子王」是清史上有名的八位王爺。所謂的「鐵帽子王」並非指帶鐵帽子的王爺，而是清代世襲罔替的王爵俗稱。那麼，清代被封為「鐵帽子王」的王爺真的只有八位嗎？

　　其實並不是這樣，清朝的鐵帽子王先後共有十二位。其中八位是人們熟知的，清初為清朝立下汗馬功勞的八位功臣分別是：和碩睿親王多爾袞、和碩鄭親王濟爾哈朗、和碩禮親王代善、和碩豫親王多鐸、和碩肅親王豪格、和碩承澤親王（後改為莊親王）碩塞、多羅克勤郡王岳託，以及多羅順承郡王勒克德渾。

　　其中，岳託和勒克德渾是代善的兒子。後四位「鐵帽子王」則是：怡親王胤祥、恭親王奕訢、醇親王奕譞、慶親王奕劻。雖然之後冊封的四位「鐵帽子王」不像前八位那樣有著赫赫的戰功，但他們所擁有的權力和財富卻要比清初那八位有過之而無不及。因為後四位王爺距離現在比較近，所以他們的王府貴地大多保存較為完整，成為了北京特有的一種王府文化。

多爾袞塑像

禮親王府和康親王府是同一座王府嗎

　　在北京西城區西皇城根南街西側，坐落著一座王府。這座王府就是享有「北京城諸王府之首」稱號的禮親王府。禮親王共傳十三代，第一位禮親王就是清初八大鐵帽子王之首的代善，因此代善被後人尊稱為「清代第一王」，那麼他的王府也就有了「北京城諸王府之首」的稱謂。

在順治十六年（西元1659年），代善之孫傑書世襲爵位時，將封號改為和碩康親王，由此禮親王府就改名為康親王府。到了乾隆三十四年（西元1778年），傑書的玄孫永恩又恢復了禮親王的封號，改為禮王府。嘉慶十二年（西元1807年）禮王府遭受了一場火災。

禮親王府

這座「京城第一王爺府」隨著清王朝的滅亡，也失去了昔日莊嚴而又輝煌的氣勢。1927年，禮親王府成為中華民國政府的華北大學校園。新中國成立後，「陝北大學」（後來的中國人民大學）入駐禮親王府。現如今禮親王府已經成為政府機關的辦公場所。

睿親王府為何被改建成喇嘛教寺院

北京城有兩座睿親王府，一座在東華門大街普度寺一帶，另一座在外交部街石大人胡同。其中位於東華門大街的那座睿親王府曾經被改建為喇嘛教寺院，這是為什麼呢？

要說睿親王府為何會被改為喇嘛廟，便不得不說一下它的主人。清朝時期，被冊封為睿親王的就是大名鼎鼎的多爾袞。清朝建立後，多爾袞不論在政治上還是軍事上，都為穩定清政府的局面立下了不可磨滅的功勞。因此，多爾袞在東華門外建立了自己的王府，即睿親王府。當時的多爾袞可謂是「獨斷專權」，他將睿親王府改為大清第二朝堂，每天他都會召集文武百官在此商議政事，然後再將商議好的結果上奏給順治帝，後來多爾袞嫌每天都要上奏比較麻煩，就將順治帝的玉璽拿到睿親王府。而住在紫禁城的順治帝成為了一個傀儡皇帝。就這樣睿親王府擔任皇宮的角色長達七年之久，直到順治七年（西元1650年），多爾袞在一次外出打獵時不慎墜馬受傷，病重而死。隨著多爾袞的去世，這座當時不可一世的睿親王府也就從此荒廢了。

到了康熙年間，康熙帝將睿親王府改建為喇嘛廟，到了乾隆年間，乾隆皇帝又重修了喇嘛廟，並改名為普度寺，從此這座曾經一度成為紫禁城第二

皇宮的睿親王府成為了宣揚佛法的場所。

為何豫親王府門前的一對石獅子是「臥獅」

北京是清朝的都城，因此城內有很多的王爺府，每座王爺府門前自然少不了起裝飾作用的石獅子，那麼，在眾多的王爺府中為何唯獨豫王府門前的那對石獅子是「臥獅」呢？

第一位豫親王就是歷史上有名的多鐸，他是清太祖努爾哈赤的第十五子，與多爾袞、阿濟格為一奶同胞的兄弟。順治帝入主中原後，派遣多爾袞、多鐸、阿濟格等人剿滅李自成盤踞在南方的殘部。其中多鐸英勇善戰，在領兵南下時，一路上各城池望風而降。但當多鐸的軍隊來到揚州時，卻遭到了史可法的頑強抵抗。史可法率兵在揚州與多鐸展開了幾日的激戰，最終戰敗被俘而殺。隨後，多鐸又攻破了南京，消滅了李自成在南方所有的殘部。多鐸自清軍入關以來，南征北戰，東征西討，為大清王朝平定天下立下了汗馬功勞。順治帝為了嘉獎這位英勇善戰的功臣，封他為豫親王，並特意下旨將豫親王府前的石獅子雕刻為「臥獅」，寓意多鐸為朝廷征戰勞苦，現在天下已定應該安享清福了。

但後來，清王朝滅亡後，這座豫親王府被豫親王的後人賣給了一位美國商人，最後被改建為協和醫院。

荒唐的挖寶鬧劇是在哪座王府中上演的

民國年間，軍閥李純聽說有人改建豫親王府時，在王府中挖出了大量的金銀珠寶，也很想發一筆橫財，就從莊親王府的後人手中買到了這座王府，並在其中搜尋珍寶，結果一無所獲，在這座曾經富麗堂皇的王府中上演了一出挖寶鬧劇。

莊親王府位於西四北太平倉胡同路北，莊親王始稱承澤親王，第一位莊親王是清初「八大鐵帽子王」之一的碩塞。碩塞是清太宗皇太極的第五子，清初與多鐸、阿濟格南征北戰，為清朝立下不少戰功。順治元年（西元1644年）被封為承澤親王，並修建王府。其子博果鐸於西元1655年世襲爵位，並

改號為莊，承澤親王府也易名為莊親王府。因博果鐸沒有子嗣，莊親王的封號後被康熙第十六子胤祿承襲。胤祿本人精通數學、音律，還曾參與編寫了《數理精蘊》一書。莊親王胤祿的後世因辦事不力，被降為郡王，後來又因吸食鴉片被流放於吉林、黑龍江等地。莊恪親王第八子襲莊親王爵。莊親王傳至載勳時，載勳因主張利用義和團來對抗八國聯軍，並親自率領義和團襲擊了列強在京的領事館，因此得罪了列強，被慈禧太后削去莊親王的封號。莊親王府也遭到了八國聯軍的縱火焚燒。民國年間，軍閥李純為了一己之私，在莊親王府中上演了一場荒唐的挖寶鬧劇。如今的莊親王府已經成為樓房林立的居民住宅。

克勤郡王府真被曹雪芹寫入《紅樓夢》了嗎

　　一座王府貴地為什麼會與《紅樓夢》扯上關係呢？原來《紅樓夢》的作者曹雪芹與第五位克勤郡王福彭是遠房親戚，所以曹雪芹就經常出沒在克勤王府中。這樣一來王府與《紅樓夢》有關係就不難解釋了。另外，根據一些紅學家推測，《紅樓夢》中北靜王的原型很有可能就是克勤郡王福彭。

　　克勤王府位於西城區新文化街西口路北，有東西兩府。始建於順治年間，第一位克勤王是岳託，他的父親是禮親王代善，祖父是努爾哈赤。岳託自幼跟隨努爾哈赤征戰四方，屢建戰功。後金天聰三年（西元1629年）皇太極準備入主中原時，岳託力排眾議表示支持皇太極。後來皇太極登基後將岳託冊封為親王。

　　後來由於一些原因岳託與皇太極的關係發生了微妙的變化，岳託被一再地削藩降級。後金崇德四年（西元1639年）岳託病死於征討濟南的戰爭中，皇太極知道後痛哭良久。隨後追封他為克勤王，並由岳託的後人們世代承襲這個封號。

克勤郡王府舊址

民國後，最後一代克勤郡王宴森將府宅賣給了北洋政府國務總理熊希齡。新中國成立後熊希齡把王府捐獻給了政府。經過多次修繕，王府煥然一新，現為北京市第二實驗小學所在地。

順承郡王府後來真的成為張作霖的大帥府了嗎

順承郡王府位於太平橋大街兩側，南起今華嘉胡同、留題跡胡同稍北，北抵麻線胡同。王府布局嚴整，整座郡王府分為三路，中路是王府的主要建築，是王爺辦公、待客、處理軍政要務的地方，東西兩路為生活住宅區。第一位順承郡王勒克德渾係禮親王代善之孫，為清初「八大鐵帽子王」之一。那麼這曾經的王府貴地後來真的成為大軍閥張作霖的帥府了嗎？

民國年間，順承郡王府起初被皖系軍閥徐樹錚從順承郡王的後代手中租賃為自己的帥府。直皖戰爭爆發後，皖系戰敗，直系軍閥張作霖佔領北京後，本想順勢佔據徐樹錚的順承王府，卻遭到了順承郡王家人的反對。順承郡王的後代原本是因生活所迫，才將郡王府租賃給徐樹錚的，如今徐樹錚已經兵敗逃出北京，他們便也想收回原本就屬於自己的郡王府。後來，幾經周折，張作霖以75000銀元買下了順承郡王府。從此，順承郡王府便成為了張作霖在北京的大帥府，經歷了民國初年政壇的風風雨雨。

順承郡王府作為大帥府後被重新裝修。皇姑屯事件後，張學良接管了這座大帥府，據說，當年張學良還在王府正殿的天花板上發現了用篆文刻寫的「壽」「張」二字組成的圖案。

新中國成立後，順承郡王府成為全國政協辦公地，一直被完好保護。1984年，順承郡王府成為北京市重點保護文物。

和珅也住過恭親王府嗎

中國著名的歷史地理學家侯仁之先生曾說過：「一座恭王府，半部清史稿。」可見恭親王府在清史上的地位極高。清史上第一位恭親王是咸豐年間的咸豐之弟，而和珅是乾隆年間的大臣，比奕訢早逝了近百年，為何也住過恭親王府呢？

恭王府坐落在什剎海西岸的柳蔭街，約建於1776年。這裡以前是和珅的私宅，在嘉慶四年（西元1799年），和珅被嘉慶帝定罪抄家，嘉慶帝將此宅賜給了其弟永璘，並易名為慶親王府。到了咸豐時期，咸豐帝又轉賜給其弟奕訢，因當時奕訢是恭親王，所以王府也易名為恭親王府。由此可見現在的恭親王府實際就是當年和珅的私宅，他自然也住過恭親王府。

恭親王府在咸豐、同治年間先後進行過幾次擴建，在原來的府邸中增建了花園。因此，恭親王府的整個建築分為府邸和花園兩部分。府邸占地總面積46.5畝，分為中、東、西三路，由多個多進門的四合院組成，後面環抱著長160餘公尺的通脊二層後罩樓。樓後便是花園，花園的建設可謂極為華麗，園內散置了疊石假山，曲廊亭榭，池塘花木。其主要建築有蝠殿、邀月台、大戲台、沁秋亭等。整個恭親王府的設計富麗堂皇、齋室軒院曲折變幻、風景幽深秀麗，因此在民間一度被傳為是小說《紅樓夢》中寧國府和大觀園的原型。

恭親王府在1982年被列為國家重點文物保護單位，1988年王府的花園部分對外開放。如今，來北京旅遊的人不妨到這當年的恭親王府走上一趟，體驗一下當年王府貴地的莊嚴之氣。

恭王府

北京城裡為何有兩處醇親王府

北京復興門南的原太平湖附近和後海北沿都各有一座醇親王府。為何北京城裡會有兩處醇親王府呢？是同一位王爺修了兩座王府，還是有兩位王爺有著同樣的封號呢？

有醇親王封號的王爺在同一時期只能有一位，這是毫無爭議的。醇親王府的前身是清初大學士明珠的私宅，乾隆五十四年（西元1789年），乾隆帝的第十一子永瑆被封為成親王，明珠的府邸被賜予了永瑆成為了成親王府。後來成親王府傳給了奕譞，奕譞的封號被改為醇親王，所以王府也易名為醇親王府。

　　醇親王奕譞之所以在史上有名，並不是因為他有多少功績，而是因為清末光緒帝和宣統帝都出生於醇親王府中。由於光緒帝出生於醇親王府，其登基稱帝後，按照規矩就不可以居住於此，因此奕譞在後海北沿修建了新的醇

醇親王府

親王府，並遷入此府。所以，北京城裡出現了兩座醇親王府。舊府稱作南府，新府稱作北府，新中國成立後，北府成為了宋慶齡的故居，如今是國家宗教事務局的辦公場所。因為醇親王府是清末兩位皇帝的出生地，所以一直被保護得比較完善，是如今中國文物保護級別最高的王府。

慶親王府為何有「最不幸的王府」之稱

　　慶親王是清朝最後一位「鐵帽子王」，最後一位慶親王還沒來得及將爵位傳給自己的兒子，大清王朝就滅亡了，整座慶親王府也隨之付諸東流了，因此有了「最不幸的王府」之稱。

　　慶親王府位於西城區定阜街3號。第一位被冊封為慶親王的是乾隆皇帝第十七子永璘。嘉慶四年（西元1799年），永璘被嘉慶帝封為慶郡王，嘉慶二十五年（西元1820年），永璘晉升為慶親王。後來，其孫奕劻世襲了慶親王的爵位，慶親王的爵位先後共傳四代，包括三位親王，二位郡王。

　　慶親王府原本屬於道光時期大學士琦善的宅第。奕劻世襲親王後，將原本已荒廢的府宅改建成了一座錯落有致的大四合院。

　　清朝滅亡後，慶親王府經過民國時期的戰事紛爭，整體都遭到了大規模的破壞。1949年後，京津衛戍區司令部設立在了王府中。如今慶親王府已經成為北京市重點保護文物。

「血滴子」特務機構真的設在雍親王府裡嗎

雍親王府位於雍和宮大街路東，是雍正皇帝還是皇太子的時候修建的王府。雍親王府在明代是太監的官房，雍正帝胤禛被封為雍親王後，便將此處修建為自己的王府。傳說中的「血滴子」機構是否真的設在雍親王府之中呢？

雍正為何能夠登上皇位，一直以來都有不同的說法。據說，除了

雍和宮

他富有心機外，還得力於一個訓練有素的情報組織，這個組織史稱「黏竿處」，也就是民間傳說中的「血滴子」。

「血滴子」機構，在雍正被封為親王後便成立了，其總部就設立在雍親王府中。康熙晚年，其眾多皇子對皇位的爭奪進入了白熱化階段，而雍正表面上看似與世無爭，實際上暗地裡利用「血滴子」機構，大肆收集有利於自己的情報，還利用這個機構迫害那些對自己不利的人。

雍正帝入駐紫禁城後，為了鞏固自己的統治地位，打擊那些反對自己的人，再次啟用了「血滴子」機構。「血滴子」機構雖然直接聽命於雍正帝，但總部並沒有從雍親王府搬到紫禁城。雍正三年（西元1725年），雍正帝將王府改為行宮，並賜名雍和宮。但奇怪的是改制後的行宮並未改覆黃色琉璃瓦，殿頂仍覆綠色琉璃瓦，有人認為，雍和宮曾經有一條專供特務人員秘密來往的通道。

據說，「血滴子」機構在紫禁城內還設有一個分部。機構裡的特務無處不在，他們日夜監視朝中大臣的一舉一動。如有任何不利於雍正帝的言語或舉動，都會第一時間傳到雍正帝那。雍正去世後，乾隆皇帝繼續利用「血滴子」機構監視大臣的活動，直到乾隆死後，「血滴子」才逐漸退出歷史舞台。

老北京的名人故居

紀曉嵐故居裡真的有他當年用過的煙袋鍋嗎

紀曉嵐故居

紀曉嵐作為清朝一代名臣，被大家所熟知還要得益於影視劇的演繹。紀曉嵐的一部《閱微草堂筆記》被魯迅先生贊為「雍容淡雅，天趣盎然」。那麼這樣一位博學多才的人，您知道他在北京城裡的故居在哪裡嗎？

紀曉嵐故居位於珠市口西大街241號，是一座兩進兩出的大四合院，雅號為閱微草堂。整個故居坐北朝南，故居的臨街大門為硬山頂吉祥如意式門樓，位於整個住宅的東南角。故居裡陳列著紀曉嵐當年用過的器物、墨文字畫等。其中最引人注目的當屬那桿長長的旱煙袋鍋，這桿煙袋鍋相傳是乾隆皇帝御賜特製的，一次能夠裝三四兩煙絲，當年紀曉嵐在編寫《四庫全書》時，從家裡走到圓明園就能吸完三四兩的煙，因此落下了「紀大煙袋」的稱號。在故居的院內還有紀曉嵐親手栽種的藤蘿和海棠，而這些樹也見證了他年少時與家中婢女文鸞那段懵懂的愛情。

紀曉嵐故居的第一位主人，並非是紀曉嵐而是岳飛的第二十一代孫岳鍾琪。後來，紀曉嵐搬入院中，並在此先後生活了60餘年，直至去世。後來，這所院落幾經轉手，於2002年作為紀曉嵐故居對外開放。如今，紀曉嵐故居遊客如織，來北京旅遊的人都想感受一下當年這位倜儻才子的生活氣息。

曹雪芹在北京為何沒有故居只有紀念館

曹雪芹是小說《紅樓夢》的作者,他居住在北京的什麼地方一直鮮為人知。

1971年4月4日,有人在北京香山正白旗村北土坡上的旗下老屋西牆的牆皮上發現了許多清秀的字跡,考古學家、歷史學、文學家經過仔細研究、推敲後,認為牆壁上所寫的文字與《紅樓夢》中的很多詩句都極為相似。另外,正白旗村是清朝八旗正三旗的營房,這與史書上記載曹雪芹晚年的故居地健銳營也十分相近,再加上對香山周圍環境的考察,專家們由此推斷這裡極有可能就是曹雪芹當年生活過的地方。因此,曹雪芹紀念館就於1984年在這座小山莊內成立。既然如此,為何不說這就是曹雪芹的故居呢?

事實上,曹雪芹真正的故居至今也沒有一個確定的說法,香山上的那座小村莊有可能只是曹雪芹其中的一所住處,因此當年設立的是曹雪芹紀念館而並非曹雪芹真正的故居。

魯迅故居真的被稱為「老虎尾巴」嗎

魯迅原名周樹人,浙江紹興人,是中國現代著名的文學家、思想家。北京西城區阜成門內西三條21號院,是魯迅在北京的故居。魯迅先生從1924至1926年都生活於此,這是他在北京的最後一處住所。那麼為何魯迅先生的故居會被稱為「老虎尾巴」呢?

1923年,當時並不富裕的魯迅買下了這座破落的小四合院,當魯迅親自設計改造完成後,原本不堪入目的小院變得別有一番風味,其院落的整體格局也更為合理。1924年,魯迅的母親和妻子也搬入小院。其中北邊是他的母親和妻子朱安的臥室,西邊是廚房,南邊則是魯迅會客和藏書的地方。堂屋的後面,接出的一間小房子,是魯迅的臥室兼工作室。老北京民間,將這種凸出於屋子後面的建築形象地稱為「老虎尾

魯迅故居

巴」，所以，魯迅先生的故居也就有了「老虎尾巴」的稱號。

在此居住期間，魯迅完成了《華蓋集》《華蓋集續編》《野草》三本文集和《彷徨》《朝花夕拾》《墳》中的一部分文章，發表了《中國小說史略》《熱風》等著作，同時還主持編輯了《語絲》《莽原》等週刊雜誌。80多年後的今天，這所簡樸的北京小四合院已成為北京魯迅博物館的一部分，每天都迎接著來自各地的遊客。

老舍故居「丹柿小院」的命名者是誰？

老舍原名舒慶春，是土生土長的北京人，同時也是中國現代著名的小說家、戲劇家。老舍在北京的住所有好幾處，其中最著名的當屬位於北京東城區燈市口西街豐富胡同19號的這座小院。這座小院有一個雅致的名字——「丹柿小院」。那麼如此別致的名字是誰起的呢？

為老舍先生的住所起名「丹柿小院」的不是別人，正是老舍的夫人胡絜青。1949年老舍從美國回到北京後，為了能夠把家人都安置在北京，也為了

老舍故居內景

自己能夠安心地創作，在徵得周恩來總理同意後，購買了這處小小的四合院。1954年，老舍先生在院中種植了兩顆柿子樹，每年到了秋天，柿子樹上都會掛滿紅紅的柿子，就像一顆顆明亮的紅燈籠。於是，老舍先生的夫人胡絜青就為這座小院取名為「丹柿小院」。

而如今，小院內的柿子樹依舊年年結果，但早已是物是人非了。每當那紅紅的柿子掛滿枝頭時，整個小院便充滿了詩情畫意，彷彿又看到了老舍先生那滿臉的微笑。

宋慶齡故居以前真的是和珅的私宅嗎

宋慶齡作為中國革命先驅孫中山的夫人，跟隨孫中山為中國的革命事業

東奔走西，自然在全國各地都有故居。其中宋慶齡在北京的故居位於西城區後海北沿46號。但您知道嗎，她在北京的故居實際上是當年和珅私宅中的一部分。

這座優美的院落，始建於清朝康熙年間，為大學士明珠的府邸花園；乾隆年間，這裡成為和珅府宅；嘉慶年間，和珅倒台後被賜給了成親王永瑆，成為了成親王府；光緒年間，這裡又成為了醇親王府的後花園，被予名為鑒園。新中國成立後，又成為蒙古國的駐華大使館。1963年宋慶齡先生遷居於此，在這生活工作了18年。

在新中國成立之初，中央政府準備為宋慶齡先生修建一座住宅，但被宋慶齡本人婉言拒絕了，她認為現在國家百廢待興正是急需用錢之時，沒有必要再專門出錢給自己修建住宅。後來周恩來總理親自出面，把這座曾經的王府花園提供給宋慶齡居住。

1982年，經國家允許，宋慶齡故居對外開放。從此，這座幽靜的院落成為了海內外遊客緬懷宋慶齡的地方。

宋慶齡故居

毛澤東在京故居為何會有兩處

青年時代的毛澤東懷揣著偉大理想，曾經兩次來到過北京，在北京也有多處居所，但如今完整保存下來的只有兩處。

1918年8月，毛澤東帶著自己的革命理想首次離開湖南來到了北京。到京後，毛澤東和幾位朋住在了位於東城區鼓樓大街豆腐池胡同15號的楊開慧家裡。他與楊開慧美好的初戀也是在這裡發生的。

毛澤東第二處住所是在東城區吉安所左巷8號。當時院子內的每間房子僅有10平方公尺。毛澤東和蔡和森、蕭子升、陳紹休、羅章龍、歐陽玉山等人就租住在這樣的小房子裡。毛澤東對這裡的生活留有非常深刻的印象。後來

他在《新民學會會務報告》中說：「8個人居3間很小的房子裡，隆然高炕，大被同眠。」

毛澤東青年時期的北京之行對他以後的人生影響深遠。這兩處故居也被完好地保存了下來。

黎元洪故居知多少

黎元洪故居在北京東城區王府井大街27號，原大門位於東廠胡同。明朝時，這裡是東廠所在地。清朝時，兩廣總督瑞麟、直隸總督榮祿曾先後在此居住。民國初期，這裡成為黎元洪的住宅。

黎元洪一生跌宕起伏，世人對他的評價也是褒貶不一，但是作為中國歷史上唯一一個擔任過兩任大總統和三任副總統的人，他對中國歷史進程的影響無疑是不可忽視的。

1926年，黎元洪的住宅被日本「東方文化會」收購。1949年後，這裡成為了考古研究所。黎元洪的住宅被高樓所覆蓋，只保留了花園和一部分建築，在其圍牆的東北角，還有一塊刻著「黎大德堂界址」的石碑。

蔣介石故居真的曾經是名妓「紅寶寶」的私宅嗎

蔣介石在北京的故居位於後圓恩寺胡同，這是一座中西合璧式的院落。蔣介石分別於1945年和1948年兩次親臨北京，都曾在這裡居住。

蔣介石故居舊址

蔣介石曾經兩次在北京進行重大的活動。第一次是1945年以「抗戰領袖」的身分來慰問北方同胞；第二次是在1948年，蔣介石為了遼瀋戰役來到了北平。可以說，蔣介石在北京的故居見證了他在大陸從頂峰到谷底的歲月演變。

其實蔣介石的這座故居也頗

有歷史淵源和傳奇色彩，它始建於清朝末年，當時是慶親王奕劻的次子載剚的府宅。

　　載剚算得上一位名副其實的敗家子。當年，他為了討好京城名妓「紅寶寶」，就按照她的意思修建了這座兼具中西風格的豪宅。孰料他因為賭博把這座豪宅輸給了別人。後來，這座豪宅又被一個法國商人購買。抗戰勝利後，蔣介石將這座豪宅變為自己的行轅。新中國成立後，此地成為了中央政府華北局所在地，之後又成為南斯拉夫駐華大使館和亞非作家協會所在地。如今是中國友協對外友好賓館。

北京的名山勝水

　　明末之時，農民起義，李自成率軍直逼京城，崇禎帝退無可退，無奈自縊於煤山（景山），如今的景山之上，仍有「明思宗殉國處」的石碑以及那棵歪脖子樹。

　　景山位於京城的中心地區，而北京的其餘高山則多分布在郊外，但這並不影響它們戴上「名山」的頭銜——因為，山，有仙則名。

　　霧靈山上姜子牙，香山之上曹雪芹，百花山上百花仙子……

　　有山無水，難成風景，北京的勝水，包括有「北京的母親河」之稱的永定河，有「城中第一佳山水」之稱的什剎海，有「東方萊茵河」之稱的媯河……走近名山勝水，感略一番自然帶給我們的賞心悅目。

北京的名山

長城真的有一萬里嗎

　　長城，作為世界八大奇蹟之一，宛如一條巨龍，盤旋在華夏大地的崇山峻嶺之上。而我們作為龍的傳人，每次提起長城，也通常在自豪興奮之餘，在它的前面加上萬里二字，稱為萬里長城，來著重強調它的綿長和宏偉。那麼，長城真的有一萬里嗎？

　　這個問題，看似簡單，其實複雜。因為長城不是在一個時代建成的，所以要想弄清它的長度，先得弄清它的來源。追溯起來，長城真是「古已有之」了。早在春秋戰國時代，就有很多諸侯王為了互相防禦，在邊境建起高大的城牆，將烽火台和城樓連起來，形成了最初的長城。到了後來，秦始皇統一了六國，為防範匈奴，一邊派蒙恬領兵三十萬北逐匈奴，一邊派近百萬軍隊及征夫修築長城。這是一項極為浩大的工程，據資料記載，秦長城最終的長度達到了5000公里，已經是名副其實的萬里長城。而到了漢代，這個長度更長，從漢文帝到漢宣帝，長城不斷修築，一度達到了一萬公里。南北朝時期，北魏、東魏、北齊、北周等國家都對長城進行了修築與增建，其中北齊更是一次性發動征夫180萬人。到了隋朝，隋煬帝也多次發動幾十萬乃至百萬征夫修長城。包括後來的少數民族政權——金，也對長城進行了多次

長城

修建。而我們現在一般所說的長城，是明長城。它東起鴨綠江畔遼寧虎山，西至甘肅嘉峪關，全長約8851.8公里。它是明朝政府在修葺舊長城的基礎上再建的。雖然後來沒能抵擋住清軍入關，但在明朝的前期，長城還是有效地阻止了蒙古殘餘勢力

的侵犯，為國家的穩定和發展做出了很大貢獻。

長城，作為抵禦外侵的一種絕佳建築，自秦以來，大部分朝代都對它進行過修建，它的總長度一直都超過一萬里。萬里長城，絕非虛名。而千年後的今天，當我們登上城樓和烽火台向塞外關內的大地上極目遠眺的時候，會深深震撼於我們的祖先，何以在科技那麼落後的時代，將巨石運上山頂，完成這樣一項偉大的工程。當此之時，我們想到的不能僅僅是歷代帝王的豐功偉績，更應該想到千萬勞動人民的勤勞和智慧，還有他們的血和淚。

最早修建長城的真的是秦始皇嗎

說起長城，人們想到的第一個人物常常是秦始皇，認為萬里長城就是由秦始皇修建的。然而，事實並非如此。

據史料證明，中國最古老的長城是戰國時期的楚長城。因為戰國時期，禮崩樂壞，諸侯混戰。諸侯國之間恩怨糾纏，戰爭不斷，每一個諸侯國周圍都圍著一圈別的國家，可說是強敵環伺。這就導致了所有人都沒安全感。為了更好地防禦鄰國，楚王就率先在邊境建起了長城。楚人是南遷的華夏民族和當地原住民融合而成的民族，所以文明之中也多含野性，好爭喜鬥，其全盛時的疆域大致為現在的湖北、湖南全部、重慶、河南、安徽、江蘇、江西以及浙江的部分地區。因為他主要防範的就是北方的強秦，所以長城就修建在國境以北，現在的河南平頂山汝水以南地帶。

楚修長城之後，其他諸侯紛紛效仿，北方的燕趙等國也開始修建，但最後都不敵強秦。秦朝統一天下後，就將各諸侯的長城納入到秦長城的體系中，從而給了人們秦始皇最先修築長城的錯覺。

被孟姜女哭倒的長城是北京的八達嶺長城嗎

孟姜女哭長城的故事千古傳頌，盡人皆知。流傳最廣的版本就是在秦始皇修長城的時候，征夫萬喜良不堪勞累，偷偷逃跑，被抓回來打死埋在了長城中。其妻孟姜女親赴長城尋夫，聽說丈夫已死，就放聲大哭，哭了幾天幾夜，哀聲感動了上天，於是老天爺就發怒，把長城給弄倒了一段。

八達嶺長城

這個帶有神話傳奇色彩的故事之所以能夠代代相傳，不僅因為人們的獵奇心理，更因為它承載著人們對遭受不幸的弱者的同情，以及對暴政的不滿。但要拋開這些因素，做一點考據的話，我們會知道，且不說孟姜女不可能哭倒長城，就算是哭倒了，也不會是八達嶺長城。

眾所周知，孟姜女哭長城是由文學作品加工而來。而察其原型，則最相近於《左傳》中的孟姜。據《左傳》記載，孟姜是齊將杞梁之妻，杞梁於西元前549年在莒戰死，齊莊公就在郊外對孟姜進行弔慰。孟姜認為郊野不是弔喪之處，拒絕接受，於是齊莊公就專門到她家裡進行了弔唁。而孟姜是很善哭的人，她的哭甚至改變了當時齊國的風俗。後來的女人死了丈夫，都要像她那樣痛哭。但《左傳》屬於史家傳記，裡面並未記載有哭倒城牆一說。直到西漢劉向的《說苑》裡，才增加了「夫死後向城而哭，城為之崩」的情節。這就明顯看出文學作品加工的痕跡。而且這只是城，並未明確說是長城。到了東漢，故事進一步演義，開始有了明確指向，王充的《論衡》裡說哭的是杞城，並且哭崩了五丈。到唐代時，杞梁妻更加接近孟姜女。詩僧貫休在詩歌《杞梁妻》中，直接把春秋時期的事情挪到了秦代，把城牆演化成長城。這樣，杞梁妻哭杞城基本就變成了「孟姜女哭長城」。到了明代，政府大修長城，招致民怨沸騰。老百姓為了發洩對封建統治者的不瞞，就改杞梁妻為「孟姜女」，改杞梁為「萬喜梁」，然後還加了諸如招親、夫妻恩愛、千里送寒衣等情節，創造出全新的「孟姜女哭長城」傳說。

由此可見，孟姜作為齊國人，即便她哭倒了長城，也該是齊國的長城。因為八達嶺長城是明朝時期所建，距離當時已有近兩千年了。

居庸關「五桂頭」之前為何叫「五鬼頭」

居庸關長城關溝指的是南口城至八達嶺岔道城之間長約四十里的高山峽

谷地段。這裡地理位置得天獨厚，是通往塞外的咽喉要道。兩側層巒疊嶂，溝內清溪縈繞，風景名勝比比皆是。明代即有「居庸八景」之稱。這八景之中，有一個叫「五桂頭」，又名「五鬼頭」的，很有來歷，值得我們一敘。

相傳元末明初之時，明軍在居庸關久攻不下，有一家姓霍的五兄弟，善使火器，用火炮攻下了亂柴溝，為明軍立下了大功。誰知明軍怕五兄弟為敵所用，威脅他們的江山，就恩將仇報，不但沒有獎賞他們，反以蒙古奸細的罪名將他們斬殺，並懸首示眾，人們因此將此地稱為「五鬼頭」。這一事件導致投奔明軍且立過戰功的將領們人人自危，明廷為了安穩人心，就在此處修廟並封霍氏五兄弟為「五顯財神」，人們又因此稱該地為「五貴頭」。但因為五鬼頭地處關溝要衝，山路艱險，是行車事故頻發地帶，所以行路人仍常常稱其為「五鬼頭」以作警示。後來修建京包鐵路的時候，將「貴」改成了「桂」字，才最終定名為「五桂頭」。

五桂頭山洞

司馬台長城與隋朝名將羅藝有何關係

司馬台長城位於金山嶺長城東部的古北口鎮司馬台村北。城牆依險峻山勢而築，以奇、特、險著稱於世，是萬里長城很著名的一段。但它為什麼叫司馬台長城，和隋朝的名將羅藝又有何關係呢？

相傳，李唐滅隋之後，叛隋投靠唐朝的羅藝被斬，葬於此地。其部下王司馬（羅藝所提拔的官吏）看破世道，願為羅家世代守墓，以此報答羅藝的知遇之恩。當時，羅家在羅藝死後趨於衰敗，王司馬能主動為羅家守墓，羅藝家人很是感動，於是許諾這裡羅家所屬的土地為王司馬世代所用，只要羅家不敗落，王司馬及其後代就永享司馬俸祿。此後，王司馬世代生存在此地，一直守護著羅家墳。並且種了許多地，栽植了大片的果林，日子過得清閒舒適。這裡更名為「司馬台」是在王司馬死後，其子孫逐漸厭煩周圍人們

總管叫這片地兒什麼「羅家墳」「羅家墓」的，便找機會和羅家後裔商量，以祭奠祖先和慰藉自家世代守墓之辛苦為由，將此地更名為司馬台。由於司馬台離明長城不足一公里，所以此段長城就相應地被稱作司馬台長城。

萬壽山為何又叫甕山

萬壽山與昆明湖

萬壽山，位於北京頤和園內。它的南坡（即前山）瀕臨昆明湖，湖山相連，構成了一個極其開闊的自然環境。前山接近園的正門和帝、后的寢宮，是頤和園苑林區的主體。但它本名不叫「萬壽山」，遼金時期，這裡只是一處帝王遊獵的天然園囿，當時的山叫「金山」，上面建有金山行宮，水域叫「金海」。

後因傳說有一老人在山下挖出了一個石甕，元代時便將山更名為「甕山」，水域更名為「甕山泊」。直到乾隆十五年的時候，乾隆的母親過六十大壽，乾隆為給母親祝壽，才把「甕山」改成「萬壽山」。

而在民間，還流傳著一個不同的版本。話說很久很久以前，北京西郊一帶平地出泉，人們都以打魚摸蝦為生。除了幾個有錢的財主之外，窮人們都是吃了上頓沒下頓地過活。於是人們就在一座小山上修了座財神廟，沒事就去拜財神，祈求財運。說來也挺靈驗，自打廟修成之後，很多窮人都會莫名其妙地撿到錢，今天張三撿了一甕元寶，明天李四撿了一甕珍珠，但卻惹惱了當地的幾個財主，幾個財主又生氣又眼紅。

這天，一個姓張的財主做了個夢，夢見兩個穿紅肚兜的童子從財神廟裡走出來，抬著一個大甕，邊走邊說，要去給村裡吳瘸子送一甕元寶，準備埋在他家的老屋角落裡。財主聽了，立馬醒了過來，苦苦思索了一個妙計。起初，他拿著好吃好喝的跟吳瘸子套近乎，跟吳瘸子混熟了，就提出拿自己的房子來換吳瘸子的破房子。吳瘸子當然答應了。張財主進到吳瘸子的屋，迫

不及待地挖開牆角，果然發現了一個大甕，他趕忙打開，誰知甕內並沒有元寶，反倒鑽出幾條蛇，緊緊地纏住了他，把他咬死了。

後來，吳瘸子在半山腰蓋新房的時候，挖出了一甕元寶，後來人便稱這山為「甕山」。

崇禎帝是吊死在景山腳下嗎

西元1644年，明末起義軍領袖李自成率軍攻破北京城，崇禎帝見大勢已去，遂在貼身太監王承恩的陪同下登上煤山（今天的景山），在一棵歪脖樹上自縊殉國。殉國前，崇禎帝在藍色袍服上留下遺言道：「朕自登基十有七年，雖朕薄德匪躬，上干天怒，致逆賊直逼京師，然皆諸臣之誤朕也。朕死無面目見祖宗於地下，自去冠冕，以髮覆面。任賊分裂朕屍，勿傷百姓一人。」

崇禎帝十八歲登基，勵精圖治，無奈大明元氣已盡，積重難返。幾十年來，朝政被宦官魏忠賢把持，小人當道，君子隱退，雖然他登基之初就除掉了魏忠賢，但朝政已經敗壞，吏治極差，滿朝文武無可用之才。貪官污吏惑亂朝綱，橫行鄉里，致使民怨四起，烽火連城，因此「在位十六年而未能挽其既倒。本非亡國之君，而遭亡國之實，豈不哀哉」。

近四百年後的今天，昔日的那棵歪脖樹，現在還在景山上生長著，鬱鬱蔥蔥。

景山

霧靈山的仙人塔與姜子牙有何淵源

話說姜子牙當年興周滅紂，功成名就之後，分封諸神，一共封了365個神。本來想把泰山岱廟留給自己，卻讓黃飛虎搶了去。他非常生氣，就想另

找一處更好的地方。想來想去，就屬當年修行過的霧靈山最好，於是重回故地霧靈山修行。

突然有一天，地動山搖，洪水肆虐。姜子牙掐指一算，原來是看守霧靈山海眼的黑白兩條小龍在作怪。他馬上趕去，果然看到黑白二龍正在攪動海眼。大水從海眼奔湧而出，兩側的山峰也搖搖欲墜，情急之下，姜子牙從百寶囊中掏出一物，拋向海眼，說聲「變」，瞬間一座石塔砸向海眼，小黑龍躲閃不及，就被壓在了塔下。可小黑龍不死心，用力扭動身軀，想掀翻石塔，不知塔下湧出涓涓細流，塔身左右搖擺，眼看就要四分五裂。危急之時，只見天空中飄然落下三道神符，一道落在石塔頂上，化作巨石，另兩道分別落在石塔兩側的山脊上，化作左、右鎮塔石，從此這石塔就絲毫不動了，成為了今天的仙人塔。

原來，這三道神符是姜子牙的師傅元始天尊為助姜子牙一臂之力而扔下的，所以仙人塔其實是姜子牙之師的三道神符所化。

曹雪芹真的在香山上住過嗎

是的。曹雪芹曾經在香山上住過。

曹雪芹，名沾，字夢阮，號雪芹、芹圃、芹溪，祖籍遼寧遼陽，是古典長篇小說《紅樓夢》的作者。他創作的《紅樓夢》，代表著中國古典文學的最高水準，涵蓋廣大，包羅萬象，無所不容，諸子百家之學問，儒道釋等流派之要義，靡不畢見。就小說結構來講，他吸取了《金瓶梅》的寫作技巧，一改之前小說單線敘事的風格，變成網狀敘事。數條線索相互穿插，情節跌宕起伏，而又無凌亂之感。從內容上來講，他在以敘事為主的同時，處處抒情，詩詞曲賦，俯拾皆是，讀來滿口生香，且每首詩詞都暗含一位人物的性格及命運，令人讀到後來拍案叫絕。整本書宏大敘事，主講貴族大家庭的沒落，卻是以一家小民開始，寫現實人生，以神話

香山植物園的曹雪芹紀念館

傳說開始，奇巧而不怪誕，廣博而不冗雜。上至皇室貴族，下至販夫走卒，各有所述。用詞華麗典雅而無堆砌造作之嫌，書中涉及中醫、花卉、金石、園林等諸多技藝，皆有大師之見解，但讀來只覺其好，不覺其賣弄。

總之，《紅樓夢》是中國社會的一本百科全書式的小說，其文學意義已遠超書本。作者生前，已有手抄本悄然流傳，而面世之後，更是轟動了整個社會。凡能識字者，無不傳閱。當時甚至達成了「開口不談紅樓夢，讀盡詩書也枉然」的一致見解。雖然原稿的成稿只有八十回，但這猶如斷臂的維納斯一樣，其影響力並未因此而衰減。幾百年後的今天，它依然屹立在中國小說史的頂峰。

但是，這部偉大作品的作者曹雪芹，為什麼會住到香山上呢？

這就要說說他的生平經歷了。曹雪芹出身名門，是詩書簪纓之家。他曾祖父曹璽任江寧織造，曾祖母孫氏做過康熙帝玄燁的保姆。祖父曹寅做過玄燁的伴讀和御前侍衛，後任江寧織造，兼任兩淮巡鹽監察御使，極受玄燁寵信。康熙六下江南，其中四次由曹寅負責接駕，並住在曹家。曹寅病故，其子曹顒、曹頫先後繼任江寧織造。他們祖孫三代四人擔任此職達60年之久。曹雪芹從小就在這樣的權勢貴族家庭裡長大，身處富貴溫柔鄉的他，不知人間疾苦，每日只知吟詩作對，偶爾讀點聖賢書，以為這樣就可以終老一生。不料雍正初年，曹家因陷入皇位更迭的政治漩渦，而遭到一系列打擊，家產被抄沒，功名被革除，全家戴罪進京。曹雪芹就是在此時跟著家人一起來到了北京。這年，他才十三歲。家道中落，使曹雪芹很早就感受到了世態的炎涼，人生的無常，而這些認識，正給他後來寫《紅樓夢》埋下了伏筆。

曹雪芹成年之後，仍長期在貧困中掙扎。到了晚年，甚至到了「滿徑蓬蒿」「舉家食粥」的地步。在創作《紅樓夢》期間，為了維持生活和能有一個幽靜的地方寫作，他一度搬到北京西郊，在香山住了幾年。在那裡，他還教過人們紮風箏，給窮人治過病，至今香山還流傳著他幫助窮苦人的故事。

你聽說過海坨山上的黑龍潭修建的傳說嗎

海坨山位於延慶張山營鎮北部與河北赤城縣交界處，距延慶約18公里，屬軍都山。主峰海拔2242公尺，為北京第二高峰。海坨山高峰有三個：大海

坨、小海坨、三海坨。海坨山頂是一個長近10公里，寬500公尺，最窄處不過百公尺的草甸平緩山頂。山上有座黑龍潭廟，據當地《龍關縣志》記載，這座廟的修建跟一則神話傳說有關。

海坨山

相傳，很早以前，有一天，當地的一位長工白天還在地裡幹活，傍晚時卻不知去向。主人納悶，找到一泓潭水旁邊，只見長工從潭水中鑽進鑽出。主人問其緣由，長工說：「我是龍神，因行雨不當被玉帝懲罰到此受苦，如今時限已滿，該回去了，可我的潭池卻被白龍佔據，您能幫幫我嗎？」主人苦笑著說：「我一個凡夫俗子能怎麼幫你？」龍神說：「您蒸三斗麵食，等到某日見潭中起黑沫就投放，若見白沫就投狗血髒物。」主人將信將疑地答應了。屆時率眾來到潭邊，只見雷雨大作，潭水鼎沸，人們趕緊按吩咐投食，頃刻，風定波平。可又見白龍奔怒，山洪暴發，村莊、禾田眼看要被沖毀。這時，黑龍從潭裡鑽出，用身形擋住了洪水，平息了水災。百姓們從此確信潭中住的是黑龍。

為報答黑龍的恩德，百姓們就在附近蓋起了黑龍潭廟。每遇大旱，懷來、延慶、赤城一帶的農民就來祈雨，據說有求必靈。

海坨山泉水的傳說是怎麼回事

很久以前，海坨山下是沒有水的，但那山頂之上，卻是一年四季草木常青，飛禽走獸充盈其中，猶如一座大花園。

可後來海坨山下為什麼有水了呢？這裡有一個神話故事。

傳說有一天王母娘娘閒來無事，突然想在人間修造一座行宮，便派四值功曹先去查看一番。四值功曹駕著祥雲巡遊天下名山大川，最後看中了海坨山，於是回宮稟奏了王母娘娘，王母娘娘聽了，便決定自己去看一看。

第二天，王母娘娘乘坐著金輦，騰雲駕霧，從天庭降落在海坨山的西南

坡上。因為車子太重，就在山梁上軋出了兩道車轍印。這兩條車印有好幾丈深，人們因此就叫它「車道溝」。

王母娘娘到了山頂之後，人間的美景立刻讓她陶醉其中不能自拔。但見漫山遍野，芳草萋萋，百花爭豔，花香鳥語，蝶飛蜂舞，風光旖旎，簡直比天宮都還要美。王母娘娘一邊觀賞，一邊下了鳳輦，在金童玉女的攙扶下，移步來到峰頂。侍女們就在山頂中央把座位給她放好，不料她剛坐下，整個山都開始往下沉。王母娘娘驚訝不已，問道：「為何山石下沉？」大臣們回奏道：「人間的山石土木經不住娘娘聖駕，山腳裂縫了。」王母娘娘無奈之下，只好回了天宮。從此以後，海坨山的石頭縫裡便有了清澈的泉水。

延慶真的有座「蛤蟆蹲山」嗎

在延慶古城水庫的山谷裡，有一座小山，模樣很像一隻蹲著的大蛤蟆，蛤蟆嘴的地方咕嘟咕嘟往外冒泉水。那山便是「蛤蟆蹲山」。

相傳不知什麼年月，山谷裡發了洪水，水勢很大，都快漫到半山腰的神仙院了。神仙院的道觀裡，有個范道士，在此修行多年，平日裡積德行善，經常周濟窮困的村民。可站在神仙院的山門口，眼看著洪水肆虐，毀了村莊，淹了莊稼，卻無能為力。正在為難之時，忽聽「撲」的一聲，只見從他接水的石盆裡蹦出一隻蛤蟆，蹦蹦跳跳到了范道士跟前，眨眨眼，點點頭，然後轉過身跳下了山谷。蛤蟆進水後，白肚子不停地鼓脹，不一會兒，身子就脹成了小山那麼大。然後它衝著洪水，張開了大嘴，咕咚咕咚地喝了起來。聲音很大，震得神仙院不停晃蕩。很快，山谷裡的洪水就小了。村莊被保住了。

第二天，范道士起了個大早，站在山門朝下一看，昨晚蛤蟆喝水的地方，出現了一座小山，很像那隻蛤蟆，他就知道那山是蛤蟆變的。它再也回不來了，永遠地蹲在了那裡。後來，為了紀念這隻蛤蟆，人們就把這座山稱作「蛤蟆蹲山」。

牛欄山的命名真的和牛有關嗎

　　牛欄山位於北京市順義區北部，盛產聞名全國的「二鍋頭」和「牛欄山」酒。很多人在聽到這個名字的時候都會問，牛欄山真的跟牛有關嗎？

　　按照民間傳說，這裡本來是荒山野嶺，草木難生，村民們衣食不周，生活貧困。後來，不知從何處來了一頭金牛，棲息在了山上的洞穴中。金牛經常下山幫助當地人耕耘墾荒，使荒地變為良田，村民們因此過上了富裕的生活。但此後金牛卻悄然離開，不知去向了。為了懷念這隻金牛，人們便把金牛所在的山稱為「牛欄山」，把它棲息的洞稱為「金牛古洞」。洞前面有天然形成的飲水池，據說就是以前金牛飲水的地方。

你聽說過百花山與百花仙子的故事嗎

　　百花山是京西著名的旅遊勝地，其名字的由來跟百花仙子不無關係。

　　傳說當年七仙女私自下凡後，玉皇大帝大怒，便派天神到人間去尋找，連在天庭裡侍弄花草的百花仙子也派去了。

　　這百花仙子是第一次離開天庭，她駕著祥雲，在空中飄來飄去。剛開始還想著尋找七仙女的事，但很快就被人間的山水美景所吸引，卻把正事兒給忘了。行至一個山頭的時候，她看見一個年輕人挑著一擔水往山上走來，那後生英俊秀氣，百花仙子頓時就萌生了愛意。心想，要是自己能嫁給他，過上男耕女織的日子，該多好啊。於是邊想邊到地上，朝那年輕人走去。

　　年輕人看見一個美女朝他走來，既激動又很羞澀。百花仙子跟他聊了幾句，知道他是落榜的秀才，要在這山上住幾年備考，心裡非常敬佩他的好學，便紅著臉說：「大哥若是不嫌棄，我願在這山裡陪你苦讀。」年輕人又驚又喜，連連答應，然後一把拉住她的手，向山上走去。

　　來到年輕人讀書的石洞前，

百花山

百花仙子向四下一望，見漫山遍野光禿禿的，便想起隨身攜帶的香囊裡面裝有百花種子，她取出香囊，輕輕一撒，百種花子便撒滿了山嶺。接著她一揚衣衫的長袖，那些花子就長出綠芽，第二天，就開滿了鮮花。

後來玉皇大帝得知百花仙子也私自留在凡間了，更加憤怒，就派天兵天將把百花仙子抓了回去。書生對著雲彩追了好久也沒追上，只好悲傷地回去。

回去之後他在石洞裡發現了百花仙子遺落的香囊，上面繡著「百花仙子」四個字，這才知道原來陪伴自己的竟是一位仙女。為了紀念她，書生便在一塊山石上寫下了「百花山」三個大字。從此，人們便把這座山叫做「百花山」，並在山頂上修了一座廟，叫「百花娘娘廟」。

你知道百花山上「黑龍關」的傳說嗎

百花山位於北京市房山區和門頭溝區交界的深山中，是國家級自然保護區，裡面景點眾多，山上有個黑龍關，人們留有一段美麗的傳說。

「黑龍關」原稱木郎關。很久以前，住在木郎關的黑龍化身成一個小夥子，到了宛平縣的齋堂村。齋堂村有個姓賈的員外，古道熱腸，見小夥子遠道而來，就好心收留了他，叫他在家裡打工。

自從賈家收留了這個小長工，田裡的莊稼便長得特好，而且旱澇保收。每逢大旱，全村人的莊稼都枯死了，只有賈家田裡的莊稼和菜地還是綠油油的。賈員外高興之餘，也滿腹狐疑。

一天晚上，賈員外悄悄藏到菜地旁邊的一棵大樹後，想偷偷地看個究竟。只見小長工從棚子裡出來後不慌不忙地走到井邊，往井裡一跳，然後就見一條黑龍從井裡伸出頭來，口裡噴著水，直灑向菜地。賈員外看得呆住了，過了一會兒，菜地澆好了，龍就從井裡飛了出來，變回小長工的模樣。

事後，賈員外主動提出將女兒許配小長工。小長工本來就喜歡賈小姐，很爽快地答應了，但說要先回木郎關辦點事，再來迎娶小姐。當晚，賈員外夢見木郎關下有兩條龍在爭鬥，黑龍不敵白龍，在向他呼救。第二天，賈員外帶著弓箭來到木郎關下，看到石橋上有黑、白兩隻羊在頂架，眼看黑羊就要落水，賈員外彎弓搭箭，把白羊射到了水中。白羊入水後，化作一條白龍，消失不見了。黑羊則化作黑龍，向員外點頭致謝，然後就佔據了黑龍關。

兩年後的一天，賈家小姐正在院子裡吃杏乾，忽然一陣黑風颳來，小姐便憑空消失不見了。之後賈員外夢見黑龍給他託夢，說是小姐未死，已經被他娶走，成了龍王奶奶了。

於是人們就把黑龍住過的木郎關改成了黑龍關，並且在旁邊的半山腰上建了一座廟，裡面供奉著龍王爺和龍王奶奶。

北京的勝水

什剎海以前真的是海嗎

什剎海風景

什剎海，因其四周原有十座寺廟，故又名十剎海，包括前海、後海和西海（又稱積水潭）三個水域及鄰近地區，和北海、中海、南海「前三海」相呼應，故又稱後三海，現在又常稱為後海。後海景區坐落於北京城區內西北隅，東起地安門外大街，西至新街口北大街，北起北二環，南至平安大街，總面積約146.7公頃，被稱為「北方的水鄉」。由於其是北京城保存最完好的古勝景之一，所以是人們來京旅遊、觀光的必到之所。

來過什剎海的朋友都知道，雖然它水域寬廣，但是從面積上來說，與真正意義上的海還是不可同日而語的。那麼它為什麼又叫作海呢？難道它以前真的是海嗎？非也。皆因在元朝時，蒙古人因長期生活在蒙古大漠，水見得少，因此只要見了稍大一點的水域，便將其稱之為「海」。這一方面體現了蒙古人對水的渴望，另一方面又說明了水在蒙古人心目中的重要地位。什剎海在元朝時是一片湖泊，由古代高梁河故道和窪地的積水及地下水流彙聚而成。在元代，它叫做積水潭或海子。到了清代，德勝橋以西的水面仍叫積水

潭或淨業湖，德勝橋和銀錠橋之間的水面叫什剎海，銀錠橋以東和以南的水面叫蓮花泡子，到清末民初才通稱為什剎海。

走近什剎海，但見水面碧波微漾，岸邊柳枝長垂，棵棵柳樹依水迎風而立，宛如身姿婀娜的美少女；站在掩映於綠柳中的古亭眺望，遠山秀色如黛，浩浩渺渺，看後莫不讓人心襟開闊，浮想聯翩。

什剎海除了擁有美麗的自然風光，亦有幾處可圈可點的古代建築遺址，如恭王府、宋慶齡故居、郭沫若紀念館、鐘鼓樓、德勝門箭樓、廣化寺、匯通祠、會賢堂等。其中尤以恭王府最為著名。

什剎海景色怡人，自然遊客多多，久而久之，就有了商業。在後海，比較著名的有兩個「市」，一個是從後海西岸到德勝門東邊幾條胡同形成的什剎海曉市，也叫「鬼市」。另一個是前海的荷花市場。自2002年後，酒吧業在這裡逐漸興盛起來。每到夜晚，後海酒吧一條街燈火通明，好不熱鬧。於是，後海成了人們心中一道特殊的風景，在這裡，時尚與古典相互碰撞，卻又和諧地共存，不斷湧現、譜寫出讓世人驚訝的各種人物和故事。

據說，有著「落入凡間的精靈」之稱的江南女子周迅，就是在這裡被導演李少紅發現，並出演《大明宮詞》中的小太平公主一角，從而一舉成名。周迅自出道以來為廣大觀眾奉獻了眾多優秀作品，這是大眾之福，那麼這是否也可以說是拜後海的酒吧所賜呢？

酒吧業已成為什剎海的一大特色。現在的人們，提起什剎海，就會想到酒吧一條街。於是乎，什剎海的傳統景觀也依現代後起的「時尚吧業」而名聲愈勝。

蓮花池美麗的愛情傳說是怎麼回事

蓮花池公園位於北京市豐台區，北京西客站西南側，六里橋東北，佔地面積44.6萬平方公尺，其中水域面積15萬平方公尺，是西城、豐台和海淀三區交會處。屬北京市一級古遺址公園，傳說是北京城的發祥地，甚至有「先有蓮花池後有北京城」之說，距今已有3000多年的歷史。

每年六七月間，蓮花盛開一片，綠柳倚岸而立，與仿古的亭台樓閣交相輝映，身處其中，彷彿走入一幅風光綺麗的古畫之中。

蓮花池公園

蓮花池景色如此美麗，而與這景色相伴隨的還有一個美麗的愛情傳說。

相傳，昊天上帝有個美麗又善良的女兒——蓮花仙子。她因在天上閒來無事，經常私自下凡玩耍，有一次，她看到人間的湖水雖然清澈，但除了水卻無可賞之處，於是，她偷偷拿了天上的百草種子來到人間，在一片水域邊，碰上了老實忠厚的藕郎。他們一見鍾情，蓮花仙子卻冒著被天帝發現的危險與藕郎結為了夫妻，過上了只羨鴛鴦不羨仙的人間的生活。

這樣男耕女織、夫妻恩愛的生活過了沒多久，蓮花仙子私自下界且與凡人婚配的事情便被天帝發現了。天帝盛怒之下，派了大批天兵天將前去捉拿蓮花仙子，並誓將藕郎殺之而後快，以洩奪女之恨。蓮花仙子聞訊後忙跳入兩人相遇時的湖中躲避，臨別時她將一顆凝聚了自己身體精氣的寶珠交給了藕郎。藕郎在被天兵天將捉住後，將寶珠吞入腹中。於是，奇蹟發生了：他被天兵連砍數刀，雖身首異處，但砍過藕郎的刀刃處，每次都會留下細細的白絲。這些白絲復又把藕郎的頭、頸連接起來。天帝見狀，大怒，便命人用法箍將藕郎的脖子箍住，又將其投入湖中。誰知奇蹟再次出現，湖中竟長出了又白又嫩的藕來。躲在湖中的蓮水仙子得知自己的夫君化作了蓮藕，自己便變作蓮花，點綴其上，表示誓死追隨藕郎之意。天帝遂又命人挖掉蓮藕，哪知挖到哪裡，蓮藕和蓮花便相依長到哪裡，如此下去，湖面瞬間荷葉滿湖，蓮花一片。天帝眼見此景，無奈之下只好收兵返回天庭。從此蓮花和蓮藕便永駐湖裡，蓮花池一名也由此傳叫開來。這正是「蓮花水面開，蓮藕水下生；深情融一體，連年慶豐收」。這個故事，不僅反映了人們為了愛情勇於犧牲自己的一切的精神，也寄寓了人們渴望平安、豐收的美好願望。

「文革」期間，蓮花池中的蓮花被挖掉，遊玩設施盡毀。1986年蓮花池公園恢復重建。

永定河之前為什麼又叫無定河

　　永定河位於北京西南部，是北京最大的河流，在古時對北京意義重大。其實永定河在古代並不叫永定河，而是叫做無定河。這主要有兩個方面的原因，一個是地理方面，另一個是人為，但限於當時的社會經濟條件，前者是主要原因。

　　永定河的上游分南北兩條支流，北面的洋河發源於內蒙古興和縣以北的山嶺；南面的桑乾河，發源於山西寧武縣的管涔山，兩河交會於河北省懷來縣夾河村。上游主要流經太行山、陰山、燕山餘脈、內蒙古黃土高原等，每到冬春乾旱季節，這些區域便乾旱少雨，永定河流域共有八個產沙區，且海拔極高，均在1500公尺以上。尤其是黃土高原，由於植被稀少，終年飛沙，因此當地水土流失嚴重。永定河流經此地時，或裹挾大量泥沙，致使河流淤積，或久而久之，形成地上河，迫使河水改道。夏季，永定河流經之地又常暴雨連連，甚至洪水氾濫，常使河水漫溢決口。

　　永定河常淤積、常改道、常決堤的特徵有點類似於我們的母親河——黃河，故其歷史上又有渾河或小黃河之稱，因其河道常遷徙，所以被人們形象地稱為無定河。

　　受當時的歷史條件所限，人們對喜怒無常的永定河無可奈何，可又要倚仗它來生存，於是，在清康熙三十七年（西元1698年），政府曾對該河進行過大規模治理，主要是在平原地區疏通河道。相傳，康熙為此還特地將無定河改為了永定河，希望它永遠安定平和，為人們所用，為民造福。康熙帝為治理永定河付出的心血及改名的用意為世人所敬佩，赤子之心蒼天可見，但永定河卻並未從此「永定」下來，直到新中國成立後的1954年，國家在北京延慶縣建立了官廳水庫，永定河上游洪水才基本得到控制。但從20世紀90年代開始，

永定河風光

因生態惡化及人們過度用水等原因，永定河又出現了其他方面的問題，甚至一度斷流。

自古以來，河與中華民族的淵源就非常深厚，人們對河的情愫也很複雜，既享受著它帶給人們的綿綿福澤，又企望它能收斂暴戾之氣，少給人們帶來水患災殃。從古至今，人們治理水患的努力就沒有停止過。

永定河的歷歷往事，也催生出了許多有關治水的傳說，如石經山和濕經山的傳說；永定河鎮水牛的傳說；王老漢栽種河堤柳的傳說；馮將軍嚴懲老兵痞的傳說；麻峪村由來的傳說；劉娘府的傳說等。來北京遊玩的朋友，不妨重溫一下這些傳說，以體會河流對於我們生活的重要意義。

永定河為何被稱為「北京的母親河」

永定河像一條蒼龍嵌入北京西山，形成了永定河大峽谷，河谷兩側山體陡峭，崖石峰峻，下面則是悠悠綠水，放眼望去，壯麗與柔美互融，完美體現了道家的陰陽之說。

永定河與北京城的淵源很深，甚至可以說沒有永定河，就沒有北京城，因此永定河被人們形象地稱為「北京的母親河」。

首先，在歷史上永定河是京城人民生活上直接或間接的飲用水源，也作為農田的主要灌溉水源而為北京的農業發展做出了很大貢獻，可以說是永定河的河水滋養了老北京的一代代人民。

其次，從地理方面來講，永定河形成年代久遠，上游流經之處多黃沙。天長日久，河水便將上游因風化、撞擊等原因形成的碎石和水土流失所形成的泥沙裹挾至下游。當河水在今北京門頭溝區的三家店出山後，由於河水擺脫了側向的約束，河道坡度變得陡而緩，水流速度變小，從上游而來的泥沙、碎石等一遇平原便迅速沉積下來，形成了大面積的洪沖積扇。洪沖積扇在三家店及盧溝橋以下迅速得以擴大，並最終形成了包括北京大部、河北及天津市小部的洪沖積平原，由於沖積扇具有地勢高且平坦、土地肥沃、易耕種等特點，所以是人們自古以來生活居住的絕佳之地，於是人們紛紛來此定居，隨著時光的流逝，這裡逐漸形成了城市的雛形——薊城（即北京的前身）。由於北京剛好處在永定河洪沖積扇的中軸線上，可謂地理優勢佔盡，

因此不僅少了因水患而起的家園被毀之苦，且賴以養命的農田也灌溉方便。這些都為北京城的形成和發展奠定了堅實的硬體基礎。

再者，在元明清時期，永定河生態尚好，中上游植被豐富，其所產木材多用於北京的城市建設及生活消耗，為北京作為三朝帝都提供了不可替代的物質支援。

最後，始建於隋朝的水上交通命脈──大運河，自修建之初便成為古時的水上交通要道，對當時的經濟發展作用重大，直至清末才逐漸退出歷史舞台。這其中，永定河不斷為大運河增加水量，為大運河的正常交通做出了不小的貢獻。

如果把北京城比喻成已經長大成人的孩子，那麼可以毫不誇張地說，為其提供「乳汁」的便是「母親」永定河，它不斷餵養、滋潤著北京城，使其步步壯大，發展成如今的模樣。

黑龍潭與白龍潭有怎麼樣的傳說

黑龍潭位於密雲區石城子鄉西北，這裡是一條長四公里的峽谷，原名叫古樓峪，河流雖然只有二十里長，但落差八百多公尺，一路上迭水成十多個深潭，就像是一串寶珠。峽谷兩峰聳峙，一水高懸，座椅似的瀑布下面，就是綠如翡翠的黑龍頭潭。從黑龍頭潭攀登而上，便是壯觀的

白龍潭內景

「通天瀑」，飛流直下，衝入「落雁潭」內激起水霧嫋嫋，浪花如白牡丹綻放。這樣的風景就連南飛的大雁也割捨不下，時常飛落駐足。繼續上行則依次有平沙潭、龍門口、龍劈石、刺蝟石、龍卷身、珍珠串、無底潭、黑龍真潭等眾多風景。

白龍潭地處南北兩山的峽谷地帶，古稱石盆谷，又稱龍潭溝。水從二十多公尺高的懸崖峭壁上飛流而下，有三潭三瀑之景，稱為「三潭瀉玉」。潭邊山崖上有一棵平頂松樹，斜斜地伸出來，正遮在白龍潭上，像是給龍邸撐

了一把傘。潭南側山下有一塊巨石，上有康有為鐫刻的「神氣風庭」四字，瀑布兩側的石頭上則是乾隆御筆：「飛聖境，則靈潭」。可惜後來這些都在修水庫時炸掉了。

據傳說，古時候黑龍和白龍是一對兄弟，都住在白龍潭內。長大分家時，性格憨厚的哥哥黑龍主動把白龍潭這個好地方讓給弟弟白龍，隻身來到古樓峪。那時的古樓峪寸草不生，荒山禿嶺，黑龍便沒白沒夜地挑水栽草。

大西山有個雲蒙老祖，法術無邊，身世也非同一般，與靈台方寸山的須菩提祖師是師兄弟，論輩分還是孫悟空的師叔。他見這小夥子憨厚又勤勞，就送他一條玉帶和十八顆寶珠。

黑龍看著玉帶和寶珠，卻笑著推卻了，表示「只願這山谷綠樹成蔭，溪水長流」。雲蒙老祖呵呵一笑，甩手將玉帶和寶珠拋向山谷，轉瞬間玉帶變成了一條河流，即古樓峪河，十八顆珍珠變成十八個潭，黑龍潭便是其中的一顆。大山鬱鬱蔥蔥，峽谷溪水潺潺，一片生機勃勃的景象。黑龍萬分高興，從此住進了最深的真潭。

這裡有著名一景叫「龍劈石」，是兩塊各有一間房大的巨石，中間是齊刷刷的一條長4公尺、寬70公分的天然管道。這兩塊巨石本是一整塊石頭，只因有一年發大水，黑龍乘水下山，被這塊巨石擋住了去路，於是他便藉助閃電的威力，揚爪一劈，將巨石一分為二，形成這一大奇景。

「東方萊茵河」指的是北京的哪條河

媯河日落

德國萊茵河舉世聞名，無數詩人曾為這裡的美麗景色所折服，而甘願為她奉獻出自己最美的詩篇；點綴其兩側的古老城堡亦曾有多位詩人、藝術家駐足，演繹出不少浪漫的、引人遐想的愛情故事。

來北京旅遊的朋友是否知道，在北京，也有一處可與德國

萊茵河相媲美的河流——媯（音：ㄍㄨㄟ）河。它位於北京市延慶區境內，又稱為媯川。因為她沒有受過人為的破壞和污染，故基本保持了原有的自然風貌，其景色旖旎迷人，兩岸植被茂盛，風光輕靈婉約，讓人有置身世外桃源之感，有著「東方萊茵河」的美譽。媯河在鋼筋水泥城市的相襯下，猶如一個古典而又嫵媚的女子，散發著她特有的柔和婉約之美。在歷史上，上至皇宮貴族，下至文人墨客，來此後無不流連忘返，留下詩詞無數。

遠離城市的喧囂，在天然氧吧裡與大自然親切對話，這些都是媯河原始的自然風光能夠賦予你的。媯河歷來有「延慶之秀在媯河，媯河之秀在兩湖」之說。這兩湖即指上游的金牛湖和下游的蓮花湖。兩湖恰似龍首和龍尾，由中間的媯水相牽而首尾相望。清晨的金牛湖，湖面薄霧微籠，遠處群山若隱若現，周邊綠意環繞，讓人猶在仙境。每到夏季，蓮花湖水被大片荷葉覆蓋，粉色嬌嫩的荷花點綴其上，真是美不勝收，滿塘荷色就這樣堂而皇之地奪了水的鋒頭，卻讓人不覺。

來媯河，最好玩的莫過於媯河漂流了。乘一葉小舟，將自己融於山水之間，將兩岸風光盡收眼底，讓人頓感愜意。如果你是個划船高手，那就再好不過了，可以盡情體驗在影視劇中經常看到的一幕：青山碧水間，一隻小船由狹長的綠水間緩緩漂流而至，船上人優美的歌聲響徹雲霄⋯⋯水道彎彎曲曲，水流時急時緩，坐在船上，感受著水的多變，眼看著它霸道地將船兒「玩弄於股掌間」：時而與船親密無間，時而半推半就，時而「惱羞成怒」⋯⋯體會它們時時帶給你的意想不到的驚喜。一邊嬉戲著媯河水，一邊欣賞著兩岸的無限美景，使漂流變得妙趣橫生。

媯河的美自是不必再說了，有關媯河的美麗傳說也不在少數，有一個最為經典的傳說不知您聽過沒有。

相傳，在上古時期，在一個村子裡，有一對非常恩愛的夫妻瞽叟和握登。他們每天日出而作，日落而息，過著男耕女織的平凡生活。不久，握登便生下了一個男孩，這便是後來留名千古的舜帝。舜從小便非常孝順，母親因病逝世後，對後母依然非常孝順。對後母所生的孩子象也當作親兄弟般看待。但後母和象並不領情，在生活中處處刁難舜。舜並未因此而對後母和象有任何怨恨，而是以德報怨，待他們如故。舜的作為引起了年長的部落首領堯的注意，他有意將位禪讓給舜，於是便決定親自考驗一下舜。堯把自己的

兩個女兒嫁給了舜，以長期考驗他的品德。婚後舜讓他的妻子同普通婦女一樣在田間辛勤勞作，還讓她們帶領那裡的婦女一起種植桑麻、編織衣物等。這樣年復一年，這裡原本貧瘠的土地變得肥沃美麗。舜由此博得了堯的信任，當上了部落首領。而人們也把舜的妻子辛勤勞作過的地方稱為「媯」，把這裡的水稱為「媯水」。至今，在延慶城區的蓮花湖橋邊還有一座專為紀念舜的妻子而造的塑像。

　　媯河之美難以用語言形容，不如趕緊背上行囊，帶著對媯河的想像來此一遊吧。

北京的民居胡同

　　說起北京的民居，不得不提老北京的四合院，汪曾祺曾形象地稱之為「中國盒子」。

　　北京現存的四合院，多是明清兩代的遺物，外邊看著灰不溜秋單調乏味，走進院裡卻是別有洞天。

　　住在四合院裡，就像是沉浸在一種歷史感裡，隨處可見的都是歷經百年的歷史積澱。

　　有四合院，自然就有了與四合院相伴而生的胡同文化。老北京「有名胡同三百六，無名胡同似牛毛」，可見胡同之多。每條胡同背後都有一個故事，這多如牛毛的胡同，可見老北京故事之多。

　　現在讓我們深入到老北京的四合院和胡同，去聽一聽它們各自的故事

老北京的四合院

四合院真的是老北京的典型民居嗎

　　四合院是老北京最典型的民居，四合院如今已經成為了北京的一種「符號」。根據史料記載，四合院最早的雛形出現於商代，這種東西南北圍合而成以家庭為基礎單位的民居，在元代得到了進一步的發展，到了明清時期尤其是清朝中後期達到了鼎盛。因為，元明清三朝的都城都在北京，這為四合院成為北京典型民居提供了優越的條件。

　　在瑞典人奧斯伍爾德出版的《北京的城牆和城門》一書中是這樣描述老北京四合院的：「鳥瞰全城，映入眼簾的不外是覆蓋著灰瓦、鱗次櫛比的屋頂。這種城市住宅區的正面，給人一種極其單調乏味的印象。人們通常只能看到高矮、大小不一的屋頂和掩映其間的樹梢，至於房屋的其他部分，因為有院牆的遮擋，就幾乎看不到了。只有進了四合院大門，繞過影壁之後，你才可以發現這種住宅特有的美。」這是一位外國人對老北京四合院由衷的讚美，可見老北京四合院不僅作為老北京人最典型的民居，更像一種文化符號刻印在中外人士的心中。

老北京四合院與其他地區的四合院有何不同之處

　　老北京四合院是合院建築的一種，即以一個院子為中心、四面都是房屋的合院建築。老北京四合院與其他地方的四合院在整體建築風格上並沒有什麼區別，但作為古都之城，四合院在建築規模上要大於其他地方的四合院，更重要的是老北京四合院更能體現出封建時代，一個家庭以家長為中心的理念和為人處事的哲學。

　　老北京一般的四合院都是一戶一宅，一宅幾院。四合院以中軸線貫穿，正房在正北，東西兩方為廂房，開在南面的是倒座房，門都是開在東南角。四合院的外面以高牆包圍，牆一般都建得很高，但都不會在牆上開窗，表示

一種防禦性。四合院的住房劃分，通常都是家中最年長的老人住在北邊的正房中，長子住東廂房，次子住西廂房，家裡的傭人住在倒座房中。家中的女性，未出嫁的女兒都住在正房後面的後院裡。這種住房分配，精準地體現出了封建家庭中的等級觀念。

四合院的門為何都開在東南角上

老北京四合院的門在整個四合院的整體建築中所佔的面積極小，但它的地位卻非常的重要。老北京四合院的門都統一開在東南角，這門開在東南角是有什麼講究嗎？

在風水學上，東南方是八卦中的巽位，而四合院的正房坐北朝南為坎宅，如建坎宅，必開巽門，而巽位又是通風採氣之處，所以老北京的四合院的門都開在東南角上。

其實，四合院的門開在東南角與整個四合院的地勢有關。四合院的地勢，往往是西北高，東南低，這樣一來，有利於院中積水的排出。而這種排水系統恰恰和北京整座城市的排水體系一致。北京城的整個地勢也是西北高，東南低。明清時，北京的水系基本上都是從西北的積水潭水關引進，由東南方的通惠河而出。可見，老北京四合院的設計雖然簡單，但並不隨意，它與大環境是相輔相成的。

「大門不出，二門不邁」這句話與四合院有何關係

日常生活人們常常形容那些天天在家不願出門的「宅男」「宅女」說：「瞧你，天天大門不出，二門不邁的」。其實「大門不出，二門不邁」這句俗語是出自四合院裡。

舊時女子在未出嫁之前須遵守家規，不允許隨意拋頭露面。「大門不出，二門不邁」中的「大門」指的是四合院的正門，而「二門」指的則是垂花門，垂花門是溝通四合院內院與外院的門，它的兩側連接抄手遊廊，把院落截然分為內外兩部分。

垂花門從外觀上看就是一扇帶有屋簷的小屋子。在垂花門裡也有類似於

四合院大門

影壁的門，叫屏門，同樣是起到封閉內院的作用。通過垂花門則是四合院的後院，後院中居住的都是家中的女性成員，舊時的女性要遵守家規，不得擅自走出此門。而住在前院中的男性也不能隨意進入。如家中有客人來訪，則由僕人先將其領入南房，再通知主人，後院是嚴禁進入的。

門檻高低真能代表主人的身分嗎

墨子說：「高足以避潮濕。」因此，在修建四合院時地基一定要高於地面，而其柱基一定要結實牢固。四合院的院門那可大有講究，它是主人身分的象徵。過去在老北京城內有句民諺說：「門檻越高越難進。」因此，門口的門樓越高、門檻越高，那麼其主人的地位就一定越尊貴。而且，在門口兩側都會放上動物形象的石墩，如石獅子。在門上還會貼上門神。這些都是為了驅災避邪、看守門戶。

影壁是用來防止鬼魂進入院內的嗎

影壁在古代時稱蕭牆，也就是成語「禍起蕭牆」中的「蕭牆」，一般人們在修蓋房子時都會在大門的入門處修建一面牆，這面牆即影壁。老北京四合院都會設置內外兩個影壁，那到底這影壁是用來做什麼的？

影壁

四合院的外影壁通常都是用避邪鎮惡的。因為古人比較相信鬼神之說，當時人們認為人在去世之後，都會有靈魂存在，並認為這些靈魂沒有住所，會不斷地進入住宅中。人們為了防止自己的

住宅進入鬼魂，所以都會設置外影壁。這樣一來，當鬼魂想進入住宅時都會在影壁上看到自己的影子，從而被自己嚇跑，不會進入宅院裡。

四合院的內影壁主要是起隔離遮擋、隔音的作用。因為四合院的整體是一個面積很大的露天起居室，每家住戶都會在院內種植一些花草樹木或養殖一些供玩樂的魚蟲鳥獸等，這些個人的喜好都不便被人看到。因此修建了內影壁起到遮擋的作用。此外，內影壁上都會雕刻些美觀的圖案，對四合院內也起到了裝飾的效果。

四合院裡為什麼不種梨樹

舊時居住在四合院裡，還有很多約定俗成的禁忌。像四合院的正房都要建成單數，一般都是三間或五間，即便是有四間的時候，也要改為大三間。因為四合院總體看上去像一個「口」字，人住在「口」字裡為「囚」，所以在四合院的院內都要栽種一些花草樹木，意圖吉利，但所種的花草樹木不能為單棵，因為「口」加單「木」為「困」，誰願意每天的生活都「困難」呢？所以四合院裡種的花草樹木必須在兩顆以上。

其實在栽種的時候也有很多的講究，北京人有句俗話說：「桑松柏梨槐，不進府王宅」。這是因為松柏樹基本上都是種在墳場處，以表示對先人的懷念之情。因此，不會種在四合院裡。同樣梨樹和桑樹也不種於四合院中，這是因為「梨」和「桑」的諧音是「離」和「喪」，都傳達著一種悲傷不和的情感意思。

北京城最大的四合院是哪一座

北京城最大的四合院當屬被譽為世界五大宮殿之首的故宮。那麼這座北京城最大的四合院與普通的四合院有什麼不一樣的地方？故宮的建築在世界建築史中又有著什麼樣的重要地位？

實際上故宮就是由很多的小四合院組建而成的。如果說普通的四合院是老北京居住建築典範的話，那麼故宮可以稱為四合院中最完美的傑作。而且故宮比一般的四合院不論在庭院規模、建築規劃還是院門裝飾等方面都要顯

故宮鳥瞰圖

得更加廣闊、宏大和別致。故宮裡的等級更為嚴格，人與人之間的關係更為複雜。故宮可說是四合院文化、封建王朝等級文化與中國傳統思想文化精髓的完美結合。

故宮建成於明代永樂十八年（西元1420年），至今已經歷了近600個春秋，依然是後無來者的建築傑作。故宮承載著整個東方帝王時代的壯美與宏偉，直到現在依然那麼輝煌壯觀，依然是中國人心中永恆的經典聖地。

老北京的胡同文化

老北京胡同連接起來真的要比長城還長嗎

北京胡同經歷了數百年的風雨，如今它已經成為北京人生活的象徵，和北京文化的體現。舊時老北京的胡同，遍布整座北京城，老北京民間有句諺語說：「有名的胡同三百六，無名胡同賽牛毛。」這句話形象地說明了北京城的胡同之多。那麼北京城的胡同到底有多少？

根據相關文獻記載，明代北京城有記錄的胡同有1300餘條，其中內城就有900多條，外城300多條；清代時北京城的胡同增加至1400餘條，到了民國

辛亥革命時期胡同的數量增加到3000多條；新中國成立後因為北京城居民不斷增多，胡同也隨之增加到了6000多條。但隨著經濟發展和城市建設改造，一些胡同都被改名或改造。今天在北京有名的胡同大概有4000多條。如果把這些胡同連接起來，那真的要比長城還要長。

北京胡同

「胡同」這一叫法真的出自蒙古語嗎

北京城的胡同，如今已經成為了北京文化的一部分，那麼「胡同」這個叫法為何說它源於蒙古語呢？

「胡同」這一叫法，最早要源於元代，在很多的元曲中都多次出現「胡同」一詞，如《張生煮海》中，梅香就有這麼一句台詞「我家住在磚塔兒胡同」。由此可見「胡同」這個叫法真的與元朝有關。元朝是蒙古族人忽必烈建立的，因此說「胡同」源於蒙古語。

西元1271年，忽必烈建立元朝，1279年消滅南宋並定都北京，史稱元大都。因為蒙古族人一直生活在水源稀少的荒漠地帶，因此他們對水充滿了崇敬之意。所以，元朝在北京的居民每戶人家裡都會有一口井。「井」就成為了當時人們居住的代名詞。一排排民間的街道被稱為「忽洞格兒」，「忽洞格兒」在蒙古語中就是井的意思，後來人們就把「忽洞」諧音為「胡同」，「胡同」一詞也一直沿用到了今天。

您知道老北京最古老的胡同是哪條嗎

位於西四丁字路口以西的磚塔胡同算得上是北京城裡最為古老的胡同。據記載，磚塔胡同出現在元代，至今已有700多年的歷史了。磚塔胡同的東側有一座萬松老人塔，這座塔是元世祖忽必烈為紀念萬松老人修建的，因此緊靠磚塔附近的街巷也改名為磚塔胡同。

磚塔胡同

磚塔胡同因塔得名，在歷史變遷的過程中也扮演著不同的角色。在元、明、清三代，磚塔胡同都是戲曲活動的中心地帶，是當時老北京中最熱鬧的地方。元代時，元曲在北京城裡十分流行，當時把戲曲演出的戲園叫「勾欄」，磚塔胡同就成為了「勾欄」的聚集地。每天在磚塔胡同內演出的戲班、勾欄都有二三十家，終日鑼鼓喧天。到了明代，朝廷專門設立了管理音樂、戲劇事務的官職教坊司，磚塔胡同也就失去了昔日的熱鬧景象。清代時，這裡是官兵的營地，但到了清朝中後期，這裡又恢復了元代「歌吹之林」的面貌，再度成為戲曲演出的地方。直到1900年八國聯軍侵華後，很多戲子為了躲避戰亂紛紛都逃回了家鄉，此地才漸漸地變成了居民區。

磚塔胡同裡還曾居住過不少的名人，1932年魯迅與弟弟周作人反目後便搬到了磚塔胡同61號院，並在這裡創作了《祝福》《在酒樓上》等作品；戲劇大家張恨水也曾住在這裡，並在此走完了他的人生旅程；劉少奇於1927年從天津遷入北京後也曾住在這條胡同，還在此起草了一些很重要的文件。

看似普通的胡同，卻有著如此悠久的歷史、豐富多彩的經歷和令人回味無窮的往事。這北京的胡同文化真是有說不完的趣聞故事。

被稱為「國中之國」的是哪條胡同

東郊民巷

被稱為「國中之國」的是位於北京東城區西起天安門廣場，東至崇文門內大街的一條古老胡同 —— 東交民巷。元朝時東交民巷與西交民巷被統稱為「江米巷」。到了明代，因為交通問題，江米巷被分為東西兩條胡同。明清時期，東交民巷一直都是「五府六部」的所在地，清乾隆、

嘉慶年間都在此修建了「迎賓館」，供外國人居住。那麼如此重要的政府要地，為何會有「國中之國」的稱謂呢？

西元1840年爆發了第一次鴉片戰爭，英國人用大炮轟醒了沉醉夢鄉的清政府，也轟開了中國的大門。從此，中國淪為了各國列強瓜分的對象。光緒二十六年（西元1900年），八國聯軍侵華後，清政府被迫與列強簽訂了喪權辱國的《辛丑合約》。根據《辛丑合約》的規定，列強們將整個東交民巷瓜分，並且不許中國人在此居住和設立任何衙署。從此，西方殖民者在東交民巷發展自己的喜好，建設起了辦公使館、教堂、學校、醫院、銀行、俱樂部等西洋建築。不僅如此，他們還在東交民巷四周建上了鐵門，並改名為使館街。在當時，東交民巷雖然是大清朝的領土，實際上卻成為了名副其實的「國中之國」。

八大胡同真的是老北京的「紅燈區」嗎

在老北京的眾多胡同中，有一條被稱為「風月場」，即有名的八大胡同。為何這條胡同會叫八大胡同呢，難道因為它是由八條胡同組合而成的嗎？這八大胡同真的是過去妓院的聚集地嗎？

所謂的八大胡同指的並非是哪一條具體的胡同，也不止由八條胡同組合而成，這「八」不過是一個虛數。實際上八大胡同指的是珠市口以北，南新華街以東，煤市街以西這一片區域內的許多條胡同。

說起八大胡同人們的第一反應通常是認為那裡曾經是北京城裡的「紅燈區」，其實並不是這樣的。八大胡同最早是為那些進京演出的戲班子提供住所的地方，後來隨著戲班的不斷增加，戲班中一些長得比較俊俏的男孩便被當時的一些有錢人所包養，稱之為「相公」，其實就是男妓。尤其在清朝中後期，「相公」出自八大胡同，因此八大胡同有了「風月場」這一稱號。再後來，這裡在「相公」的基礎上開設了很多妓院，由此又變成了妓女的聚集地。相傳，同治帝因不滿慈禧太后專權，後來就經常穿梭於八大胡同之間，最終因染「梅毒」而死。

錫拉胡同裡真的出現過甲骨文嗎

　　錫拉胡同位於東城區西南部王府井大街西側。這條胡同相傳是明朝時期專門製作蠟台等錫器的地方，因此有了錫拉胡同這個怪名字。

　　錫拉胡同可以說是一條人才輩出的胡同，清末時期實際的掌權者慈禧太后小的時候就生活在這裡，還有光緒年間擔任京師團練抗擊八國聯軍的大臣王懿榮以及1948年擔任北京市市長的何思源。走出如此多名人的錫拉胡同為何會與甲骨文扯上關係呢？

王懿榮

　　這要從抗擊過八國聯軍的大臣王懿榮說起。光緒二十五年（西元1899年）王懿榮生了病，家人到胡同口的一個醫館開了一味名叫「龍骨」的藥材。在「龍骨」上王懿榮驚奇地發現上面刻著很多類似於篆文的文字。王懿榮便讓家人把醫館裡所有的「龍骨」都買了回來。他經過幾天仔細的研究，判定這所謂的「龍骨」是商代卜骨，刻在上面的文字要比當時已經發現的篆籀還要歷史久遠。就這樣，被稱為中國最古老文字的甲骨文第一次公布於世，這在中國文學界和世界文學界都引起了不小的轟動。

東四十四條胡同真只有十四條胡同嗎

　　提到北京的胡同不得不說一下位於北京東四大街和朝陽門北小街之間的那十四條東西走向的胡同，胡同的名字由南向北，依次為：東四頭條、東四二條、東四三條、東四四條、東四五條、東四六條、東四七條、東四八條、東四九條、東四十條、東四十一條、東四十二條、東四十三條、東四十四條。這十四條胡同有著悠久的歷史和文化價值，與很多名人也有著千絲萬縷的聯繫。

　　東四頭條胡同裡曾經居住過很多有名的人物，如著名作家老舍、錢鍾書、楊絳、茅盾等，著名的相聲大師侯寶林也曾在此居住。

　　東四二條胡同也居住過兩位歷史名人。一位是雍正的侄子，他曾在這裡

建設了孚王府；另一位是乾隆年間的名將福康安。

東四三條胡同從舊時起就是東四地區的中心地帶，在這裡居住過的最具傳奇色彩的人物要數27號院的一位格格了，這位格格曾經是溥傑的候選夫人，但最後並未與溥傑結婚，格格的母親又打算把她嫁給溥儀，但被溥儀拒絕了。最後這位格格終生未嫁。

東四胡同

東四四條胡同曾經居住過著名翻譯家楚圖南。而劇作家吳光祖和其夫人新鳳霞也曾在此居住過。

在東四六條胡同裡最引人注目的當屬崇禮宅府了。崇禮是光緒年間有名的大學士，因與皇室有親戚關係，當時也算是有錢有勢一族。他的住宅還曾被稱為「東城之冠」。

東四七條胡同，從上空往下俯瞰，宛如一條巨龍。那會兒的人就經常說這是人傑地靈之地。民國年間的某軍閥不知從哪也聽到了這個傳說，就把自己在北京的公館搬到這裡。

東四八條胡同居住過被譽為「改造北京第一人」的朱啟鈐。現在的71號院是中國現代著名作家、教育家葉聖陶先生的故居。

東四九條胡同曾住過歷史上名聲不好的日本女間諜川島芳子。

東四十條胡同歷經幾次擴寬，目前已是城區一條幹道，屬平安大道的一段。沿線有「南新倉」等文物保護單位。

東四十一條曾經是運送糧食的糧道，這裡有個特點就是沒有樹，當時誰要是敢在這種樹，那可是要殺頭的大罪。

東四十二條因離市區比較遠，所以就顯得幽靜了許多，這裡沒有住過什麼有名的人。所以被稱為「平民胡同」。

東四十三條胡同於1965年由原來的汪家胡同和慧照寺合併而成。著名詩人艾青就曾居住在這裡的97號院。現在這座小院裡依然住著艾青的愛人高瑛

女士。

東四十四條胡同是這裡的最後一條胡同，這裡曾是肅親王耆善的府邸。

東四五條胡同雖然沒有居住過什麼文人雅士和達官貴人，但這條胡同裡獨有的文藝氣氛是其他胡同所不能及的。

東四這十四條胡同算得上是老北京生活的一個真實寫照。

「吉兆胡同」以前真的叫「雞爪胡同」嗎

如今位於朝陽區朝陽門內大街北側的吉兆胡同，東起南弓匠營胡同，西止朝陽門北小街，南鄰燒酒胡同，全長200多公尺。在過去因形狀像雞爪所以被稱為雞爪胡同，俗稱雞罩胡同。那麼後來出於什麼原因又改名為吉兆胡同的呢？

據說，雞爪胡同改名為吉兆胡同與段祺瑞有關。段祺瑞是安徽人，起初是袁世凱手下的得力幹將。袁世凱死後，段祺瑞擔任了國務總理。中華民國臨時政府成立後，又擔任了民國臨時大總統，並搬至雞罩胡同居住。因為段祺瑞本人十分迷信，他感到住在雞罩胡同，像是被扣在籠子裡，所以認為「雞罩」一詞很不吉利。因此，他的下屬向他提議，將「雞罩」改為諧音的「吉兆」。段祺瑞聽後十分高興，就將「雞罩胡同」改名為「吉兆胡同」。

其實這只是一個傳聞，大可不信，根據史料記載段祺瑞在北京擔任民國臨時總執政期間，居住的是吉兆胡同北邊的倉南胡同，並非吉兆胡同。實際上，雞爪胡同改為吉兆胡同是在清朝宣統年間。

在老北京像這樣因名字不夠雅致或不吉利而改名的胡同還有很多。如時刻亮胡同之前叫屎殼螂胡同；高義伯胡同之前叫狗尾巴胡同；光彩胡同之前叫棺材胡同；壽比胡同之前叫臭皮胡同，等等。

住在南鑼鼓巷59號的洪承疇有怎樣的傳奇故事

南鑼鼓巷59號這座宅院，門小而簡陋，院子狹小不堪，是一座不起眼的小門樓，然而掛在小門樓旁邊同樣不起眼的一塊說明牌，卻告訴了人們這裡是明末清初著名的降清將領洪承疇府邸的一部分。

　　洪承疇，福建泉州人，明朝萬曆年間，24歲的洪承疇考中進士，並於十餘年後升任陝西布政使司參政，成為從三品的道員。後來，他得到崇禎皇帝的賞識，被派去鎮壓起義軍，逐步提升為巡撫、總督。《清史稿》記述，洪承疇的部下俘獲了闖王高迎祥，又將繼任的闖王李自成打得大敗，以「十八騎走商洛」，從此洪承疇被譽為文武全才的重臣。

　　崇禎十四年（西元1641年），洪承疇率領吳三桂等八個總兵官共十三萬兵馬救援錦州。面對實力強大的清軍，洪承疇本想結營固守避免決戰，但是生性多疑的崇禎皇帝卻派人前來督戰，不斷催促進軍。洪承疇被迫進軍，結果損兵五萬，不得不退守錦州城外十八里的松山城。半年以後，清軍攻佔松山城，洪承疇被俘，由此引發了他降清的傳奇故事。

　　對於洪承疇這樣的將才，皇太極思賢若渴，一心想要籠絡。但是被俘後的洪承疇立志對大明忠心不二，拒不降清，最後竟以絕食求死。皇太極派文武百官輪流勸降，後又以十數個美女日夜勸誘，洪承疇都不為所動。為此，皇太極無計可施，愁悶不已。

　　這時，最受皇太極寵信的漢官、吏部尚書范文程提出前去勸降，看他是否真有求死的決心。范文程到獄中後，任憑洪承疇冷嘲熱諷，絕口不提招降一事，而是心平氣和地與他談古論今。談話之間，梁上掉下一些塵土，落在了洪承疇的衣袖上，洪承疇則一面說話，一面不經意地輕輕拂去。

　　這麼一個細微的動作，范文程看在了眼裡，便回奏皇太極：一個人對自己的衣服尚且愛惜成這個樣子，更何況自己的身體和生命呢？所以他不是真的只求一死。

　　於是，皇太極便派出了自己最寵愛的妃子莊妃前去勸降，英雄難過美人關，洪承疇最終還是屈服了。一天，當莊妃餵他喝下參湯時，皇太極走進了獄中，這時洪承疇才知道，幾天來與自己曖昧不清的美人竟然是莊妃！皇太極卻表現得格外大度，不僅沒動怒，反而將自己的貂裘披到了洪承疇的身上。

南鑼鼓巷59號

洪承疇感動萬分，心理防線瞬間崩潰，隨即剃髮易服，投降了清朝。

再說明朝這邊，松山兵敗，舉朝大震，都以為洪承疇必死無疑，崇禎皇帝極為痛悼，輟朝三日，以王侯的規格親自為他「祭十六壇」，並御製「悼洪經略文」明昭天下。可誰知，祭到第九壇時，消息傳來：洪承疇降清了！朝廷內外又是一陣巨大的騷動。

後來，有人將洪承疇寫的、掛在自家中堂之上的那副著名的對聯「君恩深似海，臣節重如山」各加了一個字，擰翻了詩意，深有諷刺之意：「君恩深似海矣！臣節重如山乎？」

一溜煙胡同真的嚇跑過嚴嵩嗎

在西城區的東北方位，有一個東起地安門外大街，西到前海東沿的義溜胡同。顧名思義，這條胡同是一個僅能走一個人的細長胡同。而這個胡同名字的由來也另有一番風味。由於它的西口就是什剎海，而海邊也是「義溜」的河邊，再加上它是一個東西狹窄的胡同，胡同的西口高於前海的東沿，順著一陡坡，可以一溜而下，因此又被稱為「一溜煙胡同」。

關於一溜煙胡同還出了個神奇的事件，從此這條胡同就更是萬眾矚目。話說在嚴嵩剛被貶為乞丐之時，礙於自己的臉面，不好意思上街乞討。就這樣幾天過後，他已經餓得頭昏眼花，也不再關注自己的臉面，便上街挨家挨戶地乞討，然而不可思議的事情發生了，去過幾家之後，竟然一無所獲。村民們不但不給他吃的，還謾罵他，甚至把他拒之大門外，讓他到處碰壁。

事情是這樣的，京城的百姓只要一看到乞丐，就斷定是大奸臣嚴嵩來了，就不會有人給他好臉色。剛開始嚴嵩還存有僥倖心理，認為一定會有好心人出現的。但幾天過後，竟然沒有一個人同情他的慘狀。有一天，他來到地安門外的一天胡同，看到有家人門口堆放著一堆白薯皮，忍不住流下了口水。當走過去想要撿起時，卻發現有人經過，就假裝路過而繞過去了。等到那個人走後，才把白薯皮放在自己的碗裡。當他還沒有撿完時，一個衙差正好經過，認出了嚴嵩。於是嘲笑道：「天呀，這不是我們的相爺嗎？」嚴嵩聽到這些，就像過街的老鼠，一溜煙跑了。

此事後來廣為人知，人們就把這條胡同命名為「一溜煙胡同」。

李蓮英出宮後到底住在哪條胡同裡

　　李蓮英，出生於道光二十八年（西元1848年），原名李進喜，是清末最有權勢的總管太監。光緒三十四年（西元1908年），慈禧去世後，李蓮英在為慈禧太后守孝一百天後，也離開了紫禁城。他離開皇宮後，又悄無聲息地生活了兩年，直到宣統三年（西元1911年）去世。在宮外生活的這些年裡沒有人知道他到底生活在哪，那麼李蓮英離開皇宮後到底住在什麼地方呢？

　　李蓮英離開皇宮後一直生活得很隱秘。最初住在中南海西苑門外北夾道，此處為隆裕皇太后所賞。李蓮英深知樹大招風的道理，所以，他把西城棉花胡同、東城帽兒胡同、地安門南大街東側的黃化門41號等幾處住宅都分散給了親戚們住。當時，人們誰也搞不清楚他具體住在哪一處房子裡。

　　李蓮英在海淀鎮彩和坊24號還有一處宅子，這是一座多進四合院，起脊門樓，青磚懸山式影壁上雕有梅蘭竹菊、鷺戲荷花，垂花門連接著左右遊廊。宅子中有從圓明園移來的奇峰異石，許多人以為他出宮後有可能會住在這裡，實際上他基本上沒有在彩和坊住過。

　　李蓮英死於宣統三年（西元1911年），這一年他六十四歲。當時，他住在西城棉花胡同83號，這院子雕梁畫棟，後院有花園。李蓮英雖不缺錢財，但他的仇家可是個個想要他的命，所以，他大部分時間都躲在這棉花胡同83號，從不敢貿然外出。關於他的死，外界有很多種說法，有人說是吸大煙患病而死，也有人說是被土匪所殺，但當時他的家人對外一致宣稱是病死的。

　　當年，沒有了慈禧太后，李蓮英轉而投靠隆裕太后，這才避免了王公大臣們的捕殺。後來，裕隆太后看他鞍前馬後地跟隨了自己挺長一段時間，就賞銀千兩為他辦了後事。

靈境胡同的命名真的與道觀有關嗎

　　靈境胡同位於北京西城區，它東起府右街，西至西單北大街，全長約為664公尺。那麼靈境胡同是因何得名的呢？它又有著怎樣的歷史呢？

　　靈境胡同的得名源於當時此處的一座道觀，道觀始建於明朝永樂十五年（西元1417年），是為徐知證和徐知諤兄弟倆修建的洪恩濟宮。相傳，這兩兄

靈境胡同

弟法力高深，好助人為樂。一次朱棣在與敵軍交戰時，被打得節節敗退。於是這兩位神仙就顯身軍中，為朱棣出謀劃策，最後擊敗了元軍。

後來，朱棣遷都北京，生了一場怪病，御醫都束手無策。一天朱棣做了一場夢，夢中出現了當年助他擊敗敵軍的那兩位神仙，兩位神仙給了他一顆仙丹，朱棣吃下後，病便痊癒了。朱棣醒來後，發現自己的病如同夢中一樣痊癒了。他很高興，便下旨在西苑外修建「靈濟宮」，用來祭祀這兩位神仙。

清朝時，靈境胡同被分為東西兩段，東段因「靈濟宮」被稱為林清胡同，西段則稱為細米胡同。民國年間西段被改為靈境胡同，東段被稱為皇城根。新中國成立後東西兩段被合稱為靈境胡同。

中關村有何來歷

如今的中關村

提起中關村，人們立刻會聯想到高科技。中關村的名字越來越多地被世人所關注，它既是聞名海內外的中國高新技術產業基地，也是「高新科技園區」的代名詞。然而幾十年前這裡卻還是一片荒涼的墳場，而且大多是太監的墳墓。

明朝時，太監們就開始在中關村一帶購買「義地」，形成了太監自己的墓葬地，年老出宮的孤苦太監就寄居在這裡，他們生活上依靠富裕大太監的捐贈，平時則給埋葬在這裡的太監掃墓上墳。因為明清時期稱太監為「中官」，所以這裡被叫做「中官墳」。

也有一說認為從明朝開始，太監多在此建廟宇和養老的莊園，也因當時

人稱太監為「中官」，故稱此地為「中官村」。今天北大物理樓樓北的院落中，就有祭祀太監的剛秉廟，還有一個叫「剛秉」的太監像。

隨著歷史的變遷，還出現了一些與「中官」諧音的叫法，如鐘關、中關及中官兒、中官屯等。中關村正式得名是在解放後。解放後選擇這裡建中國科學院，覺得「中官」二字不好，才在北師大校長陳垣先生的提議下改名為「中關村」。

北京文化味兒最濃的是哪一條胡同

北京和平門外有一條著名的文化街——琉璃廠。800多公尺長的胡同以南新華街為界，分為東、西琉璃廠。如今的琉璃廠人來人往，熙熙攘攘，可在數百年前，這兒還是一派郊野風光。

元滅金後，在原金中都的東北新建了一座巍峨的都城——元大都。建城蓋房子需要大量琉璃瓦，朝廷就在大都南郊的海王村一帶設立琉璃窯，於是，就有了「琉璃廠」這個地名。

到了明朝，成祖朱棣為了遷都北京，下令重建北京城。琉璃廠的爐火於是越燒越旺，製作出來的琉璃瓦，把北京這座歷史名城裝點得金碧輝煌，歷經百年風雨而光澤不減。

後來，琉璃廠不燒窯了，窯廠的空地兒上就出現了賣東西的小攤販，慢慢地，琉璃廠開始有了經營舊書、字畫、古玩、文房四寶的店鋪，這些店鋪一家挨著一家，文人墨客、玩物大家常常流連其間，琉璃廠逐漸成了北京城裡最有文化味兒的一條街。

琉璃廠有許多著名老店，如槐蔭山房、茹古齋、古藝齋、瑞成齋、萃文閣、一得閣、李福壽筆莊等，還有中國最大的古舊書店中國書店，以及西琉璃廠原有的三大書局——商務印書館、中華書局、世界書局。而琉璃廠最著名的老店則是榮寶齋。

琉璃廠

　　琉璃廠西街有一座古色古香、雕梁畫棟的高大仿古建築，這就是馳名中外的老字號「榮寶齋」。榮寶齋的前身叫「松竹齋」，清康熙十一年（西元1672年）始建，創辦人是個姓張的浙江人。1894年，松竹齋開了家分店，取「以文會友，榮名為寶」之意，定名「榮寶齋」，著名書法家陸潤庠題寫了「榮寶齋」三個字。

　　清末，文人墨客常聚此地。而民國年間老一輩書畫家如于右任、張大千、吳昌碩、齊白石等也是這裡的常客。那幅《開國大典》的照片上，那位蓄著長鬍子的著名老者沈鈞儒先生使用的鎮尺，就購於榮寶齋。

　　如今的琉璃廠依舊散發著濃郁的文化氣息，以它深厚的文化底蘊吸引著來自四方的文人雅士。

北京的民俗特色

　　北京的民俗特色是老北京文化的重要組成部分。它融會貫通，在全國各地文化的基礎上發展昇華，形成一種嶄新的京味文化；它至為珍貴，具有歷史和現實的雙重價值。

　　由於北京是國家政治、文化中心，所以它對全國的文化發展都具有輻射性影響，透過它還可以探索中華傳統文化的淵源。因此，民俗特色不只是寶貴的精神財富，也是巨大的物質資源。

　　本章主要從婚喪嫁娶、節日特色、方言俚語、休閒娛樂四個方面來介紹老北京的民俗特色，在這幾個部分中，您將體驗到諸如「雙朝賀喜」、京片子、毛猴、兔爺、糖人等一系列有趣的民俗特色。

老北京人的婚喪嫁娶

老北京人怎樣婚配

合婚庚帖

　　舊時，老北京人在定親之前必須要先議婚，所謂的議婚主要包括合婚、過貼和相親三道程序，議婚也叫議親。

　　在議婚的過程中媒人起著很重要的作用，男方會請媒人到女方家裡問女孩的屬相。人們通常會認為女孩的屬相會直接關係到男方將來的命運，如女孩屬虎就容易

剋夫。若男女雙方屬相相剋，則不宜婚配。若是女方家裡首先考慮結親，也會請媒人到男方家裡問男方的屬相。

　　在問完屬相之後，接下來就是合婚即「開八字」。老北京人習慣男女雙方各自拿著生辰八字去命館請陰陽先生合婚，然後再放在一起看是否一致。若是男女雙方八字相合，接下來就是過貼。過貼也叫「過門戶帖」，就是男女雙方家人在一張紅摺紙上寫自家宗親三代人的名號、籍貫、官職、民族等。

　　過貼之後就是議婚的最後一步，即相親，又稱「看屋裡」「相門戶」。雙方的家人主要是雙方的家長以串門的形式到對方家裡看看，但結婚當事人當時是不能相見的。若雙方的家人都很滿意對方，便會再請陰陽先生寫一份「龍鳳通書」。在「龍鳳通書」上寫著男女雙方的屬相和生辰八字，婚禮的良辰吉日以及大婚當天的主婚人。

　　在舊時，老北京人十分講究「門當戶對」。尤其是清朝初年，京城裡的滿人和漢人是不能通婚的。順治帝時才頒布了滿漢兩族可以通婚的規定，光緒年間也曾有過這樣的旨意。但實際上，清朝僅有家世較好的漢人女子下嫁給旗人的情況，卻幾乎不會有旗人女子嫁給漢人的情況。

老北京人閨女出嫁時的嫁妝有哪些

在舊時，大婚之日前的一兩天，女方要向男方家裡送妝、發奩。「妝」「奩」就是女子梳妝用的鏡匣，也就是現在說的梳粧台，後來被用來特指嫁妝。妝奩是完全由女方家裡備置的，一般都分為兩部分。一份是由新娘的家長準備的，謂之「攢妝」；另一部分則

送嫁妝婚俗展

是由新娘的親戚贈送的，謂之「添箱」。嫁妝的多少是根據新娘的家境決定的。相對貧困的，嫁妝也就比較簡單一些，通常是一對箱子、一對匣子、一對盒子。箱子裡放的是四季換穿的衣物、鞋襪等，另外一個箱子裡會放一些銀錢。匣子裡則放的是首飾、頭花、汗巾等一些小物件。盒子裡放的多是些食物，如甜糕、喜糖等。

相比之下，那些家裡相對富有的，嫁妝就比較豐富，會送一些紫檀、紅木製的高檔家具，如八仙桌、琴桌、書桌、太師椅等。此外，女孩用的胭脂水粉、旗袍夾衣、金銀首飾自然也少不了。特別富有的人家甚至可以把地產、房產和店鋪當作嫁妝。王府豪門嫁女兒時還會陪嫁丫鬟等。

嫁妝不論多少，都會雇人抬著，由新郎的兄弟押送到男方家裡。起初，女方家裡一定會等到男方來「催妝」才能送嫁妝。所謂的「催妝」，就是由男方家裡往女方家裡送一盒食品。後來這一儀式漸漸被「催嫁」所取代，改為在送嫁前進行。送妝時女方要奏鼓樂慶賀；男方也要以鼓樂相迎。之後，由新郎本人親自到女方家裡行磕頭禮，謂之「謝妝」。

迎親時家裡作怎樣的布置

在老北京的民間曾流傳著這樣一首歌謠：「大姑娘大、二姑娘二，小姑娘出門子給我個信兒。搭大棚，貼喜字兒。牛角燈，二十對兒。」從這段歌謠裡可以看出，老北京人婚嫁時雙方家裡都會搭喜棚、貼喜字。

迎親婚俗展

王公將相的府邸裡，多有廳堂、亭榭之類的建築。在婚宴上，男賓客可以到廳堂、亭榭裡落坐，女賓可以在內院休息。但普通的人家多住在四合院裡，裡面沒有那麼多的裝飾建築，婚宴之上眾多的親朋好友無處落坐，於是，男女雙方都會在家裡搭上喜棚，用來招待前來賀喜的賓客們。

搭建好的喜棚就類似於樓台，有木質紅漆的欄杆，欄杆下圍以彩繪簷，四壁上安放透明的玻璃窗。一些比較講究的喜棚可依原來的建築在院落四周的房頂上接出一到兩層，建成閣樓式。北樓用來招待賓客，南樓上則請來戲班唱戲。除了搭建喜棚外，還要貼喜字，這貼喜字也十分講究，女方家裡要貼單喜字，而娶親的男方要貼雙喜字，寓意著「雙喜臨門」。除了在喜房裡貼雙喜之外，在之前送來的嫁妝上也要貼上雙喜字，家裡的窗戶和街門兩邊都要貼上喜字。據說，這個雙喜字，是由宋代的大文豪王安石發明的。當年，王安石在洞房花燭夜時又得知自己金榜題名，所以並排寫了兩個喜字。後來這雙喜字便成為人們婚嫁時的吉祥符號，一直沿用到了今天。

新婚房裡有哪些禮儀

新婚房在經過布置之後，還要經過一些儀式，那麼您了解這些儀式嗎？婚房內的儀式共有三項：坐帳、合巹、鬧洞房。

新婚夫婦在拜過天地後，便進到喜房內坐帳。坐帳只是一對新人在床上象徵性地坐一下，通常不是真的搭帳子。坐帳也叫「坐副」「坐床」。坐帳時新郎會事先被囑咐，要把自己的左衣襟壓在新娘的右衣襟上，寓意男人應該壓倒女人。在此期間，會有專人將紅棗、花生、桂圓之類的喜果撒在帳內，謂之「撒帳」。之後，再由新郎用貼有紅紙的新秤桿挑開新娘的蓋頭，謂之「初開」，俗稱「露臉」。新郎會迅速把揭下來的蓋頭墊在自己的身下，寓意婚後女人要聽男人的話。

之後新郎新娘開始喝交杯酒，稱為「合巹」。夫妻二人各執一杯喜酒，先各自飲半杯，再相互交換，寓意夫妻二人合二為一，將來同甘共苦。喝完交杯酒後還要吃女方家裡送來的餃子和男方家裡已準備好的長壽麵。吃完後，新郎則會退出新婚房去招待前來賀喜的賓客們，新娘則會留在新婚房裡坐在牀上，謂之「坐財」。在此期間，新郎不得進入婚房內，如果進入則視為不吉利。

舊時婚後的三天都可鬧洞房，家裡不管男女老少都可以參加這個活動。不過鬧洞房的老北京人中只有漢族有這個習俗，滿族人沒有。漢族人還有「滾床」的習俗，抱一位男童在新婚房的牀上滾爬，謂之「滾床」。

什麼是「回門」

新婚後的第三天稱作「三朝」，在老北京素來有「三朝回門」的禮俗，就是新娘婚後第一次回娘家。回門又稱「回酒」，即新娘回家看望自己的父母，也給新郎一次回禮認門的機會。夫妻二人一起回門又稱「雙回門」。老北京有句俗話說：「回門不見婆家瓦。」就是說這天不到天亮，新娘就由娘家派來的人接回娘家。新郎或一同前往或待到天亮後再去。

到了女方家裡，夫妻二人先到廟堂拜神、宗親，之後再拜見父母以及女方家中的長輩，都要進行三叩首。平輩之間則相互作揖請安。娘家會在這天擺上兩桌酒宴，一桌是由新姑爺坐首席，由男眷奉陪。一桌則是新婦坐首席，由女眷奉陪。酒宴之後，夫妻二人還要到女方的親戚家中進行回拜，新郎可以先行離開，讓新娘一人在家裡與父母及親朋好友多聊會天。到了晚上，夫妻二人不能在娘家過夜，必須都回到婆家，謂之「雙宿雙飛」。

新婚過後的一個月，新娘可以回到娘家住一個月，謂之「住對月」。此後夫妻二人步入婚姻的正軌，除了逢年過節，新婦就不再輕易回娘家了。

「雙朝賀紅」指的是什麼

新婚洞房花燭夜之後，第二天日出天曉，即是雙朝。「雙朝賀紅」就是男方確定了新娘的貞操，便可以行祭拜之禮了。

在祭拜之前，還有一位全副不忌的婦人給新娘梳妝打扮，將新娘的髮式梳理成婦人的髮式。隨後夫妻二人來到廚房進行祭拜，祭灶時由男方家長拈香，新婚夫婦三叩首。然後，再將事先準備好的祭祀用的黃紙放在錢糧盆裡焚燒。接下來就是拜祖先，同樣是三叩首。

最後是拜見男方家裡的長輩，叫「認大小」或「定名分」。此時，男方家裡的宗族親戚會按照長幼尊卑次序依次入座或站立。夫妻二人先向父母三叩首，謂之「行雙禮」。之後本家的長輩親戚會依次受禮，受禮的長輩會將已經準備好的錢或者荷包、手帕之類的小禮物送給新人，謂之「拜敬」。在拜完長輩之後，平輩之間也會作揖、請安。小輩的則會向新人請安，新人會給小輩一些禮物，謂之「見面禮」。禮拜完之後，新娘就成為婆家的人了。

舊時老北京人在「雙朝賀紅」這天還會請女方家人來吃酒，謂之「坐宴席」或「會新親」。在男方確定女方的貞操後，就會派人到女方家報喜。女方家人拿到喜帖後，才能到男方家裡吃酒。所謂的吃酒，並不是真的吃酒，只是象徵性的入席稍坐。這時，男方會向女方的來賓行禮。前來受禮的也會以各種禮物相贈，並說一些吉祥的話。這些回贈的禮物多是新娘在婚前就已縫製好的荷包、繡花手帕、繡花枕套等，謂之「貢獻活計」。

老北京人如何置辦喪事

老北京人在為亡者下葬之後，祭奠儀式並沒有完全結束，通常還要進行「圓墳」「燒傘」「燒船橋」「上百日墳」「辦周年」等祭祀儀式。

「圓墳」也叫「暖墓」，是在下葬後的第三日進行的第一次祭奠活動。圓墳就是亡者家屬為墳墓添土、陪土，並在墳頭前架起一個墓門以便於亡者的靈魂自由出入。家中的童男、童女會繞著墳墓正轉三圈、反轉三圈，謂之「開門」。相傳，在「開門」之後亡者的靈魂就可以與家屬進行交流了，這天家屬會帶一些果品、點心、食物讓亡者帶到陰間去享用。

「燒傘」，就是在亡者下葬後的「五七」時進行的祭奠儀式。自亡者去世之日起每七天都要上墳燒紙，直到「七七」。相傳，「五七」這天亡者的靈魂來到了地府的五殿閻羅處，因為五殿閻王喜歡女孩子，所以亡者要裝扮成一位打著花傘的少女，才能安然地通過此處。亡者的家屬會在這天，帶來

事前已經準備好的一把紙質花傘
拿到墳前燒掉。

葬禮出殯

舊時的人們相信亡者在去世
後的第六十六天要過「陰河」，
就是陰間的河道。所以這天亡者
的家屬會糊好紙船，請高僧誦經
念佛後，再將其燒掉。

亡者去世後的第一百天其家
屬要進行一次比較隆重的祭奠儀式，就是俗稱的「上百日墳」。這次祭奠活
動一般都在家裡進行，一般家屬會於此日在院裡設置祭堂，並請來高僧念佛
誦經，為亡者超度。過了百天大祭後，孝屬們便可脫去孝服。

亡者去世後的一周年和兩周年也要進行祭奠儀式，一周年謂之「小祥」，
兩周年謂之「大祥」。辦周年的祭奠形式與上百日基本一樣，但講究辦單不辦
雙，所以只辦小祥不辦大祥。另外，還有辦三周年祭和九周年祭的。

出殯時為何要揚紙錢

舊時老北京出殯時都要揚紙錢，這一風俗起源於清朝末年。在《舊都文物
略》中有這樣一段記載：「舁殯出門，預
上秫秸紮架，廣方數尺，遍黏紙錢，臨起
杆時，舉火焚架，繃弓一斷，噴出無數紙
錢，借風空沖雲際，謂之『買路錢』。近
以火患預防，乃手持大疊紙錢，沿途扔
之，其高騫數丈，散若蝴蝶，蹁躚迴旋，
紛然徐下。」由此可見，出殯時揚的紙
錢不是用來祭奠死者，而是用來打發外
崇和攔路鬼的，也就是給死者的「買路
錢」。

紙錢通常由白紙裁剪而成的，也有
用金色的紙張製成的。相傳袁世凱在出

出殯老照片

殯時用的就是金色紙錢。紙錢呈圓形，中間有一方孔，直徑約有三寸多，用繩子穿成一串。老北京人在出殯時，都是孝子在頭，身後跟著一個專門揚紙錢的人，其人背著大串的紙錢，凡是在起槓、換槓、換罩或者將過街口、廟宇、祠堂、水井、橋梁等地方時都會高高地揚起手中的紙錢。揚紙錢也是一份很講究且需要力氣的活，先要將紙錢輕輕地揉開，然後在向空中揚起紙錢時，揚起的高度要有四、五丈，在空中散開後，紙錢藉助風力半個小時都不會落地。

清末民初時，有個揚紙錢的高手叫劉全福，因臉頰上長有一綹黑鬚，綽號「一撮毛」。他揚起的紙錢又高又密、鋪天蓋地，在風力的作用下紙錢久久不會落地。後來，很多富有的大戶人家在出殯時都會請他來揚紙錢。相對貧困的人家，是請不起專人揚紙錢的，都會象徵性地揚一下，但不論家境如何出殯之時都會揚紙錢。揚紙錢這一風俗一直延續至今。

摔吉盆有什麼講究

老北京人出殯時都會摔吉祥盆，所謂吉祥盆又名「陰陽盆」，俗稱「喪盆子」，並不是一個真正的盆子，只是一個略有深度的小碟，在正中間有一個銅錢大的小圓孔。吉祥盆在出殯起槓之前就要摔掉，那麼為什麼要摔吉祥盆？摔吉祥盆又有哪些講究呢？

相傳，人去世之後到了陰間要喝一碗「迷魂湯」，而此湯能夠讓逝者的靈魂無法超生。因此，親屬就會為已故之人準備一個帶孔的瓦盆，使迷魂湯從瓦盆中漏掉，再摔掉這個瓦盆。

摔吉祥盆的儀式都是由打幡的長子執行，如果沒有長子則由家產的繼承人來執行。舊時摔吉祥盆就意味著有權繼承亡者的財產，因此經常出現搶盆的情況。這時，為了能夠讓出殯順利進行，就會由抬槓的槓夫用腳將吉祥盆踩碎，但千萬不能用手摔盆。如果亡者沒有留下任何家財，則由一晚輩用腳將吉祥盆踩碎，同樣不可以用手摔。

摔吉祥盆時也不是直接將盆摔到地上，而是摔在一塊專門的沙板磚上。在這塊沙板磚的兩頭會貼上白紙，磚的其他位置要貼上藍色的紙，做成一本書的樣子，有的還在兩頭的白紙上畫三條線，象徵三本書。一些家境較差的

人，就不講究在板磚上貼紙，只是用普通的磚塊作為摔盆磚。

喊「加錢兒」是什麼意思

喊「加錢兒」是老北京特有的殯儀形式，在出殯起槓後，槓頭就開始高喊「加錢兒」。喊「加錢兒」也是槓房多年來形成的一種規矩。據民間傳說，如果抬槓的不喊「加錢兒」，死者下輩子就會成為啞巴，所以死者的家人會給槓夫一些額外的賞錢。說白了，就是喪家的家人給槓夫們一些小費。

晚清民國時，槓夫們在喊「加錢兒」時一直用的是「吊」，如「本家老爺賞錢多少多少吊」。後來貨幣計算單位改成「元」後，槓夫們一直沿用喊「吊」。加錢也有幾種喊法，給的少喊的多的謂之「虛加」；給的多喊的少的謂之「倒虛加」；給多少喊多少的謂之「實加」；事前說明多喊多給的，實際上少給的，謂之「扣加」。

「加錢兒」不僅在起槓時喊，在途中進行路祭時或者槓夫在槓口換肩時都要喊一遍，到了墳頭還要再喊一次。

老北京人的節日特色

老北京人拜年時都會送什麼禮

老北京拜年送禮是古時候傳下來的規矩，傳承至今，更是一種人情。

單從過年送禮方面來說，主要圖個喜氣，拼個彩頭，討個吉利，所以既有數字上的講究，也有諧音上的講究。

以數字來說，送「雙」不送「單」，取好事成雙之意。比如：裝點心匣子或裝果籃兒，種類要為雙數，四樣，六樣，八樣。早年間很講究送「京八件」，即「八樣點心」。更有「大八件」「小八件」「細八件」之分。其中，「細八件」為特製，其製作精細，層多均勻，餡兒柔軟起沙，果料香味純厚，是京式糕點中的優質產品。如果送酒，要兩瓶或四瓶才能算一組。送

乾果，要四樣或六樣為一盒。買大個兒的水果，多為四個（四季平安）、六個（六六大順）、八個（四平八穩）或十個（十全十美）。

京八件禮盒

送禮同時也很注重諧音，有些東西的諧音犯忌，是不宜送人的。比如：送水果時不宜送梨，因為梨與離諧音；也不送鐘錶，送鐘與送終諧音；不送書，尤其是對生意人，書與輸諧音；然而有些東西的諧音卻很適合，比如：拜年講究送酒，因為酒與久諧音，有天長地久之意。

老北京人過元宵節有怎樣的風俗

農曆正月十五日是中國民間影響極為廣泛的一個傳統節日——元宵節，

賞燈會

又稱「上元節」。其他傳統節日大多以家庭為單位，而元宵節則是一個全民同慶的狂歡節日，所以有鬧元宵一說，不鬧就不能稱其為元宵節。所以老北京最熱鬧的不是春節，而是元宵節。

正月十五看花燈，一到這天，老北京內外城最繁華的商業街就會掛起各式各樣的花燈。長的、短的、圓的、扁的、寬的、窄的，有絹紗的、玻璃的、羊角的，還有的店鋪別出心裁，打造冰燈，閃閃爍爍，煞是好看。花燈上畫的圖案也是五花八門，各盡其巧：有四季花卉、山川美人、名著故事，什麼豬八戒背媳婦、趙子龍長坂坡七進七出、真假黑旋風，一個個形態各異，栩栩如生，讓人大飽眼福。

看花燈之餘，還可以猜燈謎，燈謎多是根據漢字的形義、典故製成字謎。謎面文字洗練，謎底也不能是貶義。猜中的往往有店鋪提供的獎品，多是糕點或是日用百貨之類。

　　有店鋪會掛燈，就有店鋪會賣燈，專門供賞燈逛街的人們提著。這樣不僅有固定的燈，也有流動的燈，更增加了幾分元宵賞燈的樂趣。

　　元宵節其實還有信仰性的活動。那就是「走百病」，又稱「烤百病」「散百病」，大多是婦女們結伴而行，或走牆邊，或過橋或走郊外，目的是驅病退災。

　　老北京在元宵節這天還有摸釘這項活動。每到元宵節，婦女就聚集到正陽門，摸一摸正陽門上的銅門釘。「釘」與「丁」同音，而且在「正陽門」，所以此項活動意在祈求新的一年家裡人丁興旺，最好生個男孩。

老北京人過清明節有怎樣的習俗

　　清明節起初並不是一個節日，因為與寒食節很近，慢慢地清明節與寒食節就合二為一了，因此清明節又被叫為寒食節。那麼老北京人清明節這天都有哪些習俗呢？老北京人會祭拜先人、踏春、插柳射柳、去城隍廟求願等。

　　祭拜先人是清明節最重要的習俗，這天人們會給自己祖先牌位上擺上貢品，然後全家人磕頭、上墳、燒紙錢。在祭拜完祖先之後，人們會選擇在清明時節出去踏青，因為清明節時正值春天，所以人們會在此時選擇外出踏春。舊時老北京的交通並不發達，一般的百姓都會選擇去比較近的地方，如西直門外的高梁河畔、陶然亭和東直門外或者就近選擇踏青的地方，大戶人家會乘坐轎子，去較遠的香山、八大處、潭柘寺等地賞景探春。

　　此外，清明節老北京人還有插柳射柳的習俗。柳被古人認為是春天的使者，插柳這一習俗盛行於唐宋時期，人們用麵粉製成燕的樣式，蒸熟之後用柳枝串起來插在家裡的窗戶上，或者將柳條盤成一個圓形戴在頭上，有驅災、保平安的寓意。射柳也是老北京人在清明節時一個重要的習俗。一些文人雅士，會在柳枝上掛一個有鵪鴣的葫蘆，然後在百步之外用

清明插柳

弓箭射葫蘆，葫蘆被射中後，鵓鳩就會受到驚嚇而飛走，然後再以鵓鳩飛出的高低決定勝負。

另外去城隍廟求籤還願問卜也是老北京清明節時一大習俗。從明代到民國年間，北京城內已有七八座城隍廟，城隍廟裡供奉著「城隍爺」，每年清明節時人們都會來到城隍廟裡給城隍爺上香，祈求全家人平安無事。而這天城隍廟也會舉辦廟會，搭建戲台，請戲班來唱上幾場戲。

這些都是老北京人過清明節的習俗，有些一直被流傳下來，有些卻隨著時代的變遷消失了。

老北京人過端午節與其他地方有何不同之處

五毒餅

每年的農曆五月初五是端午節，端午節是中國傳統節日，相傳是為了紀念屈原而設的。端午節這天全國各地都會吃粽子、划龍舟。但同樣是端午節，各地的習俗卻有所不同。這天老北京人除了吃粽子、吃五毒餅、喝雄黃酒外，還有插蒲艾、「扔災」等活動。

根據有關專家說，舊時老北京的端午節從五月初一就開始了，一直持續到五月初五。在這五天裡老北京人除了吃粽子，插蒲艾，還講究吃五毒餅。所謂的五毒餅就是人們為了過端午節特製的一種圓形的餅，在餅面上印有蛇、蜈蚣、蠍子、蜘蛛、蟾蜍五毒的圖案。據說吃了它可以增強抵抗力，滅蟲免災。

老北京人還會在端午節時飲雄黃酒。飲雄黃酒也是十分有說頭，因為到了農曆的五月，天氣漸漸變暖，蛇、蟲、鼠、蟻都會出現，人們認為蛇、蠍子等害蟲可由雄黃酒破解，所以大人喝完雄黃酒後，還要蘸著雄黃酒抹在孩子的耳朵、鼻孔處，以驅邪避害。

「扔災」也是老北京重要的端午民俗。五月初五這一天，婦女要佩戴紅絨花，到正午時分要把紅絨花摘掉，扔在路邊，據說這樣就可以扔掉身上的晦氣。

老北京人立春為何要吃春餅

俗話說「一年之際在於春」，立春作為中國傳統節氣之首，在民間有著極為重要的地位。在立春這天老北京人講究吃蘿蔔，謂之為「咬春」。因為老北京人認為，在立春當天吃蘿蔔可以祛除春困。

當然，老北京人在立春時不單單吃蘿蔔，這天還會吃春餅。春餅與普通的烙餅有很大的不同，春餅都是由燙麵擀製而成，不但烙出來酥脆可口，還可以將餅從中間揭開，在餅內夾上蔬菜和葷食。因為剛烙出來的春餅比較薄，又稱為薄餅。一些比較講究的人家，還會到店鋪裡買專門烙春餅的鍋。在吃春餅的時候也十分講究，夾的蔬菜一般都是豆芽和菠菜，而葷食則比較多，有驢肉、熏肚、熏肘子、醬口條、醬小肚等。老北京人對春餅的吃法也很講究，民間都說吃春餅是要有頭有尾，何謂有頭有尾？就是先將春餅蘸上六必居的甜麵醬，再用合子菜包好，從一頭吃到另一頭，這就叫做有頭有尾，喻義闔家歡樂。

春餅

老北京人吃春餅的習俗，也不只限於立春當天，只要在春天，家裡來了客人，都可以拿春餅來招待客人。

老北京人七夕節的習俗有哪些

農曆七月初七是中國傳統的情人節，也常被稱為乞巧節或女兒節。老北京人在這天有個重要習俗就是祭拜雙星。

七夕節時，正是仲夏之季，天上的繁星閃爍，尤其是在銀河兩側的牽牛星和織女星最為閃耀，人們稱這兩顆星為雙星。這天，一般人家會在庭院中擺上一張桌子，桌上放置香爐，再點燃三炷香對著雙星祈禱。比較講究的人家還會添上貢品。祭拜雙星主要是家裡的女人，因為她們都把織女當作自己的守護神，在七夕節這天，人們會向雙星祈禱自己的家人平安和睦，在祭拜完雙星之後，還會坐在院子裡「聽天語」。據說可以聽到牛郎和織女的對話。

除了祭拜雙星，老北京人還會去逛廟會。而廟會一般從七月初一就開始了，此時廟會上出售的商品都跟七夕節有關，有牛郎織女畫像、七巧針、祭星用的香、果品以及女人們用的胭脂水粉等。

七夕節不光是民間的節日，在宮廷中也有過七夕節的習俗。宮中的女人們會在七月初六那天，打來一盆水，將水放在太陽下曬，曬到水面上起一層薄薄的水皮。到了七月初七這天，她們會將針丟在水裡乞巧，如果針影如梭，說明自己一定是織布的巧手。皇后、妃子們會將針丟到水中，通過太陽照射針孔投下的小白點，來乞求織女保佑自己將來不花眼。

總之，七夕節這些習慣都是對美好生活的一種禱告，也是人們對牛郎織女神話傳說的一種紀念。

老北京人過中秋節有何習俗？

中秋節是中國除了春節外又一個闔家團圓的節日，又稱為「仲秋節」「八月節」「八月半」。老北京人過中秋節主要的活動有拜月、賞月、掛彩燈、吃月餅、供兔兒爺、飲桂花酒等習俗。在民間傳說，拜月是女人的事，因此老北京人又將中秋節稱為「女兒節」。

說到中秋節，那必須要說一下月餅。根據記載，蘇東坡的詩裡就出現過月餅，也就是說最早的月餅大概在宋代時就已經有了。老北京人吃的月餅主要是「自來紅」和「自來白」兩種。「自來紅」主要是由芝麻油做的皮，裡面裹有各種果仁以及紅糖，多用來「供月」。「自來白」則比較隨意，皮是由普通的豬油合著而成。

兔兒爺

除了吃月餅，老北京人中秋節這天還吃一種名叫「團圓餅」的麵食。這兩者從外觀上看，團圓餅要比月餅大許多，其口感和製造方法基本一樣，但團圓餅可以作為主食食用，月餅只能作為飯後茶點。團圓餅的製作過程，一般是將發好的白麵加上鹼揉好之後擀成四片薄麵餅，然後在麵片上散上芝麻醬、糖桂花汁，再放上一些核桃仁、葡萄乾等果脯，一層層疊好，再擀一塊比較

大的麵片從上向下將其包成一個圓形的餅，最後放在蒸籠裡蒸好即可。吃團圓餅寓意著全家會團圓和美。

在吃團圓餅之前，老北京人還有拜月的習俗，拜月時要有月光碼，就是在一張大的白紙上印上神符，紙的上半截印著太陰星君，下半截印著兔兒爺和月公。然後將這張印有神仙的紙糊在秫秸杆上。等到月亮升起後，女人和小孩會先拜月光碼，然後再拜祭月亮。之後眾人會分吃上供的貢品。中秋節這天老北京人上供的貢品主要就是月餅和團圓餅，但貢果中講究不能有梨，因為梨的諧音是「離」，有避諱「分離」等不美好的寓意。

老北京人是怎樣過重陽節的

重陽節距今已有2000多年的歷史了，《易經》中把「九」看作是陽數，而九月初九這天是雙九相重之日，所以古代人認為九月初九這天是一個值得慶賀的吉利日子。根據相關文獻記載，將九月初九這天定為重陽節是在西漢時期，但早在春秋戰國時，人們就有了登高、賞菊的習慣。那麼老北京人又是怎樣過重陽節的呢？

老北京人過重陽節主要有登高、戴茱萸、賞菊花、飲菊花酒、吃花糕等活動。這些風俗也一直流傳到今天。

老北京人在重陽節這天一定會登高。舊時皇帝會在這天登上萬歲山（即景山）去拜神求佛，然後站在山頂俯瞰北京城，而民間的普通百姓也會登高，他們主要去香山、八大處、五塔寺等地。除了登高之外，佩戴茱萸也是老北京人重陽節時主要的風俗，茱萸就是吳茱萸，俗稱越椒，它有散寒止痛、開鬱殺蟲的功效，古代又稱它為「吳仙丹」或「辟邪翁」。老北京人認為在重陽節這天佩戴茱萸能夠驅邪避災，於是人們會將茱萸用紅線串成圓形，佩戴在手腕上，女人們還會將茱萸磨成粉裝在香袋裡。在清代時，北京人過重陽節時還會把茱萸掛放在門窗上，寓意著「解除凶穢，以招吉祥」。

重陽糕

除了登高和佩戴茱萸外，老北京人在重陽節時還要吃花糕。所謂的花糕就是人們常說的菊花糕，又稱重陽糕，吃花糕源於「登高」的「高」字，「高」與「糕」諧音，含有「步步高升」之意。舊時老北京的花糕有很多種類，有糟子糕、桃酥、碗糕、蛋糕、薩其馬、金銀蜂糕、蒸糕、五色糕等。不僅在民間流行吃花糕，清代時宮廷在這天還會舉辦「花糕宴」。

賞菊、飲菊花酒也是老北京人過重陽節重要的風俗。相傳重陽節賞菊、飲菊花酒的習俗最早源於晉代的大詩人陶淵明，陶淵明以隱居、作詩、飲酒、愛菊花出名，後來人們紛紛模仿他，遂有重陽賞菊花、飲菊花酒的習俗。

老北京人立冬為何要吃餃子

立冬是中國二十四節氣之一，在立冬這天老北京人有吃餃子「安耳朵」的習俗。那麼立冬「安耳朵」的習俗是怎麼來的呢？

相傳，舊時在北京城裡有一位姓張的神醫，他發現每年到了冬天，人們的耳朵都會長很多凍瘡，於是他就將羊肉內摻入很多中藥，再用麵裹好，煮熟了給大家，因為吃了這種看起來像耳朵形的食物，人們耳朵上的凍瘡果然會痊癒，所以留下了立冬這天吃餃子「安耳朵」的習俗。

舊時北京人立冬時，用的餃子餡是倭瓜餡兒，倭瓜算是老北京人的當家菜了，直到現在很多住平房的北京人，還有種倭瓜的習慣。這種倭瓜餡兒的做法就是把夏天採摘好的倭瓜存放起來，等時間一長倭瓜被糖化，正好在立冬的時候拿出來做倭瓜餡兒。在清代，立冬時宮廷有吃涮羊肉的習俗，因為羊肉屬溫補，有利五臟，可以抵禦冬天的寒冷。

老北京人是怎樣過小年的

臘月二十三這天就是人們通常說的「小年」，在過小年時老北京人都有哪些習慣呢？

相傳，每戶人家供的灶王爺會在這天飛往天上向玉皇大帝稟報人們的善惡。因此過小年時老北京人都會祭灶、送灶。祭灶時人們會在灶王爺的貢台上擺上糖果、清水、料豆等貢品。然後再把糖用火燒化，塗在灶王爺的嘴

上，希望灶王爺在向玉皇大帝稟報時多說好話。在老北京民間有「男不拜月，女不祭灶」的說法，因此祭灶僅限於家中的男性成員。

祭灶窗花

祭灶後，等到黃昏入夜時，再進行送灶。送灶就是再次給灶王爺上香，然後從神龕中請出灶王爺的神像，連同事先用紙糊好的紙馬和餵馬的草料一起放在院子正中間，點火焚燒。此時，家裡的男性成員要圍著火磕頭。

除了祭灶和送灶之外，老北京人還會在這天剪窗花、貼窗花。人們會在過小年時，先將家裡打掃一遍，然後剪窗花、貼窗花，以此增添節日的喜慶氣氛。這些窗花圖案也樣式各異，有植物形、動物形、人形，如喜鵲登梅、二龍戲珠、鴛鴦戲水、劉海戲金蟬等。

過小年時，老北京人還有「趕亂婚」的說法。何謂「趕亂婚」呢？就是人們認為臘月二十三這天，所有的神仙都上天了，家裡百無禁忌，不論是娶媳婦，還是聘閨女都可以在這天進行，謂之「趕亂婚」。

老北京人的方言俚語

老北京方言俚語有怎樣的特點

老北京話聽起來乾淨俐落，不拖泥帶水，除此以外，它有怎樣的獨有特點呢？

那就是北京人說話兒化音比較多，並且一般都會在一句話中說的最後一個字尾碼上「兒」音，「兒」和前面的字連著讀。比如，「今天」，北京話會說成「今兒個兒」，「傍晚」北京話說成「晚麼晌兒」；再如「走跑」北京話就是「顛兒」，「最後」說成「末了兒」。

那麼北京話這獨有的兒化音又是怎麼發展和流行起來的呢？據漢字考古

專家們的考證，北京話中的這種兒化音最早形成於清朝初期，它是受滿族式漢語影響而形成的，據今大概有300多年的歷史了。翻開完成於清代的那些小說中隨處可見兒化方言，特別是在《紅樓夢》中出現的最多。

雖然兒化音在北京方言中普遍流行，但是也不能到處亂用。北京一些地名就不能隨意地綴上兒化音，如天安門、故宮、東直門、西直門等，可是像西便門就可以說成「西便門兒」。可見，在北京的兒化音中真是大有學問。

兒化音多是北京話獨有的特點。沒有了兒化音北京方言也就失去了它獨有的樂趣。

老北京方言是如何形成的

提起北京，人們除了想到那些有名的旅遊勝地外，還會想到老北京獨有的方言俚語。那麼老北京的方言是如何形成的呢？

現在，全國通用的普通話是在以北京方言為代表的北方話為基礎上形成的。北京城自古以來作為帝王之都尤其是作為元明清三朝的首都，可以說是人流不息，這樣一來就彙聚了來自四面八方、五湖四海的人。到了明清兩朝以後，來到北京的外地人更是急劇增加。原在東北、華北乃至西北地方的人們源源不斷地來到北京定居，與北京本土的居民雜處交融。

明朝初年，燕王朱棣發動「靖難之變」，在成功奪取皇位後，把國家的首都從南京遷到了北京。有一大批南方的官員以及大量的居民也隨之遷居到了北京。明亡清興，關外的滿族和其他少數民族也遷移到了北京。所以說，北京是一個人才彙集，五方雜居之地。

老北京生活

隨著來自全國各地的人口的彙聚、交融，必定會帶來語言上的交流與滲透。因此，北京的方言俚語的發音、語言特點也必定融合了全國各地的漢語方言、少數民族語言以及外來語音。

可以說，老北京的方言俚語是很有它獨特的味道的。

逐漸消失的老北京方言知多少

隨著普通話的不斷普及和推廣，過去一些老北京方言中常用的生僻字也逐漸地被比較書面的語言所代替，所以老北京的一些方言已經越來越少被使用或者聽到了。

您知道以前的老北京人管蜻蜓叫什麼？叫「老玻璃」，這夠出乎意料的吧！您知道「怹」字怎麼讀嗎？它在老北京方言中又有著什麼具體的意思嗎？這個字在老北京方言中讀作「tui」（一聲），現代漢語中讀「ㄊㄢ」，是表示第三人稱「他」，一般用於比自己年長或者上司身上。例如，「我愛我的老師，怹教育我怎樣做人。」與「怹」相對的是「您」，現在「您」被越來越多的人用做對他人一種極為尊敬的稱呼。

在老北京方言中還有一個讓您更意想不到的詞，就是「哥棱瓣兒」。您知道它是什麼意思嗎？這是老北京人對自己膝蓋的稱呼，而如今還有很多人稱呼自己的膝蓋為「哥棱瓣兒」。

現在，我們在大街上如果遇上一對小夫妻去逛街，我們通常會說：「看這小倆口，又一起出來逛街了。」可是你知道老北京人是怎麼說的嗎？老北京人會說：「瞧著這小公母這是要逛街去啊！」有意思吧！小公母代表小夫妻的意思。但要注意的是「公」「母」兩個人字讀得一定要短促，千萬別清楚地說出「公」「母」兩個字來。現在，還有誰會這樣稱呼？

老北京的方言是一種有趣的文化，是老北京獨有的，也是老北京的一座文化寶藏。

老北京的吆喝

您了解老北京方言中那些特定詞的具體含義嗎

在老北京方言中我們不難發現一些特定的詞，它們都用於表示特定的意思。關於這些特定的詞以及所蘊含的特定意思，您又知道多少呢？

比如「大法兒了」「掉鏈子」「能個兒」「回頭兒」「撒摸」這幾個詞。「大法兒了」的意思是「過頭了，厲害了」。如，「昨晚上熬夜看球熬大法兒，今兒一點精神都沒有」。「掉鏈子」的意思是說做一件事出了意外沒法完成了。如，「要不我就把這電視劇給看完了，可誰想突然停電了，這下可掉鏈子了」。「能個兒」是說「真有本事，真厲害」。如，「這桌子都壞成這樣了，你還能給修好，您真是能個兒」。「回頭兒」，就是「有機會」的意思。如，「這事回頭兒再說吧」。「撒摸」就是「尋找」的意思。如，「我今兒在新開的那家商場中撒摸了一雙不錯的鞋，要不回頭您跟我再過去瞧瞧去」。

其實除了特定的詞在老北京方言中有特定的含義，有些字也一樣。

「嘛」就是「幹什麼」的意思。如「您跟這兒嘛呢」。「得」就是「行了、好了」的意思。如「這事就這麼得了吧，也沒什麼大不了的」。「且」就是「可要、得要」的意思。如，「現在這點你跟這兒等一路，那可得且等呢」。「跟」的意思是「在」。如，「咱們一會兒跟哪兒見啊」。

只要您用心體會，就會發現不少這樣的老北京方言中的樂趣。

老北京人如何稱呼自己的父母

父母是每個人在這個世界上最親近的人。一個人從會說話開始，學會的第一個詞基本都是爸爸或媽媽。在中國複雜的言語中，只有「爸爸，媽媽」的發音大致上是一樣的。但是，您知道老北京人是怎麼稱呼爸爸媽媽的嗎？

在清朝入關之前，中原地區的漢族人通常稱呼爸爸媽媽為「爹」「娘」。在清朝滿族入關後，也逐漸漢化。但是他們的一些發音和現在的發音還是有所不同的。比如，「爸爸」「媽媽」的發音就不一樣，老北京人稱呼「爸爸」的發音是「ba bei」（第一個字讀四聲，第二個字讀一聲），「媽媽」的發音是「ma mei」。

當然，這樣的發音在最初僅局限於滿洲的貴族之間，隨著清王朝統治地位不斷加強，一些原居的漢族人也開始這樣稱呼自己的父母。後來，清朝滅亡，中國引進了西方的一些思想文化，現代的發音也逐漸取代了以前的那種發音，「爸爸媽媽」的發音也就從此流行了起來。

老北京人如何稱呼親朋好友

親朋好友是我們生活中幾乎每天都要見到的人，見了面，總要打聲招呼吧，如果直呼其名當然會顯得不禮貌，於是就有了各式各樣的稱呼。那麼老北京人又是怎麼稱呼自己的親朋好友的呢？

在老北京人口中很少用「你」這個詞，一般都稱呼「您內」；同樣也不用「他」，一般稱呼為「丫」；和自己從小玩到大的朋友稱為「髮小兒」；在後來認識的關係比較好的朋友稱為「瓷器」；稱呼年齡比較小的女孩兒為「丫頭片子」；長得漂亮的女孩兒稱呼為「堅果」；長得帥氣的男孩兒稱呼為「尖孫」；管自己的曾祖父叫「太祖」，曾祖母叫「太太」；稱呼父親的姐姐叫「姑媽」；父親的妹妹叫「娘兒」，特別要注意的是這裡的「兒」字一定不能省，這是為了區別和自己的媽媽稱呼；稱呼父親的哥哥為「伯」（念bai）；稱呼父親的弟弟叫「叔爸」；稱呼父親的姑姑為「姑奶奶」，但如果姑奶奶到了一定的年齡還沒有結婚，就一定要改稱呼為「姑爺爺」；丈夫管自己的妻子叫「媳婦兒」；稱呼妻子姐妹的丈夫為「挑擔兒」；丈母娘稱呼女兒的丈夫為「姑爺」；老北京人在別人面前說起自己的父母時會稱呼為「我們老爺子」「我們家老太太」，這樣顯得格外親切和尊重。

老北京人對親朋好友的稱呼是多種多樣的，但在這些稱呼中都帶著一種禮貌、親切、隨和、大方的意思。

老北京人的節日俗語有哪些

老北京人喜歡過節，也會過節，不但把每個節日過得有聲有色，還從各個節日中創出了不少的俗語。

對於中國人來說最大的節日無非就是春節了，老北京人更是看重這個節日。按照老祖宗定下來的規矩，大年三十晚上一家人都要熱熱鬧鬧地團聚在一起，一起守歲，一起包餃子、下餃子、吃餃子，這天是不允許串門、走親戚的。由此產生了一句俗語：三十晚上吃餃子——沒別人兒。

過了春節，接下來就是元宵節了。元宵節家家戶戶門前都會掛上各式各樣的彩燈，大街小巷也會掛上五顏六色的花燈。除了賞花燈外，全家人還會

一起吃元宵。因此，就有了這麼一句俗語「別淨顧著吃元宵——瞧燈」。這句話通常是長輩提醒晚輩小心點燈火，別淨顧著吃元宵了。

在老北京俗語中還有這樣一句「七月十五吃月餅——趕鮮兒」。我們都知道，吃月餅應該是在八月十五中秋節這天，可是有些人等不到八月十五就開始吃上月餅了，您說這不是趕新鮮嗎？所以這句話用來形容那些趕時髦、超前的人。

每個節日都有中華民族傳統文化的象徵，而由這些傳統節日產生的民間俗語更是一種民俗文化的生動寫照了。

老北京人的休閒娛樂

京劇是老北京土生土長的戲曲嗎

京劇在中國戲曲中，是具有全國性、典型性的劇種之一，雖然京劇形成於北京，但並不是北京土生土長的戲曲，它是在「徽劇」「秦腔」「漢戲」的基礎上融合「昆曲」「弋腔」的精華，又結合了北京的語言特點，形成的一種曲劇。由於北京是全國的政治文化中心，所以京劇得到了迅猛的發展傳播。那麼您知道京劇是怎樣一步步成為現如今的國粹的嗎？

清朝時，京腔並沒有像現在這樣流行，尤其是在乾隆年間，昆曲受到大家的追捧，特別是得到皇室們的喜愛。但在乾隆五十年（西元1785年）昆曲表演被朝廷認為是一種有傷風化的表演，於是昆曲被朝廷趕出了北京城，也就停止了在京城的演出。

京劇武生

在乾隆五十五年（西元1790年）徽班入京。其中以三慶、四喜、和春、春台四家最為有名，有

「京城四大徽班」之稱。初期被京城人逐漸遺忘的昆曲也被徽腔融合進來了。到了乾隆末年，漢劇也進入了徽班。在道光至咸豐年間，徽戲、漢劇、昆曲與京腔達到了最完美的融合，逐漸形成了一種新的曲調，即京劇。由於京劇不管在唱功還是表演形式上博采眾長，又遠遠超過了以往的曲調，所以很快受到了普通百姓乃至皇室的青睞。在晚清《同光名伶十三絕》中描繪的十三位享有盛名的京劇表演家也是在這一時期誕生的，算是京劇史第一代有名的表演家。

到了民國年間，京劇得到了進一步的發展，並達到了鼎盛。在這一時期還誕生了「四大鬚生」「四大名旦」。京劇發展到今天已有200多年的歷史，並被譽為國粹，傳播到海外各地。

京劇裡的「四大名旦」都是誰

京劇中的角色大致可分為：生、旦、淨、丑四個角色。其中旦角尤為人們所熟知，京劇史上的「四大名旦」更是家喻戶曉，那麼您了解這「四大名旦」嗎？

京劇裡的「四大名旦」說法最早源於天津的《大風報》中。這「四大名旦」分別是梅蘭芳、程硯秋、尚小雲、荀慧生四位老藝術家。

梅蘭芳生於北京，祖籍是江蘇，梅蘭芳的

梅蘭芳演出

祖父就是當年被譽為「同光十三絕」的梅巧玲先生，梅家可謂是世代出身梨園。梅蘭芳自幼學習京劇，9歲那年拜師學青衣，10歲就登台演出了。梅蘭芳最擅長的角色就是旦角。他通過長年的刻苦學唱、練習，綜合青衣、花旦、刀馬旦的表演方式，創造了獨具一格的「梅派」表演風格。梅蘭芳以獨有的表演程序、圓潤的唱腔以及華麗的服裝，被稱為京劇中旦行的一代宗師。他還先後多次到國外進行演出，為中國京劇藝術的發展傳播做出卓越的貢獻。

程硯秋是土生土長的北京人。他從6歲那年就開始學習京劇，起初他學的是武生這個角色，後來因為其唱腔極佳，又改學花旦、青衣。程硯秋11歲登台演出，在演出之餘他除了堅持每天練嗓外還學習了書法、繪畫、舞劍，這樣一來不但提高了自身的藝術修養，還為他後來的戲劇表演和創作事業打下

了堅實的基礎。漸漸進入表演成熟期的程硯秋以自己獨特的嗓音創立了「程派」唱腔。程硯秋是集演出、創作於一身的藝術家，他將自己的一生都獻給了京劇藝術事業，可以說他對京劇的影響甚遠。

尚小雲生於北京，祖籍是河北。他自幼學習京劇，起初習武生，後改學旦角。他11歲那年被評為「第一童伶」。尚小雲以剛勁的唱腔和俊美的打扮而著名，後來逐漸形成獨特的「尚派」風格。尚派表演的特色就是常運用「文戲武唱」的方式。尚派的唱腔講究抑揚頓挫、一氣呵成。

荀慧生生於河北，從小學習河北梆子，在19歲時才開始改學京劇。他將河北梆子等藝術形式很好地結合到京劇中，並創立了「荀派」。荀慧生比較善於扮演天真活潑的女性角色，且其嗓音也甜美委婉。

「四大名旦」都為京劇的發展做出了不可取代的貢獻。

老北京的相聲由何發展而來

相聲一詞源於宋代的「像生」，原來指模仿別人的言行。明朝時期發展成為一種說唱藝術，被稱為「象聲」。到了民國年間，象聲才成為一種單口笑話，並改名為相聲。起源於清朝咸豐、同治年間的相聲吸收了口技、說書的藝術表演特色，在晚清時發展成一種以諷刺笑話為主的藝術形式，並由北京很快流行向全國。根據現有的可查文獻，張三祿是京城說相聲的第一人，算是老北京相聲的祖師爺了。

不過，現在的相聲界一般認為朱紹文是相聲的祖師爺，朱紹文算得上是中國相聲史第一位專業的相聲演員。據說，對口相聲、三人相聲和太平歌詞就是由他創造的。

相聲不像其他藝術，它出自民間，因此很受廣大群眾的喜愛。在張三祿等老一輩相聲大師之後，又出現了無數優秀的相聲技藝傳承人，為相聲的繼承和發展努力不懈。

老北京的空竹是玩具嗎

空竹是一種由竹杆製造而成的玩具，因竹杆內部被掏空，所以叫「空

竹」。它是一種民間遊戲，也是一項中國傳統雜技。空竹只是北方人的叫法，在四川叫做「響簧」，在上海叫「啞鈴」，在長沙叫「天雷公」。在古代曾被叫做「空鐘」，在明《帝京景物略》中詳細記載了其製作方法和玩法。相傳三國時期曹植還寫過《空竹賦》，由此可見空竹已有上千年的歷史。

空竹

在古代，空竹是宮廷中女子的玩物。後來傳到民間後，無論男女老少都喜歡以抖空竹作為閒暇時的一種娛樂活動。中國北方一些地區，每逢節日時都會抖空竹來增添節日的喜氣氣氛。空竹由民間的庭院遊戲演變成一項雜技表演，擁有很多的玩法和複雜的技法，如「彩雲追月」「抬頭望月」「童子拜月」「織女紡線」「鯉魚擺尾」等。

如今的空竹，以京津兩地的最為出名。北京地區玩空竹的藝人和民間高手很多。如北京西城區的張國良和李連元兩位老先生都是抖空竹的高手，並成為抖空竹這項絕技的代表性人物。

老北京的皮影戲是如何發展形成的

皮影戲又稱為「影子戲」「土影戲」「紙影戲」等，老北京人則稱為「驢皮影」，是源於中國民間的一種傀儡戲。皮影戲在進行表演時，先用燈光照射用獸皮或者紙張雕刻成的各式各樣的剪影，使影子映在布幕上，再由藝人在布幕後操縱皮影運動，藝人們在操縱

皮影戲

皮影時還進行演唱和演奏。皮影戲受到地方戲曲影響，在各地都有著不同的劇種和唱腔，舊時北京城中演出的皮影戲大都是京劇。

相傳，皮影戲最早出現在秦漢時期，是由道士李少翁發明的。因當時漢武帝最喜歡的妃子李夫人去世，漢武帝終日鬱鬱寡歡，不理朝政。為了能夠再見

到這位妃子，漢武帝便讓道士李少翁做法招魂。李少翁只好在宮殿內圍上帆布，並在四周點上很多蠟燭，在晚上時他拿來事前用棉布裁剪好的那位妃子的形象，在紗布上映出了她的樣子。從此漢武帝對「皮影戲」愛不釋手。

宋代時期，皮影戲十分流行，並有了專門為演出皮影戲搭建的戲台。明代中期，皮影戲從蘭州、河北等地傳入京西。到了清代，皮影戲達到了鼎盛時期。起初由河北涿州等地傳入北京的皮影戲被稱為「西派皮影」，後來由灤州傳入的被稱為「東派皮影」。隨著不斷發展，西派皮影不僅深受京劇的影響，還吸收了東派皮影的精華，逐漸演變成了今天的北京皮影戲。

皮影不單單是一種曲藝，還是一種傳統的手工藝品。製作時有選材、雕刻、上色、塗漆等幾道工序。皮影主要是以驢皮、馬皮等一些獸皮製成，所以老北京人又將其叫做「驢皮影」。

中國皮影戲有著悠久的歷史，現今依舊深受人們的喜愛。

您見過老北京的鼻煙壺嗎

吸鼻煙的習慣，是源於印第安人。用來盛放鼻煙的容器就是鼻煙壺。鼻煙最早是在明末時期傳入中國的，鼻煙壺也就漸漸地發展起來。現如今鼻煙已經很少有了，但鼻煙壺卻成為一種手工藝品流傳了下來，並被譽為「集中各國多種工藝之大成的袖珍工藝品」。那麼鼻煙壺又有著怎樣的發展歷史？又為何會成為老北京的在地玩意兒？

中國人開始吸鼻煙是在明代，但當時僅出現在廣東沿海一帶。清康熙年間，政府開放海禁，西方傳教士藉此機會攜帶大量的鼻煙和鼻煙壺入朝進貢給皇帝。到了乾隆年間，乾隆皇帝將鼻煙賞賜給王公大臣，吸鼻煙也就成為了一種時尚。

隨著吸鼻煙的人越來越多，鼻煙壺的製造也就漸漸地發展起來。起初，鼻煙壺並沒有什麼特別。在康熙年間，為了方便吸鼻煙，宮廷創辦了專門製造鼻煙壺的工廠，當時製作鼻煙壺的材料大多是銅胎、畫琺瑯、牙雕等，開闢了製造鼻煙壺這項手工藝品的新種類。到了清咸豐、同治年間，官辦的鼻煙壺就很少用

鼻烟壺

重金屬器材的了，多為玻璃和瓷製的。而民間作坊生產的鼻煙壺類型則比較單調，裝飾鼻煙壺的圖案多以戲劇情節、歷史人物為主。清末時期，生產製造的鼻煙壺以玻璃製和水晶製為主，壺壁上的圖案主要反映人物、花鳥、山水等。

　　鼻煙壺的發展在北京最為盛行，因北京是明清兩代的首都，也是鼻煙壺發祥之地，隨著北京政治經濟不斷的發展，鼻煙壺也成了老北京的一種在地手工藝品。

老北京人為何喜歡養鳥、養蟲

養鳥人

　　北京人養鳥已經有很久遠的歷史了，其實養鳥並不是一種擺譜的表現，而是老北京人的一種休閒娛樂。養鳥的人，根據其自身的階層和富有程度，也是分為很多種的，說的通俗點就是什麼階層的人養什麼種類的鳥。擺台賣藝的人多養交咀、「老西兒」一類；文人雅士則養百靈、紅子一類；相對富有的人則多養畫眉一類。不論哪個階層的老北京人對養鳥都有著極大的興趣。

　　除了養鳥外，老北京人還有一個嗜好，就是養小昆蟲。如養蟈蟈、養蟋蟀、養金鐘等。一般這些小昆蟲都養在葫蘆裡，養得好的可以從初秋一直養到冬至。那些比較富有的人用的養蟲工具都比較講究，多用象牙或者紫檀木製成，如果室內溫度比較暖和，這些小蟲就會叫喚起來，給家中帶來夏秋山林野田的趣味。在眾多養蟲人中，養蟋蟀的比較多，因為這種小昆蟲不但喜歡鳴叫，還特別好鬥。在舊時的老北京鬥蟋蟀也相當的盛行，鬥蟋蟀時人們往往都不會以錢財作為押注，通常都是押些糕點或者水果。這樣一來，人們在觀賞一場鬥蟋蟀後，還能品嘗到可口美味的果品。

　　老北京人養鳥蟲在舊時已經很普遍了，上至皇族大臣，下至黎民百姓，乃至一些藝人都樂此不疲。

你知道吹糖人的祖師爺是誰嗎

糖人是以加熱的糖稀為原料做成各種造型的民間藝術，也叫稠糖葫蘆、吹糖麻婆子、打秋千稠飴、糖官人、糖宜娘、糖寶塔等，其常見造型有人物、動物、花草等。

民間有三種製作糖人的工藝：吹糖人、畫糖人和塑糖人。而老北京以吹糖人和畫糖人居多，其中吹糖人的工藝最為複雜。

糖人不易保存，放久了會變黑、融化，因此過去的藝人多打著銅鑼沿街叫賣，現做現賣，觀看製作糖人的過程也是一種樂趣。製作者多挑一個擔子，一頭是盛放糖料和工具的小櫃子，另一頭是加熱用的爐具。有的小櫃子上還帶著一個畫著花鳥獸蟲的圓盤，交過錢後可以轉動盤上指標，指到什麼就做什麼，所以買糖人又叫抽糖人。

糖料由糖稀加熱調製而成，製作時把糖稀熬好，用一根麥秸杆挑上一點糖稀，再對這麥秸杆吹氣，糖稀隨即像氣球一樣鼓起，再通過捏、轉等手法配合吹起塑成各種造型。最後用竹籤挑下，冷卻後成型。

據說，吹糖人的祖師爺是明朝的開國大臣劉伯溫。傳說朱元璋為了自己的皇位能一代代傳下去，就造「功臣閣」火燒功臣。劉伯溫僥倖逃脫，被一個挑糖兒擔子的老人救下，兩人調換服裝，劉伯溫從此隱姓埋名，天天挑著擔子走街串巷。在賣糖的過程中，劉伯溫創造性地把糖加熱變軟後製作成各種糖人，引得小孩子爭相購買。後來，許多人向劉伯溫請教吹糖人兒的技藝，劉伯溫一一教會了他們。於是，這門手藝就一傳十、十傳百，傳到現在據說有600多年的歷史了。

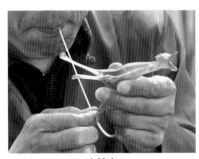

吹糖人

過去糖人很便宜，在20世紀80年代初，幾個牙膏皮就可以換一個糖人。如今兒童的玩物多了，糖人不再是單純哄孩子的東西了，已經被作為一項民間藝術受到重視。現在沿街的藝人少了，但在京城的廟會上還是可以見到的。在廟會上買個糖人，會是一次不錯的體驗。

老北京兔兒爺是一種玩具嗎

兔兒爺是老北京的一種傳統玩具，它的形象是源於神話中嫦娥仙子身邊的玉兔。北京人用泥塑造成的兔兒爺形象千姿百態。兔兒爺頭頂長著長長的兩隻耳朵，嘴呈三瓣，身上穿的衣服各不相同，有的穿著將軍服飾，有的穿尋常百姓的衣服。擺弄的姿勢也是樣子各異，有的騎著老虎，或在喝酒或在跳舞。那麼天上的玉兔怎麼會成為老北京的一種傳統玩具呢？

傳說，一年北京城內鬧起了瘟疫，幾乎整個北京城裡的人都得了這種瘟疫，那情景可謂是民不聊生。生活在月宮裡的玉兔看到人間這般淒慘，於是就化身為一個少女，來到京城挨家挨戶地為人們消去瘟疫。起初，因為玉兔治好了人們的瘟疫，大家都紛紛給她送禮物，奇怪的是，玉兔沒有接受這些而是向各戶人家要衣服穿。每治好一戶人家的瘟疫，玉兔就換一身衣服。因為每家給的衣服都不一樣，所以玉兔有時打扮成商販的模樣，有時像個書生，有時又像個威武的大將軍。為了能夠治好京城每個地方的瘟疫，她騎著虎獅跑遍了整個京城。在瘟疫消失時，玉兔也就回到了月宮中。

不知何時，玉兔下凡來救濟百姓的事被傳開了，人們為了紀念這位心地善良的玉兔，就開始用泥土來捏造它的形象。從每個人手中捏造出來的玉兔形象都不一樣，有男的有女的，有老的也有少的，這樣就衍化出了兔兒爺、兔兒奶奶和兔子兔孫了。

後來，兔兒爺逐漸成為一種兒童的玩具。明末清初時，就有兒童在中秋節拜兔兒爺的記載。被做成玩具後，又衍化出可以牽線操縱的兔兒爺，十分地活潑可愛。

您見過老北京的毛猴嗎

說起毛猴，即使是現在的北京人，知道的恐怕也不多——那是一種老北京獨有的民間藝術形式。毛猴全身都用中藥材製作，體態小巧，形象乖覺，又名「半寸猢猻」。

相傳清同治年間，在北京宣武門外騾馬市大街有一家名為「南慶仁堂」的藥鋪，掌櫃的尖酸刻薄，經常無緣無故數落店裡的小夥計，小夥計是個小

毛猴

學徒，只好每天忍氣吞聲。

某一天，這個小夥計又莫名其妙地挨了一頓臭罵，心中憤憤，又無處發洩。到了晚上，百無聊賴的他在煩悶中擺弄藥材，突然發現蟬蛻這味藥跟人很像，不由孩子性起，當晚就用手頭的中藥材捏出一個「掌櫃」來。這個「掌櫃」其實挺寒磣的：腦袋是蟬蛻的鼻子，軀幹是玉蘭花越冬的花骨朵兒，四肢便是蟬蛻的前後腿。所以這個形象一出來，同儕的小夥計們一看，實在是更像一隻尖嘴猴腮的猴子。這便是第一隻毛猴的由來。

後來流傳到坊間後，被有心的民間藝人加以完善，毛猴又戴上了「斗笠」「草帽」，甚至披上了「蓑衣」之類的東西，更擺出各式各樣的姿態，逐漸形成一種深受人們喜愛的手工藝品。

天橋八大怪都有哪些人

說起北京天橋，大夥兒都知道這是過去那些生活在底層的藝人耍把戲的地方，三教九流的集中地。他們為了維持最低限度的溫飽需要，只能在街上賣藝，他們或身懷絕技、技藝超群，或相貌奇特、言行怪異，給群眾留下了深刻印象。在天橋，最有名氣的就屬天橋八大怪了。

八大怪按年代順序共分為三代：出現在清末咸豐、同治、光緒年間的被稱為第一代「八大怪」，他們是窮不怕、醋溺膏、韓麻子、盆秃子、田瘸子、醜孫子、鼻嗡子、常傻子等八位藝人；第二代「八大怪」出現在辛亥革命後的北洋政府時期，有訓練蛤蟆教書的老頭、老雲裡飛、花狗熊、耍金鐘的、傻王、趙瘸子、志真和尚、程傻子；第三代出現在20世紀30到40年代，有雲裡飛、大金牙、焦德海、大兵黃、沈三、蹭油的、拐子頂磚、賽活驢。

「窮不怕」，原名朱紹文，清同治、光緒年間在天橋賣藝。他以說單口相聲為主，也會唱。上地時帶一副竹板，板上刻著一副對聯：「滿腹文章窮不怕，五車書史落地貧」。窮不怕的藝名即由此而得。每天上地開說之前，他先用白沙子在地上撒字。他常撒的一副對聯是「畫上荷花和尚畫，書臨漢

字翰林書」。他不但撒的字瀟灑漂亮，說的段子也都是自己編撰的。

天橋八大怪之一，窮不怕

韓麻子，以說單口相聲為主。他口齒清楚，說話伶俐，相貌怪異，很能吸引觀眾。他說完一段要錢時，向來不開口向觀眾求告，而是雙手叉腰，往場中一站，眼睛向四周圍一瞧，觀眾知道他是要錢了，就紛紛往場中扔錢。由於這種特殊舉動，在天橋一帶便流傳著這樣一句歇後語：「韓麻子叉腰——要錢」。

趙瘸子，練槓子的，幼年練功因踢腿過猛，導致殘廢。他以一條半腿在槓子上，手腳靈活、騰上翻下做各種動作。所謂槓子就是在一條單槓上的雜耍，與今天體操中的單槓項目非常相似。如單手大頂、噎脖子、燕子翻身、哪吒探海等，變幻多樣，常得到滿堂喝采。

賽活驢，原名關德俊，他經常觀察小毛驢的動作，體驗形象，因此在台上把小驢演得活靈活現。他有個驢型道具，是用黑布製作而成的，驢頭描繪得很細膩，穿在身上栩栩如生。表演時，在場子中擺上三層三條腿的板凳搭成「旱橋」，然後他的妻子關金鳳化了妝後騎在驢背上，走在「旱橋」上表演各種難度大的驚險動作，其高超精湛的「驢技」，總能成為全場最動人心弦的精彩環節，不少人就是為了看小驢才去聽戲的，無怪乎成千上萬的觀眾送給這位「驢技」鼻祖恰如其分的綽號——「賽活驢」。

100多年來，在天橋市場獻藝的，除上述三代「八大怪」以外，還有很多自懷絕技的傑出藝人。他們如八仙過海般各顯神通、各練絕招，在北京近代民間藝術史上留下了令人難以忘懷的一頁。

北京的街橋地名

　　北京作為元明清三朝的帝都，其街橋地名大多具有濃厚的人文色彩。

　　這些街橋巷道與古都共同經歷了歷史的滄桑，隨著朝代的更迭和城市的發展，有的已為歷史所淹沒，有的則不止一次地改名換姓。

　　北京的街橋地名紛繁複雜，不過它們的命名卻也有據可循，如有的以自然萬物——天地日月、山河井池、花鳥蟲魚、瓜果菜蔬等來命名，有的以生活飲食、服飾用品來命名，有的以東西南北、前後左右、奇數偶數來命名，還有的直接以人體部位來命名。

　　當您了解老北京街橋地名的命名規律後，就不會對那些複雜拗口、名字相近難辨的地名感到奇怪了。

北京的街橋

大柵欄是因街道兩邊的鐵柵欄而得名的嗎

　　大柵欄是北京最繁華的商業區之一，有著「京師之精華盡在於此，熱鬧繁榮亦莫過於此」的美譽，是著名的傳統鬧市。

　　大柵欄建於明永樂十八年（西元1420年）。弘治元年（西元1488年），為了防止京城內日益猖獗的盜賊，有位大臣上奏皇帝，提出在京城內外小巷路口設立柵欄，夜間關閉。得到皇帝的批准後，京城內許多重要街巷都設立了柵欄，每天到了夜裡，各條胡同、街巷都會被柵欄關起來，有的地方還派人看守，到了清代光緒年間，城內外已經有了1700多座柵欄。

　　柵欄的修建多由富商大賈出資，現在的大柵欄地區，當年多是商店集中、柵欄高大之地，因此人們便稱其為「大柵欄」。大柵欄以南的很多胡同，如王皮、蔡家、施家、乾井兒等街巷，至今仍保留著明代的名稱。

　　大柵欄之所以聞名，不僅是因為它有眾多的商店，還因為它有許多名揚中外的老字號。如明朝嘉靖九年開業的六必居，為京城醬園之首，再加上宰相嚴嵩為六必居題匾的傳說，更提升了它的滄桑感和知名度。清康熙八年開業的同仁堂藥店全國聞名，其首創人是皇宮御醫，有些處方是傳統的宮廷秘方，300多年來深得百姓信賴。還有嘉慶十六年開業的馬聚源帽店，咸豐十三年開業的內聯升鞋店，光緒十九年開業的瑞蚨祥綢緞皮貨店，都是各自行業中的龍頭。

　　如今，大柵欄地區已成為國粹商業區，以全新的形象展示在了世人面前。

大柵欄

王府街大街之前為何叫莫里遜大街

　　如今的王府井大街是北京城裡最為繁華的地段之一，但您知道嗎，王府井大街曾有過一個洋名字叫莫里遜大街。這個名稱又是因何而來的呢？

　　說起莫里遜大街一名的由來，就不得不提一位澳大利亞籍英國人莫里遜。1897年莫里遜曾在北京擔任英國《泰晤士報》駐北京辦事處的記者，他剛來北京時住在東交民巷，後來又在王府井大街買了一處房產。1912年時，他擔任了袁世凱的政治顧問，為袁世凱復辟帝制四處奔波。袁世凱當上皇帝後，為了感謝莫里遜，就將他居住的王府井大街改名為莫里遜大街，並在街上立起了英文路牌。然而好景不長，隨著袁世凱83天皇帝生涯的結束，莫里遜大街也成為了歷史。

　　其實王府井大街這一名字，在歷史上也幾經更迭。遼、金時代，王府井只是一座小村裡的一條小街。元朝時，元大都的修建使此地人煙漸稠，而這條小街道也有了一個正式的名字——「丁字街」。到了明朝，此處成為了達官顯貴的聚集地，當時有十位王府坐落於此，因此改稱為十王爺府街。清代時，廢除了十王爺的名字，改為王府街、王府大街。民國北洋政府時期，將王府井大街分為三段，南段叫王府井；北邊叫王府大街；中間叫八面槽。後來，人們習慣稱整條街為王府井大街，這個名字也一直沿用至今。

　　關於「王府井」名字的由來在民間還流傳著一個趣聞。舊時，北京城居民的日常用水都是井水，但不幸的是城裡的井大多是枯井。據說，有一年北京遇到了百年不遇的大旱，城裡大大小小的水井都乾枯了，唯獨在一座王府的門外有一口井還在冒水。然而王府裡的王爺卻派人看住了水井，不讓人們來取水。看守水井的老人非常同情受災的百姓，就趁晚上王府裡的人都睡著之後，讓人們來取水。這件事後來被王爺知道了，王爺便審問老人為什麼要這樣做。老人對王爺說：「王府裡每天所吃所用的東西都要雇人運送，如果周圍的人都

王府井大街

被渴死了，以後王府的活不就沒人幹了嗎？」王爺聽後感覺很有道理，就不再派人看守水井，允許人們前來打水。之後，每天來王府打水的人漸漸增多，「王府井」這個名字也就傳播開來。

長椿街上真的養過大象嗎

　　長椿街的地名源於長椿寺古廟。明朝萬曆年間，歸空和尚來到北京，相傳他可以連續七天不吃飯。人們都把他當作是一位得道高僧。當時比較信奉佛教的孝定太后為他修建了長椿寺，明代以長椿寺命名的長椿街北段稱長椿寺路，南段稱西斜街。在清朝民國年間，南段又改為下斜街。新中國成立後，北京城整體規劃時，將南北兩段統稱為長椿街。

　　長椿街在明清時還被稱為象來街。這是因為明清時期東南亞一些國家曾帶大象來華，向皇帝進貢，以示友好。明朝時，朝廷還將這些進貢來的大象集中於長椿街上，並設立了象房，對大象進行訓練和飼養。每當太和殿舉行慶典時，象群都會由象房遷入皇宮進行表演。清朝時沿用了明朝役使大象的制度與習俗，但到了清朝末年，清政府已經無力再出資馴養大象，隨後這些大象也就逐漸病餓而死，僅留下象來街的名稱。

蘇州街是為乾隆皇帝的母親修建的嗎

　　北京蘇州街南起紫竹院西側的萬壽寺，北至海淀鎮西側，至今已有250多年的歷史。這條古老的街道是乾隆皇帝當年為其母親修建的。為何乾隆帝將這條街道命名為「蘇州街」呢？

　　乾隆十六年（西元1751年），乾隆皇帝到江南巡視，其母也跟隨前往。皇太后當時已年近六旬，是第一次離開紫禁城來到江南。皇太后來到江南後，就被江南的秀麗景色所吸引。回宮後，皇太后念念不忘江南的那些秀麗景色。為了讓皇

蘇州街

太后歡心，在皇太后六十大壽來臨之際，乾隆皇帝大興土木，在萬壽寺到海淀鎮、暢春園之間修建了一條長達數百里的蘇式「商業街」，取名為「蘇州街」，並從蘇州請來商人在此經商，整條街開滿了具有江南風味的商鋪，使人有身臨江南繁華小鎮之感。從此，每當皇太后想起當年江南的景色，就會來此遊玩。

此後，歷代太后、皇后都會乘轎出西直門，在綺紅堂大船塢或樂善園上船。在長河上岸後，進萬壽寺行宮小憩片刻，再經蘇州街進海淀鎮，前往暢春園。西元1860年，英法聯軍燒毀了圓明園後，蘇州街上的繁華景象也隨之消失。

如今蘇州街隨著中關村科技園區的建設，又恢復了以往的熱鬧景象。

神路街上真的出現過神仙嗎

北京市朝陽區朝陽門外的東嶽大帝廟外，有一條神路街，因相傳東嶽大帝巡遊時走過此路而得名。明清時，每年的農曆三月二十八日，即東嶽大帝生辰這天，人們除了去東嶽大帝廟燒香之外，還有一個重要的活動，就是東嶽大帝從神路街外出巡遊。

神路街牌樓南邊一公里左右是日壇公園。日壇公園是北京五大壇之一，是明清兩朝皇帝祭拜太陽神的地方。皇帝每年春分時，都會來到日壇舉行祭拜儀式，而神路街則成為了皇帝前往日壇的必經之路，因為皇帝自稱為「天子」，皇帝在日壇的祭拜活動都與上蒼的諸神有著密切的關係，因此這條路在民間就有了「神路街」這個名字。

花市大街上賣的都是什麼花

如今在崇文門外有一條街叫花市大街，它為什麼叫花市大街呢？

當時這裡是售花商鋪的聚集地，為定期集市。老北京民間有句俗話說：「逢三土地廟、逢四花市集」，每月到了初四這天花市大街都會擺賣各種各樣的花供人挑選，因此這條街有了花市大街這麼一個美麗的名字。那麼花市大街上所賣的都是些什麼花呢？

明朝時有很多各種手工製作的紙花、絹花等假花在此出售，雖然都是些假花，但其製作精美，足以和真花相媲美。到了清朝，這裡在出售「假花」的基礎上，還大量地出售鮮花，當時在這裡開花店的店鋪足足有幾十家。這些鮮花大多來自南城豐台黃崗一帶。直到「盧溝橋事變」後，花市繁榮的景象才逐漸蕭條下來，但花市大街這個名字卻一直沿用至今。

盧溝橋上的獅子真數不清嗎

人們常說盧溝橋上的獅子數不清，那麼盧溝橋上的獅子真的數不清嗎？

盧溝橋舊時稱蘆溝橋，位於北京市豐台區永定河之上，是北京現存最古老的石造聯拱橋。盧溝橋始建於西元1189年，橋的兩側石雕護欄各有140條望柱，每根柱子上均雕刻著形態各異的石獅子，根據史料記載，石獅子原有627個，現存501個。如今我們看到的盧溝橋石獅多來自明清時期。清康熙年間，永定河發生洪水，盧溝橋受損嚴重，康熙皇帝便於西元1689年下令對盧溝橋進行整體修繕，他本人還在橋西頭立碑，記錄了修繕盧溝橋之事。橋東的「盧溝曉月」碑，為乾隆皇帝所立。西元1908年，光緒帝去世，計畫葬於河北的清西陵。因送葬必要經過盧溝橋，而橋面又過窄，故將橋邊的石欄全部拆掉。事後又恢復了原貌。

盧溝橋上的獅子

西元1937年7月7日，「七七事變」爆發，盧溝橋成為了中國全面抗戰的起點。西元1961年，盧溝橋被列為第一批國家重點保護單位。如今，盧溝橋成為了北京一處既是歷史文化旅遊又是愛國主義教育的景點。

北新橋下真的曾經有龍嗎

北新橋，位於北京市東城區東北部，它雖然名字叫橋，但並沒有橋，更沒有橋翅兒，關於北新橋在民間一直流傳著一個神秘的傳說。

相傳，北新橋下有個海眼，橋旁有座廟，廟裡有口井，井裡面鎖著一條

龍。北新橋就是為了鎮住海眼，鎖住這條龍
而修建的。為什麼這座橋要叫北新橋而不叫
北舊橋呢？原來，這條龍是苦海幽州的老龍
王，盤踞在北京不知多少年了。後來，朱棣
修建北京城佔了它的地盤，它一生氣就在這
個海眼處翻騰發起大水來。明將姚廣孝在岳

北新橋的海眼

飛岳老爺的幫助下制服了龍王，並把它用大鎖鏈鎖在了北新橋的海眼裡。姚
廣孝又在井旁修了一座橋，蓋了海眼上，因為橋下沒有水所以橋也沒修橋
翅，是座無翅橋。之後姚廣孝又在井旁修了一座精忠廟，也就是鎮海寺。被
困住的龍王問姚廣孝自己何時能出來，姚說等橋變舊了就可以出來了。老龍
王心想，橋舊了還不容易，沒幾年就可以了。可沒想到，姚廣孝給橋取名為
「北新橋」，如此一來，橋總也舊不了，老龍王也就再也出不來，也不會發
水了。這就是北新橋名字的由來。

酒仙橋是因為酒仙而得名的嗎

　　在清代，酒仙橋一帶多是些瓦窯工匠和趕駱駝、賣苦力的人，他們從事
著老北京最下層的體力工作，在辛苦的勞動之餘，最喜歡的就是喝酒。

　　中國人本來就好飲酒，北京又是北方的苦寒之地，因此飲酒的風氣更
盛。但酒仙橋一帶偏偏沒有什麼好酒，那些個流動的酒販子賣的酒又太難
喝，還總是往酒裡兌水。因此這裡的人們每次外出進城時，總是不忘帶點好
酒回來，與親朋好友分享。據說，橋剛剛修好時，從這裡過橋的人並不多，
因為橋比較小，稍大點的車都通行不了。有一天，太陽偏西了，打老遠來
了個推獨輪車的花白鬍子老頭兒，只見他推著小車不慌不忙地走著，小車兩
邊還裝著四簍酒，一邊裝兩簍。突然，老頭的小車向右一歪，兩簍酒越過橋
翅兒，「咚，咚」兩聲掉進了河裡。過橋的人中有人忍不住大喊：「酒簍掉
啦，趕快撈啊！」沒想到，老頭兒瞧也沒瞧，依舊飛快地推著小車，過橋到
那邊去，轉眼就不見了。

　　兩大簍酒掉在河裡，連瞧都不瞧一眼，還真是奇怪。人們議論紛紛，都
覺得這個老頭不是一般人，他會不會是天上的哪路神仙？就在大夥你一言我

一語時，河水裡忽然飄散出一股酒的香味，眾人提鼻子一聞，都情不自禁地說道：「好酒，好酒！」，大夥一致認為：一定是釀酒的神仙，專門把那兩大簍子酒從橋上倒進了河裡，這座橋可是酒仙走過的橋，乾脆就把這座橋叫做酒仙橋吧。

北京的地名

老北京哪些地名是連皇帝都改不了的

　　古代皇帝都十分講究且「迷信」。為了自己名號的神聖和自尊，會將很多地方改名。像廣安門在明代時被改為廣寧門，到了清代為了避諱道光帝的謚號又被改為廣安門。不過老北京有一些地方的名字是連皇帝也改不得的。

　　頤和園附近有一個叫龍背村的地方。當時頤和園建好後，乾隆皇帝出宮微服私訪時曾來到這裡。有一次，他走到村口時，發現村口前立的石碑上寫著「龍背村」三個大字。「隆」與「龍」同音，算是犯了乾隆皇帝的忌諱，而更讓乾隆皇帝生氣的是，「龍背」二字好像寓意著乾隆皇帝來到這裡要走背字。於是，便下了一道聖旨，將「龍背村」改為「百福村」。不過當地老百姓並不買乾隆皇帝的帳，依然稱自己的村落為龍背村。

　　在朝陽區有一個叫龍道村的地方。據說，這裡曾經來過一條巨龍，並在村子由東向西的路上留下一道深深的「龍道」。從此以後，村子每年都風調雨順，五穀豐登。生活在這裡的人為了紀念這條巨龍，便將村子命名為龍道村。相傳，唐太宗李世民遠征高麗時路過此地，得知這個村子叫龍道村後，他生怕這裡再降臨一位「真龍天子」與自己爭奪天下，便下旨將龍道村改名為「龍到村」，寓意自己才是真正的「真龍天子」，真龍已經來過這裡，其他的神龍就不必再來了。雖然聖旨已下，村裡的人們雖說不敢抗旨，但最終也沒有將本村改名為「龍到村」。直到現在這個地方仍然叫龍道村。

　　歷代皇帝為了避諱字號，都執意將一些地方改名，但往往是皇帝一廂情願罷了。

老北京的地名有哪些關於龍的傳說

北京帶「龍」的地名很多，粗略統計一下，就有二百多個。

這其中有的是街巷胡同，如龍頭井街、龍家胡同、上龍巷等；有的是鄉間村鎮，如青龍橋鎮、龍背村、龍灣屯等；有的是名山勝水，如九龍山、蟠龍山、龍骨山、大龍河、龍潭湖、白龍潭等；還有的是寺廟宮觀，如龍王廟、龍泉寺、回龍觀等。

帶「龍」的地名，就有關於龍的傳說，比如位於延慶的龍慶峽。

延慶地處北京西北部，三面環山，一面臨水，有「夏都」之譽。遼金時期，延慶名叫縉山縣，元朝仁宗皇帝便誕生於延慶境內的香水園，所以元仁宗即位後，便將縉山縣升格為州，賜名「龍慶州」，意為「慶賀真龍天子降臨聖地」。因為過去皇帝被視為「真龍

龍慶峽風景

天子」，所以皇帝的出生和登基自然都是喜慶之事。

明朝初年，龍慶州被廢除。永樂年間朝廷重新在這片土地上設州置縣時，便將州名改成了隆慶州。即把「真龍天子」的「龍」改為「興隆」的隆，因為在明朝統治者眼裡，元代帝王絕不能是龍，雖然只改了一個字，讀音也一樣，但意義卻完全不同了。

到明朝隆慶年間，為避明穆宗年號「隆慶」之諱，又把隆慶州改為延慶州。元朝「龍慶州」雖已成為歷史，但是它的美名，如今已然復活，成為了北京新十六景之一，這就是龍慶峽。

老北京哪些帶龍的地名可以組成一條「地名龍」

北京關於龍的地名很多，但如果稍加分析，就會發現北京的一些帶「龍」的地名可以組成一條「地名龍」。已消失的龍地名中就有一處地名叫「一條龍」，即今天崇文區的山澗口街。雖然一條龍已不復存在，但現存的

龍地名還可以組成今天的一條龍。這些地名有哪些呢？

　　首先是龍頭。大興縣禮賢鄉有個村莊，相傳是明朝建立的，名字就叫「龍頭」，這個村名是怎麼來的呢？原來這個莊的北面有一道沙崗，是歷史上永定河氾濫淤積而成的。這道沙崗高四、五公尺，佔地十餘畝，橫臥如龍，人稱「龍身」。後來人們在沙崗前建了一座廟，廟前有兩個泉，如同龍眼。後來廟的周圍漸漸形成村莊，就以「龍頭」作為了名字。

　　另外，西城區有一條西北東南向的斜街，名字就叫「龍頭井街」。據說這條街原來有一眼水井，叫「人頭井」，井的附近有座古廟，香火不太旺盛。清朝時有一年大旱，雨貴如油，但人頭井的水卻一直很旺。有一天有人來井上提水，見井裡有一個龍頭在晃動，好像正在吐水，消息傳開，人們爭相觀看，從此人頭井便改名為龍頭井，原來的古廟也改為祭祀龍王的廟，香火大盛。

　　龍頭上應該有龍嘴、龍眼、龍角和龍鬚。在北京的龍地名中，除了不見龍角以外，還真有龍眼、龍嘴、龍鬚的地名。昌平縣高崖口鄉小碾村有一常年吐著甜水的泉就叫「龍眼泉」；門頭溝區大峪南附近有一座水庫，名字叫「龍口水庫」；而崇文區則有著名的「龍鬚溝」。

　　龍鬚溝在解放前是一條汙物漂流、蚊蠅孳生的臭水溝，解放以後，人們對它進行了徹底的整治，使之成為了一條清水溝，作家老舍便以此溝的變化為題材，寫下了著名的《龍鬚溝》劇本，後拍成電影。雖然現在的龍鬚溝已改造成了地下暗河，但其周邊新興的街道和居住區卻仍以它的名字命名，如龍鬚溝路、龍鬚溝北里等。

　　龍頭長在龍身上，北京的龍地名中，與龍身有關的地名有龍背村、龍骨山。龍骨山是馳名中外的一座山，在房山區周口店西，因山上盛產中藥龍骨而得名。

　　這些龍骨是怎麼來的呢？眾所周知，大約在60萬年前，在這座山上的天然洞穴裡，居住著一種原始人類──「北京人」；距今約10萬年前，這裡又有「新洞人」活動；距今約18000年前，「山頂洞人」也生活在這裡。北京人、新洞人、山頂洞人都是舊石器時代的原始人類，他們死了以後屍骨存留在洞穴中變為化石，同時，他們捕殺的大量動物的骨骼也在洞穴中堆積變成了化石。這些化石便被誤認為是龍骨遺骸。

龍有龍爪，在北京的地名中，也有兩個關於龍爪的地名，一個是宣武區的「龍爪槐胡同」，在陶然亭公園西邊；一個是朝陽區的「龍爪樹」，在小紅門北。這兩個龍地名的由來，都與樹形有關。

既然北京的龍地名中有龍頭、龍口、龍眼、龍鬚、龍骨、龍背、龍爪，這不就是一條「地名龍」了嗎？

西單、東單、西四、東四的名字與牌樓有何關係

東單、西單和東四、西四是北京城較為繁華的街道。那麼，它們為什麼叫東單、西單和東四、西四呢？這「單」和「四」是怎麼回事呢？

東四和西四一帶在元朝時統稱為大市街，是北京城三大商業中心之一。當時，人們在今東四十字路口處的東西南北四個街口，各建了一座「三間四柱三樓」的沖天式大牌坊；相對應地，在今西四十字路口處的東西南北也各建了一座大牌坊，於是老百姓就稱「大市街」為東四牌樓和西四牌樓，再後來索性直呼「四牌樓」。20世紀50年代擴建馬路，牌樓被拆，人們乾脆就只叫「東四」「西四」了。

東單、西單也是如此。「單」是因為這兒的牌樓只有一個，所以被稱為東單牌樓和西單牌樓。20世紀50年代牌樓被拆後，人們也就只叫「東單」和「西單」了。

西單牌樓

也就是說，東四、西四和東單、西單是根據原有牌樓的數量而得名的。

菜市口和午門是一個地方嗎

在影視劇中我們經常可以看到，那些犯了罪的人都會被拖出午門，在菜市口問斬。那麼這菜市口和午門是同一個地方嗎？事實上，菜市口和午門並不是一個地方。但兩地的確都是過去懲治犯人的地方。

明朝時菜市口是京城裡最大的蔬菜交易市場，在這裡擺攤賣菜的商販

菜市口老照片

眾多，四九城的人都會來這裡買菜，菜市口因此得名。當然菜市口在北京眾多的胡同裡出名，還要得益於它曾經是刑場，菜市口刑場是在如今西城區菜市口百貨商場附近，當年每年的冬至前，那些被判「秋後問斬」的囚犯，都會在天亮之前被推入囚車，經宣武門到菜市口被一一問斬。據說，當年在菜市口刑場被問斬的第一人就是南宋王朝的丞相文天祥，清朝時期，辛酉政變後，肅順也在這裡被斬，後來的「戊戌六君子」之一譚嗣同也死於這裡。

午門則是故宮的正門，位於紫禁城南北軸線上，午門並不是斬首犯人的地方，也未設刑場。這裡只是杖責那些觸犯了皇帝尊嚴的大臣們的地方。尤其在明代，如果哪位大臣忤逆了皇帝，都會被押到此地施行杖責。起初只是象徵性地責打，後來發展到打死人的地步。如明正德年間，皇帝朱厚照想到江南挑選美女以充後宮，卻遭到大臣們的勸阻，皇帝大發雷霆，將黃鞏、舒芬等100多位大臣都押到了午門進行了杖責，其中有11位大臣被當場打死。

因此，老北京民間便有了「老百姓殺頭在菜市口，大臣殺頭在午門」的俗語。

珠市口以前是買賣豬肉的地方嗎

珠市口位於前門大街與兩廣路交會的地方，舊時這裡曾經是老北京城外最繁華的地方之一。因為它正好處在南北中軸線之上，所以這裡人來人往，甚是繁華。

明朝時這裡的確是買賣豬肉的集市，因此又叫做「豬市口」。後來，因為皇帝每年出巡或去天壇、先農壇等地祭祀時都要經過這裡，而買賣豬肉市場的氣味讓皇帝無法忍受，因此皇帝下旨將豬市口改為珠市口，並將買賣豬肉的集市移到了東四地區。

珠市口曾經的確是買賣豬肉的地方，但這裡從來沒有出現過珠寶商業的買賣。

公主墳安葬的究竟是哪位公主

公主墳是北京一處有名的地方，據說這裡曾經是安葬公主的地方。那麼是哪位公主安葬於此呢？

近年隨著電視劇《還珠格格》的熱播，人們對位於北京西三環上的公主墳曾經埋葬的是哪位公主議論紛紛，有人說埋葬的那位公主就是電視劇中乾隆的義女還珠格格，也有人說是金泰之妻，還有人說是奇女子孔四貞。其實公主墳內埋葬的是哪位公主，早在1962年修建地鐵，文物部門對公主墳進行考古挖掘時，就已經給出了答案。經過考古學家們的推斷，公主墳內埋葬的是嘉慶皇帝的兩位公主，即莊敬和碩公主與莊靜固倫公主。

莊敬和碩公主生於乾隆四十六年（西元1781年），並於嘉慶六年（西元1801年）下嫁給蒙古親王索特納木多布濟，卒於嘉慶十六年（西元1811年）。莊靜固倫公主，為嘉慶四女，生於乾隆四十九年（西元1784年），

於嘉慶七年（西元1802年）下嫁蒙古族土默特部的瑪尼巴達喇郡王，卒於嘉慶十六年（西元1811年）。因清朝祖制，下嫁的公主，不能入葬皇陵，也不能進入婆家公墓，所以這兩位公主去世後，被葬於如今的公主墳。至於傳言最多的說公主墳內安葬的是孔有德之女孔四貞，是因為明末清初時，原明朝大將孔有德降清後，屢建戰功，所以在順治時，孔有德的女兒孔四貞被孝莊太后封為和碩公主，成為了大清朝第一位漢族公主。因為她的封號和碩與嘉慶的女兒莊敬和碩公主一樣，所以被人們誤認為是同一人。

和碩公主塑像

「八王墳」裡埋的究竟是哪位王爺

八王墳，位於今天東四環四惠橋西南側的通惠河北岸。這裡，曾經埋葬著清朝的「八王爺」阿濟格。

阿濟格，生於明萬曆三十三年（西元1605年），他是努爾哈赤的第十二

個兒子，和十四子多爾袞、十五子多鐸是同父同母的親兄弟，都為太妃阿巴亥所生。

阿濟格驍勇善戰，順治元年（西元1644年），阿濟格在攝政王多爾袞的帶領下和多鐸一起奪取了北京城，為大清立下了汗馬功勞，因此被封為英親王，他在王爺中排位第八，人稱「八王爺」。西元1651年，多爾袞病死，阿濟格想密謀承襲攝政王之位，事情洩露後，遭到孝莊和順治的幽禁，不久被賜死。死後，他的骨灰埋葬在通惠河畔一個荒涼的地方，即後世所謂的「八王墳」。

康熙登基後，開始重新重視阿濟格的開國功勳。乾隆十一年（西元1746年），清廷重新修葺八王墳，有了宮門、享殿、寶頂、牆圈、馱龍碑。正墳、土墳主次分明，更有「東衙門」「西衙門」之別，佔地面積達一頃數十畝，規模宏大，顯示了墓主人身分的高貴。據見過它的老人回憶，地宮大門後有兩道彎槽，內有兩個石球；關門時，石球順著彎槽滾至門後，大門就無法推開了。

1911年辛亥革命後，王爺墳的宮門、享殿均被拆除，賣作磚瓦木料，整座墳墓遭到嚴重破壞。日偽時期，亂世下的王爺墳在劫難逃，多次被盜。其中，「東衙門」裡埋有大量的殉葬品，更是被洗劫一空。到了解放初期，八王墳隨著年代的久遠，已經破敗不堪。

今天的八王墳，已經是京東近郊地區極其重要的交通樞紐。SOHO現代城、藍堡國際中心等現代高樓拔地而起，更使昔日的八王墳舊貌換新顏。

五棵松地區真有五棵松樹嗎

五棵松位於西四環以西，是今天京西一帶的標誌性地區之一。1965年修建的地鐵1號線由此經過，並且從地鐵的西北口出來會看到五棵大松樹，那麼這五棵松樹就是古時的松樹嗎？五棵松一名的由來是否與這五棵松樹有關呢？

如今我們在五棵松看的這五棵松樹，已然不是當年的那五棵了。五棵松的歷史要追溯到清朝時期，當年在這裡有一處叫「葛老墳」的地方，埋葬著一家五兄弟，每座墳墓前都栽有一棵松樹。

當年京城裡的煤炭、山貨、藥材都要商販們從門頭溝走阜成門運送到城裡，而五棵松是這條進城路上的必經之處。當時阜成門外一帶人煙稀少，經常有強盜土匪出沒。所以，運送貨物的商販們都不敢獨自行走，都會約上三五人同行。而眾人相約的地方就在這五棵大松樹下。就這樣一來二去五棵松成為了人們相約入城的地方，五棵松的名字也就此傳開了。

五棵松地名起源地

西元1965年在修建地鐵時，原來的那五棵松樹，經不起工程的挖掘，相繼都死掉了。地鐵修建完工後，人們又在此處栽種了五棵新的松樹。如今，新「五棵松」也長得十分繁茂。

九棵樹那兒真有九棵大樹嗎

與地鐵1號線相接的地鐵八通線上有一個「九棵樹」站，位於通州城區南部。然而地鐵1號線上的五棵松站外確實種著五棵松樹，難道九棵樹站外也有九棵樹嗎？

關於「九棵樹」的來歷，有兩個版本。

一是說「九棵樹」在清代時形成村落，最初只有趙、張、金、苗四姓，因該村位於進出通州城的大道旁，從村口到舊城南門的路邊一共種有九十九棵樹，所以被稱為「九十九棵樹村」，後來人們覺得「九十九棵樹村」叫著拗口，就簡稱為「九棵樹」。

二是說早年間「九棵樹」附近曾有九棵高大的楊樹。相傳，這九棵樹下有一口水井，人們常在樹下乘涼。有一次乾隆皇帝微服私訪路過此地並在樹下乘涼。隨從還從樹下的水井中打上水來給他喝。乾隆喝完水後，頓感涼爽，便即興為此井賜名「瓊池」，並將為他遮陽的九棵楊樹封為「九君樹」。但人們覺得這個名字過於文雅，便直接稱「九棵樹」，村名也因此而得。

潘家園曾經是磚窯嗎

潘家園舊貨市場

潘家園一帶是北京城有名的舊貨市場，閒來無事的人都喜歡來潘家園舊貨市場逛上一圈，然後買上幾種自己喜歡的工藝品、小裝飾品等。那麼，您知道潘家園這個名字是怎麼來的嗎？

早年間，潘家園一帶都是磚窯瓦場，有一個姓潘的人家也在此開設了一家專門燒製磚塊的窯場，因為窯主姓潘，所以叫潘家窯。據說這位姓潘的窯主，原來就是燒製琉璃瓦出身，來到京城後，本想也經營一家燒製琉璃瓦的窯場，可是這裡的土質太疏鬆，不宜燒製琉璃瓦，所以改燒磚塊。當時因這一帶大大小小的磚窯有幾十家，彼此競爭很激烈，這位潘窯主又是初來乍到，所以經營效果一直不好。但他並沒有放棄，私下裡到各個磚窯轉了幾天後，決定先提高磚的品質，再在經營上下工夫。

潘窯主每次燒磚的時候都會嚴格把握各個環節，絕不偷工減料，所以燒出來的磚成色好，硬度高，不易破碎。而且在銷售時都會為顧客打折優惠，還自己雇傭馬車給十里以內的客人送貨上門。於是潘家窯場生意越做越大，這裡的工人最多的時候有三五百人，後來這裡就逐漸成為了村落，便以窯場之名，得地名潘家窯。

到了民國後期，這一帶的土被用得差不多了，只留下很多水坑和窪地，潘家窯場也經營不下去了，不久便搬到了房山地區。

解放後這裡的水坑窪地被逐漸填平，並開始修建居民區，沒過幾年這裡搬來了大片居民，並繼續沿用潘家窯這個名字。但叫了沒多久人們感覺這個名字不夠雅致，因為老北京人通常叫妓院為「窯子」，所以改名為潘家園。1992年後，潘家園一帶逐漸形成了一個舊貨市場，短短幾年內便發展成為全國最大的古玩舊貨市場，並吸引了大批淘寶愛好者和遊客來此淘寶。如今的潘家園已經不僅僅是一個街道的名稱，而是成為北京城古玩市場的代名詞了。

北京城裡有趣的數字地名知多少

西漢時期，卓文君面對丈夫司馬相如的見異思遷以及他的那封「十三字」書信——「一二三四五六七八九十百千萬」（唯獨缺少一個「億」，即「無意」），滿懷怨恨地回了一首《怨郎詩》：「一別之後，二地相懸。只說三四月，又誰知五六年。七弦琴不可彈，八行書無可傳，九連環從中折斷，十里長亭望眼欲

百花深處胡同

穿。百思想，千繫念，萬般無奈把郎怨。」丈夫看後，羞愧地回到了妻子的身邊。這首數字詩也成為了卓文君的經典之作。

以數字入詩，自然別具風味，如果把數字用於地名，效果又如何呢？這一點，聽聽北京這些地名就知道了：一畝園，二里溝，三間房，四道口，五里店，六里橋，七里莊，八大處，九道灣，十字坡，百望山，千福巷，萬泉寺……

老北京「有名的胡同三千六，無名的胡同賽牛毛」，其中以數字開頭的地名就數不勝數，相比於外國那些簡單機械排列的數字地名，北京的地名多了一分歷史的厚重，而且每個數字後面，都帶有自己的故事。下面一起來看看北京的數字地名。

一字篇：一頃莊、一棵松、一畝園、一間樓、一尺大街等；

二字篇：二龍路、二龍閘、二里溝、二合莊、二老莊等；

三字篇：三里屯、三元街、三岔河、三眼井、三義里等；

四字篇：四塊玉、四槐居、四統碑、四平巷、四川營等；

五字篇：五塔寺、五棵松、五道營、五路通、五四大街等；

六字篇：六郎莊、六里屯、六鋪炕、六王村、六合胡同等；

七字篇：七賢巷、七聖路、七王墳、七里莊、七井胡同等；

八字篇：八王墳、八寶坑、八步口、八道灣、八里橋等；

九字篇：九龍山、九道灣、九畝地、九江口、九孔閘等；

十字篇：十字坡、十里堡、十里河、十間房、十方院等；

百字篇：百果園、百合園、百子灣、百萬莊、百花深處等；

千字篇：千福巷、千章胡同、千竿胡同等；

萬字篇：萬泉寺、萬壽路、萬泉河、萬明路、萬福巷等。

這些數字地名中，有一個地名，堪稱北京最為優雅的一處地名。您知道是哪個嗎？

答案是「百花深處」。百花深處胡同地處新街口南大街路東，相傳在明朝，有姓張的夫婦在這裡種菜為生，有了積蓄之後，便將菜園改為花園，吸引了大批文人雅士前來遊賞，文人們遂將這裡稱為「百花深處」。在光緒年間的《京師坊巷志稿》中，就已經有「百花深處胡同」的記載了。

北京的大街小巷都偏愛數字地名，致使北京城裡的數字地名多如牛毛，這樣就免不了會有相似或重名。所以當您走在北京的街道上，如果看到數字地名，千萬看仔細了才是，可別走錯了路。

木樨地是因桂花而得名的嗎

木樨地位於北京西城區，長安街西延線上，是原來由北京周邊地區進入中心城區的一個要塞，如今地鐵1號線也通過此地。在木樨地周圍有中華全國總工會、中國軍事博物館、北京八中分校、首都博物館新館、復興醫院、復興商業城、長安商場等，可說是在北京佔有極為重要的地位。那麼木樨地這一名稱是如何而來的呢？

關於木樨地名字的由來，有很多種說法。一種說法認為，木樨地在明代曾經是種植苜蓿的地方，這些苜蓿是為皇宮的馬提供的飼料。到了清代，這裡逐漸形成了村落，並取名為苜蓿地，到了民國時期苜蓿地被訛化為木樨地。

第二種說法認為，當時從門頭溝進城的駱駝隊多出阜成門，因當時木樨地一帶長了很多的苜蓿，所以商販們來到這裡的都會在此休息，以便給駱駝餵些草料，時間一久這裡就被稱為苜蓿地，後來改為木樨地。

第三種說法認為，曾經這裡種植過很多的桂花，因為桂花樹統稱木犀，而「犀」與「樨」同音。所以這裡被稱為木樨地。

還有一種說法認為，此地原來是白雲觀的菜園，並以盛產黃花菜而聞

名。黃花菜即金針菜，俗稱木樨。所以這裡有木樨地這個名字。

但根據史料的記載，第一種說法最為可信。根據《明世宗實錄》記載，明朝時，人們就在此處大面積種植過苜蓿，並且每月都要按時採集苜蓿，給皇宮內的御馬作為飼料，而其他的說法卻無從查起。

煙袋斜街在舊時真的是買賣煙袋的地方嗎

煙袋斜街是位於什剎海前海東北的一條小巷，它是北京最古老的商業街，也是具有北京特色的巷子之一。它東起地安門大街，西鄰什剎海前海，全長約有300公尺，在2007年被北京市列為八條特色商業街之一。那麼煙袋斜街為何會有這樣一個奇怪的名字呢？在舊時的北京城它是否真的是買賣煙袋的地方呢？

根據清朝乾隆年間刊刻的《日下舊聞考》一書記載，此街之前叫「鼓樓斜街」，到了清末才被改為「煙袋斜街」，這是因為當時住在北城的八旗子弟閒來無事時都有抽旱煙或水煙的習慣。因抽旱煙或水煙的人越來越多，煙袋的市場需求量也就不斷地增加，所以在煙袋斜街上出現了一戶戶買賣煙袋的店鋪。當時在煙袋店鋪中最有名的當屬在煙袋斜街東北口的「雙盛泰」煙袋鋪，這家煙袋鋪門前豎著的木雕大煙袋，足有一人多高，飯碗般粗，金黃色的煙袋鍋上還繫著條紅綢穗，十分醒目。這「雙盛泰」煙袋店鋪算得上是當時全北京城同行業裡最有名的頭號大煙袋了。

煙袋斜街

除此之外，整個煙袋斜街從外觀上來看就宛如一隻細長的煙袋。長長的街道就像煙袋桿兒，街頭的東頭入口像煙袋嘴兒，西頭入口則折向南邊，通往銀錠橋，看上去活像煙袋鍋兒。也許正是因為這個原因，才有了煙袋斜街這個奇怪的名字，再加上當時煙袋斜街真的是買賣煙袋的地方，所以這煙袋斜街的名字也就越叫越響，一直流傳到了今天。

如今的煙袋斜街經過幾次整修後，街道兩側古樸典雅的明清建築顯得格外奪人耳目，穿梭在這古老的街道上，會給人一種穿越時空的感覺。在這裡您既能看到古代商業街的景象，又能體會到現代都市的繁華，真可謂是一條古中有今、今中帶古的老北京街道。

南鑼鼓巷是老北京的「富人區」嗎

南鑼鼓巷位於北京的中軸線東側的交道口處，它北起鼓樓東大街，南至平安大街，全長786公尺。南鑼鼓巷可以說是北京城最古老的街區之一，它與元大都同期建成，距今已有700多年的歷史了。因為它地勢中間高，南北低，像一個駝背的人，因此在舊時又叫羅鍋巷，直到清乾隆十五年（西元1750年），清政府在繪製《京城全圖》時，才將其改名為南鑼鼓巷。那麼，看起來如此普通的一條老街區為何會被稱為老北京的「富人區」呢？

南鑼鼓巷是元大都「後市」的主要組成部分，何謂元大都的「後市」呢？原來元朝在修建北京城時是遵循「左祖右社，前朝後市」的城市格局修建的。元代時，以南鑼鼓巷為軸心線，東邊屬於昭回坊，西邊屬於靖恭坊。明朝時又合二為一。清乾隆年間，南鑼鼓巷則屬於八旗中鑲黃旗的駐紮地。因南鑼鼓巷整體呈南北走向，呈「蜈蚣」狀，且據說當年在其最北處還有兩座常年乾枯的水井，所以此地在過去又被稱為「蜈蚣街」。

南鑼鼓巷東西兩側的胡同是它成為老北京「富人區」的主要原因。西側的八條胡同分別是：福祥胡同、蓑衣胡同、雨兒胡同、帽兒胡同、景陽胡同、沙井胡同、黑芝麻胡同、前鼓樓苑胡同；東側的8條胡同是炒豆胡同、板廠胡同、東棉花胡同、北兵馬司胡同、秦老胡同、前圓恩寺胡同、後圓恩寺胡同、菊兒胡同。

在這些胡同裡有王府貴地，亦有名人故居，如炒豆胡同的77號院是清代僧格林沁王府的一部分；棉花胡同是中華民國代理國務總理靳雲鵬的舊宅；雨兒胡同13號院曾居住過中國一代畫壇巨匠齊白石；後圓恩寺胡同13號則是大文豪茅盾的故居；後圓恩寺胡同7號曾經是清代慶親王次子載旉的府邸，後來又是蔣介石來北京的落腳處。

正是因為這些胡同和胡同裡居住過的名人，讓這一條看似簡單而又古老

的街區曾一度被稱為老北京城的「富人區」。

國子監街中的「監」字怎麼讀

　　國子監街，位於北京市東城區安定門內，是一條東西走向的胡同，又名國子監胡同，因孔子廟和國子監皆建於內，故此處在清代亦被人稱為「成賢街」。國子監，在中國古代既是國家最高行政管理機關，又是國家最高教育學府，具雙重職能。後來其管理功能逐步弱化，逐漸向教育機構轉化。來北京旅遊的朋友是否知道，其實最早的國子監並非在北京，而是建於東吳永安元年（西元258年）的南京。北京的國子監建於元大德十年（西元1306年），亦是此後歷代封建王朝的最高管理及教育機構，至今已有700多年的歷史。

　　來到文化底蘊甚濃的國子監街，您是否知道國子監街中「監」字的讀音呢？也許您要說了，這還不簡單，讀「ㄐㄧㄢ」嘛，其實不然，監字在這裡應該讀四聲「ㄐㄧㄢˋ」。

　　原來，在古代，「監」字讀ㄐㄧㄢˋ，通「鑑」，引申鏡子、借鑒之意。「監」字在甲古文中，有濃厚的象形、會意意味：其左邊是一個人睜大了眼睛，彷彿以下跪的姿勢在往下看，右下邊則是一個器皿（後金文中又在器皿上加了一橫，表示裡面有水）。古人以水為鏡，「監」字即一個人從鏡中看自己的樣子。可見，監查、監督是「監」字的本意。

　　其實，「監」字讀ㄐㄧㄢˋ，還用於古代官名或官府名，主要是取其監察的本意。最早將監字用於國家管理官職的是西周，《周禮·天官·大宰》記載：「乃施典於邦國，而建其牧，立其監。」這裡的「立其監」是派人監管、監視的意思，「監」指諸侯。在秦朝和三國時，分別設有監御史和中書監，負責監察地方官員和掌管中央機密。監察制度發展到隋唐時期，漸趨成熟，後來相繼出現了名目繁多的各類機構或官職名稱，如牧馬監、欽天監、國子監，監官（國子監、欽天監等官署的官員）、監候（封建時代天文官署

國子監街

的官員)、監院、監主、監事、監御、監統、監臨、太監等。

此外,「監」字讀ㄐㄧㄢˋ,在古代還用於人的姓氏。春秋戰國時期衛國的衛康叔為連屬之監,所以其後代以此為姓。

「監」讀ㄐㄧㄢ,多用於現代,如用作動詞,可組成詞語為監督、監察、監考、監聽等。用作名詞,如監獄、監禁等,此時已不再是監字的本意,而是其變化之意了。

國子監即是古代管理和教育機構的名稱,那麼國子監街中「監」字的正確讀音就應為四聲「ㄐㄧㄢˋ」了。

國子監內為何會種有很多的槐樹

位於安定門內的國子監和孔廟的修葺事宜現已基本完工,正在以煥然一新的面貌迎接來自五湖四海的遊客們。

在觀賞國子監街和國子監內的時候,裡面的廣植古槐總會引來遊客們奇怪的目光,這是為什麼呢?國子監是當時北京城的最高學府,有著既崇高又神聖不可侵犯的地位,它始建於元大德十年,東鄰於孔廟,符合古時「左廟右學」的國禮建築理念。就歷史而言,國子監儼然已是北京最古老的學校。

成片的古槐就像堅挺的士兵一樣,執著地守護著歷史悠久的國子監。這種形式,它淵源於周代的「面三槐,三公位焉」之說,「三槐」具有象徵意義,分別象徵著太師、太傅、太保的官位。因此當時槐樹被稱為「公卿大夫之樹」,而國子監裡的槐樹,則暗示監生們能榜上有名,順利通達高官仕途之路。科舉制度始於隋唐時期,其考場叫作「貢院」,即皇帝廣納賢才之地,因此貢院裡也種有大面積的槐樹。

據說,明清時期的貢院裡有一株元朝時種植的古槐,名曰「文昌槐」,傳說此槐原為文昌射斗之地。在中國民間傳說中,文昌帝是專門負責考試的神仙,因此在古代電視劇或電影裡我們時常會看到很多的考生在科考之際前往文昌帝廟參拜,保佑高中狀元。

始建於元代的北京城和廣植槐樹的國子監至今已有700多年的歷史了,而槐樹也一直被北京人民所鍾愛,槐樹被人們作為了行道樹,走在路上,一排排淺白帶點兒綠的槐花與濃密的樹葉相互挑逗著。微風拂過,落英繽紛的槐

花，恰似一隻隻美麗的蝴蝶在空中翩躚起舞，儼然成為了北京一道亮麗的風景線。

您聽說過國子監裡的「吉祥槐」嗎

雖然國子監的名氣遠遠大於吉祥槐，但「吉祥槐」的故事在京城內卻婦孺皆知。

走進國子監，在彝倫堂西側的拐角處便可看到「吉祥槐」那勃發的英姿。「吉祥槐」軀幹高15公尺左右，從主幹中分出的兩根支幹，好似一對相濡以沫的戀人並肩而立，彼此環抱著枝椏，向觀賞的遊客們展示著他們夢幻而又動人的愛情故事。

「吉祥槐」的出現要歸功於元朝國子監的第一任祭酒許衡。至於為何取名為「吉祥槐」，則有著這樣一段佳話。

相傳，明末時期此槐已經枯竭而死，但在清乾隆十六年的一個夏天，枯死的枝幹上竟然長出了新嫩的芽孢。這一幕被國子監的師生們發現後，槐樹枯而復榮的事便傳遍了北京。

當日恰巧是乾隆皇帝生母慈寧太后的六十大壽，由此百姓們認為這是吉祥的預兆，所以為其取名「吉祥」。至此朝廷內外的文武百官紛紛吟詩作對聯、潑墨繪丹青，以表祝賀。

這年正逢蔣溥前往孔廟拜祭先師，蔣溥聽聞此事後，竟夜宿國子監，傾力發揮畫樹的特長，潛心繪製了一幅幽幽蒼健古槐圖，並呈給當時的聖上觀賞。乾隆皇帝看後大為讚賞他的神來之筆，並作《御製國學古槐詩》與之呼應，一時為人傳頌，如今乾隆皇帝當時所作的古槐詩和蔣溥徹夜繪製的古槐圖及眾大臣的詩文還刻在石碑上，立在樹旁。當時朝廷還專門下了一道聖旨把古槐用琉璃圍牆隔開保護起來。西元1956年，古槐詩畫碑與《十三經石刻》一起，被遷至孔廟西側。

吉祥槐

　　《日下舊聞考》提到的「槐市」是有據可循的。周朝的學校附近皆種有槐樹。當時的學士和太學生每逢初一、十五，便聚會於此，各自帶著家鄉的土特產或藏書等，互通有無，互相買賣。因大部分是文人墨客之間的交易，因此氣氛比較融洽。此後槐市便泛指國子監。

　　每逢節假日，眾多的遊客們會圍繞在「吉祥槐」的周圍，沾沾吉祥的氣息，品味著它一路走來的風雨歷程，並用手中的相機記錄下這傳奇的景象。

北京的美食小吃

　　民以食為天，來到北京怎麼能不嘗一嘗老北京特色的美食小吃呢？

　　北京是世界第八大「美食之城」，北京小吃俗稱「碰頭食」或「菜茶」，融合漢、回、蒙、滿等多民族風味小吃以及明、清宮廷小吃而形成，品種多，風味獨特，很多小吃以前可都是宮廷專享，慈禧太后的最愛，「民間難有幾回聞」呀。

　　這些北京美食小吃中，尤以豆汁兒、豆麵酥糖、酸梅湯、茶湯、小窩頭、茯苓夾餅、果脯蜜餞、冰糖葫蘆、艾窩窩、豌豆黃、驢打滾、灌腸、爆肚、炒肝等為代表。

　　每一種美食小吃，其做法、吃法都蘊含著深刻的哲理和老北京人特有的審美意趣，可以說，一種小吃就是一個故事，只要您細細品味，地道京味猶存。

北京老字號美食

您知道老北京的滿漢全席有哪些菜品嗎

滿漢全席是清朝宮廷菜最高級別的菜系，也是山珍海味的代名詞，同時又被譽為中華菜系文化的最高境界。滿漢全席中菜品各異，口味不同，有葷、有素、有酸、有甜、有辣。那麼您知道滿漢全席裡一共有多少種菜品嗎？

滿漢全席

滿漢全席菜品最起碼要有108品，其中包括南菜54道，北菜54道。全席有冷葷熱肴196品，點心茶食124品，所以滿漢全席的菜品共計320品。滿漢全席中最為經典的當屬那108品菜式，其中這108道菜式又分為：蒙古親藩宴、延臣宴、萬壽宴、千叟宴、九白宴、節令宴。這六大宴適用於不同的宴會，招待的賓客也各不相同。

滿漢全席作為清朝宮廷菜的最高盛宴，一直以來都為老北京人所津津樂道，人們經常談論它的吃法和做法，如今的滿漢全席已經走出宮廷進入民間，逐漸被大家所熟知。

吃老北京烤鴨為什麼要分季節

老北京烤鴨是老北京的一道招牌美食，它的前身是南京板鴨。明朝初年，朱元璋在南京建都，他對口感肥而不膩的南京板鴨讚不絕口。據說，朱元璋要「日食烤鴨一隻」。宮廷的御膳房怕皇帝吃膩了就發明新的做法，叉燒烤鴨和燜爐烤鴨就是在此時發明的。朱棣遷都北京後便將南京板鴨帶入了北京，後來南京板鴨就成為老北京烤鴨，並成為了老北京的一道招牌美食。

那麼您知道嗎？在吃老北京烤鴨是要分季節的。

最適合吃老北京烤鴨的季節是春、秋、冬三季。春、冬二季鴨肉比較肥嫩，而秋天天高氣爽，無論是溫度還是濕度，都利於製作烤鴨。而且秋天的鴨子長得也比較肥壯，就是諺語中所說的「秋高鴨

北京烤鴨

肥，籠中雞胖」。唯獨夏天是最不適宜吃烤鴨，這是因為夏天天氣炎熱，人們本來在這個季節就不喜歡吃比較油膩的食物，再者夏季並不適合鴨子的生長，因為鴨子比較怕熱，所以到了夏天都會掉膘減重，還有就是夏天空氣的濕度比較大，鴨坯上常會濕漉漉的，這樣烤出來，鴨皮易發艮不鬆脆。

因此，您想吃到最正宗、口感最鮮美的北京烤鴨最好不要選擇夏季。

東來順的涮肉為何被譽為「中華第一涮」

東來順的涮羊肉自古就有「中華第一涮」的美譽，東來順也是中華老字號。它始建於光緒二十九年（西元1903年），名字的意思是「來自京東，一切順利」，北京的涮羊肉很多，為什麼只有「東來順」會有「中華第一涮」的名號呢？

這是因為它是中國最早的涮羊肉老字號，而且東來順的傳人們在秉承傳統的同時，還博采眾長，精益求精，創造了最獨特的「東來順涮羊肉」。其中最大的秘訣就在於羊肉，東來順的羊肉只選用內蒙古地區錫林郭勒盟

產羊區所產經過閹割的優質小尾綿羊的上腦、大三岔、小三岔、磨檔、黃瓜條五個部位的肉，這五個部位的肉不但鮮嫩而且涮完後吃起來很爽口。不僅要挑選優質羊肉，東來順對羊肉的切法也很講究，切出的肉片薄、勻、齊、美，且片片對折，紋理清晰，形如薄紙、勻如晶、齊如線、美如花，投入海米口蘑湯

東來順肉片

中一涮即熟，吃起來又香又嫩，不膻不膩。

除了羊肉品質好加工精緻，東來順的佐料也有精細的講究，這些佐料包括芝麻醬、紹酒、醬豆腐、醃韭菜花、鹵蝦油、醬油、辣椒油及蔥花、香菜等。香、鹹、辣、鹵、糟、鮮等口味齊全，再加上自製的白皮糖蒜和芝麻燒餅，吃起來醇香味厚，口感獨特。此外，東來順特製的紫銅火鍋也是原因之一，爐膛大、放炭多、開鍋快、通風口合理、燃燒時間長，無煙、耐燒、火旺，使得涮出來的羊肉格外好吃。

都一處一直是賣燒麥的嗎

都一處燒麥館是北京有名的百年老店之一，位於前門大街36號，始建於乾隆三年（西元1738年），距今已有270年的歷史。那麼都一處一直從來都是賣燒麥的嗎？

都一處之所以這麼有名還要從乾隆皇帝那說起。都一處是在乾隆年間由一位山西王姓商人在北京開設的一家經營燒餅、炸豆腐的小店鋪。在乾隆十七年（西元1752年）的大年三十晚上，乾隆皇帝從通州微服私訪回京的途中經過前門，當時所有的店鋪都關門了，只有這家「王記酒鋪」還在營業，就進店用膳。乾隆覺得這家店招待周到，酒味濃香，小菜可口，就問酒店叫什麼名。店主回答：「小店沒名」。乾隆聽後說：「此時京城開門的就你一家，就叫都一處吧！」乾隆回宮後還親筆題寫了「都一處」店名並刻在匾上，幾天後派宮裡的人送來這塊虎頭匾。從此，「都一處」代替了「王記酒鋪」，生意十分紅火。

都一處燒麥

抗戰時期，都一處雖然沒有像其他店鋪那樣慘遭破壞，但經營狀態一直不是很景氣。直到新中國成立後，都一處才逐漸恢復了以往的風光，在1996年都一處被重新修繕，1998年重新開張後都一處生意變得空前地紅火，後來還被譽為「中華名小吃」。

您吃過泰豐樓的一品鍋嗎

泰豐樓，開業於清同治十三年，位於大柵欄煤市街，外觀並不起眼，然而裡面極軒敞，有房百餘間，可同開席面六十多桌，為南城一時之最。後來酒樓幾次易主，但字號與風味依然，馳名京師。菜主要為山東風味，名菜有沙鍋魚翅、燴烏魚蛋、蔥燒海參、醬汁魚、鍋燒雞等，尤以「一品鍋」最為著名。

一品鍋

「一品鍋」是徽州山區冬季常吃的一種火鍋。相傳，此菜由明代石台縣「四部尚書」畢鏘的一品誥命夫人余氏創製。一次，皇上突然駕臨尚書府作客，席上除了山珍海味外，余夫人還特意燒了一樣徽州家常菜——火鍋。不料皇上吃得津津有味，讚不絕口。席上得知美味的火鍋竟是余夫人親手所燒，便說原來還是個「一品鍋」！菜名就由此而來。「一品鍋」的烹調比較講究，在火鍋裡，鍋底鋪上乾筍子，第二層鋪上塊肉，第三層是白豆腐或油炸豆腐，第四層是肉圓，第五層蓋上粉絲，綴上菠菜或金針菜，加上調料和適量的水，然後用文火煨熟。

安福樓裡胡適之魚是因胡適而命名的嗎

關於安福樓的資料記載少之又少。只在崔普權先生的《舊京飯莊八大樓》中略見敘述：「安福樓是安蘊卿在王府井開的山東菜館，係承父業。以糟溜魚片、沙鍋魚唇、鹽爆肚絲等為名肴。今在朝外關東店重新開業的安福樓，在原魯菜的風格上，又同時操作川菜，原安的孫輩曾一度在此操辦灶廚。」

又金受申在《老北京的生活》中記載：「王府井大街的安福樓，前身為承華園。當其鼎盛時，許多文人常在此詩酒流連。哲學博士胡適之曾到這裡大嚼，發明用鯉魚肉切成丁，加一些三鮮細丁，稀汁清魚成羹，名『胡適之魚』」。

由此可知，安福樓裡的「胡適之魚」的確是因胡適而得名的。

正陽樓的烤羊肉有什麼獨特之處

　　正陽樓老字號飯莊始建於清道光年間，距今已有160多年的歷史。是北京著名的「八大樓」之一。歷史上的正陽樓飯莊以經營山東風味菜為主，民國初期增添了別具一格的「螃蟹菜」和「涮羊肉」等，一時譽滿京城。「螃蟹菜」我們表過不提，單來說一說它的「涮羊肉」。

　　每年一到立秋，正陽樓的菜單裡就添上了「涮羊肉」一欄。所用的羊，都是專門從口外購買的，在永定門附近設有羊圈，趕來的羊要先放入羊圈中餵養一段時間之後再行宰殺。先剝皮，然後按部位把肉切下來放在冰上，上面再壓一塊冰，壓了一天一夜，羊肉內的腥膻雜味都被去除了，這才開始切肉。切肉這一環節要求也很高，非刀工極好的老師傅不可。

正陽樓

　　而在正陽樓吃涮羊肉，最講究的是佐料全。這裡的佐料有小磨香油、芝麻醬、醬豆腐、韭菜花、醬油、米醋、鹵蝦油、辣椒油、花椒油、料酒、糖蒜、白菜、香菜、酸菜、粉絲等近二十樣，火鍋裡還要放上鮮蘑。只有有了這些佐料，才可以稱得上是正宗的「涮羊肉」。其他經營涮羊肉的餐館眾多，但極少有正陽樓的考究，因此籍籍無名。

老北京的傳統小吃

老北京人為何獨愛炸醬麵

　　俗話說「冬至餃子夏至麵」，每年到了夏至這天老北京人都會全家圍在一起吃上頓炸醬麵，不僅在夏天，在春、秋、冬三季炸醬麵也是老北京人餐桌上常見的主食，那麼炸醬麵有何獨到之處，能夠成為老北京人最喜歡的主

食之一呢？

　　老北京人都喜歡自己在家裡做炸醬麵，做炸醬麵首先最重要的是炸醬，老北京人做的炸醬講究用六必居的黃醬配天源醬園的甜麵醬；炸醬時選用的肉則挑選半肥半瘦的五花肉，再配上蔥、薑、蒜等佐料。除了這些之外，老北京炸醬麵還要配菜碼，一般家庭所備的菜碼有黃瓜絲、豆芽、胡蘿蔔絲等。關於老北京炸醬麵的菜碼在老北京民間還流傳著一首有意思的童謠：「青豆嘴兒、香椿芽兒，焯韭菜切成段兒；芹菜末兒、萵筍片兒，狗牙蒜要掰兩瓣兒；豆芽菜，去掉根兒，頂花帶刺兒的黃瓜要切細絲兒；心裡美，切幾批兒，焯豇豆剁碎丁兒，小水蘿蔔帶綠纓兒；辣椒麻油淋一點兒，芥末潑到辣鼻眼兒。炸醬麵雖只一小碗，七碟八碗是麵碼兒。」不同的菜碼和炸醬、調料放在一個個小碟子裡。等到麵煮好了，盛入大碗裡，一小碟一小碟的菜碼圍著大碗的炸醬麵擺好後，就可以上桌吃了。

　　老北京炸醬麵既然有這麼多的菜碼，那麼它所含的營養價值一定是極高的，可謂是老少皆宜，北京又地處中國的北方，本來北方人就喜食麵食，所以老北京炸醬麵就成了老北京人最喜歡的麵食之一。

老北京炸醬麵

豆汁與豆漿是一種食品嗎

　　豆漿是人們每天早上必備的食品，豆漿不僅喝起來口感香甜而且還富有很高的營養價值，那麼老北京人喜歡的豆汁和豆漿是一種食品嗎？

　　雖然豆汁與豆漿都屬於豆類食品，但這兩種食品卻是口味完全不一樣的食品。豆汁在《燕都小食品雜詠》記載：「得味在酸鹹之外，食者自知，可謂精美妙絕倫。」由此可見，豆汁的味道是一種酸鹹味道，對於那些喜歡喝豆汁的人來說是一種極大的享受，但對於不懂豆汁的人來說，簡直是難以下嚥。那麼到底豆汁是一種什麼味道呢？如果用一句話來形容可以說豆汁味同泔水味。有著如此味道的豆汁到底是誰發明出來的呢？

豆汁

據說，豆汁在宋代時期就出現了，當時有一位做綠豆澱粉的人無意中將做豆粉的剩餘汁液發酵，發現了十分可口的豆汁。後來他將這些豆汁煮熟賣給附近窮苦的百姓，就這樣這種味道獨特的豆汁就問世了。據相關史料記載，豆汁在清乾隆年間傳入宮廷，並成為了宮廷御膳中的一種。據說當年咸豐帝每當外出體察民情回到宮中後，第一件事就是讓御膳房為自己盛上一碗豆汁來喝。

豆汁可以說是北京最獨特的一種小吃，如果您來北京旅遊不妨喝上一碗，體驗一下這豆汁的味道。

驢打滾因何得名

驢打滾，又稱豆麵糕，是一種以江米皮裹上紅豆餡再放入黃豆粉中翻滾而成的滿族傳統甜食。驢打滾在清朝時曾被列為宮廷食品，後隨著清廷的覆滅流入民間，成為北京的著名小吃。因為驢打滾外觀頗似小毛驢在土地上打滾後渾身沾滿黃土的樣子，故而得名。

關於驢打滾的記載最早出現於元人的《燕都小食品雜詠》裡：「紅糖水餡巧安排，黃麵成團豆裡埋。庖廚呼作『驢打滾』，食客聞香紛紛來。」可見，驢打滾正式被叫做「驢打滾」的歷史已有400多年了。

傳說，驢打滾是2000年前的東漢名將馬武發明的。馬武作為漢光武帝劉秀「雲台二十八宿」之一，曾率軍在現今的北京郊區上口村位置駐守。其間，

驢打滾

戰士們因為長期食用黏黃米饃的緣故，普遍產生厭食情緒，嚴重危及到軍隊的戰鬥力。而生性幽默的馬武受到毛驢在地上打滾渾身沾滿黃土樣子的啟發，創製出了黃黏米外滾黃豆粉的「驢打滾」。結果，戰士們看到這麼滑稽的食物，紛紛胃口大開，品嘗後還讚不絕口，戰士們的厭食情緒得到很大緩解。

艾窩窩真的是皇帝最愛的小吃嗎

艾窩窩

「艾窩窩」是北京的一種傳統糯米黏食，也稱「愛窩窩」，每年農曆春節前後，北京的小吃店要上這個品種，一直賣到夏末秋初，涼著食用。所以艾窩窩也屬春秋品種，現在一年四季都有供應。

《燕都小食品雜詠》中寫道：「白粉江米入鍋蒸，什錦餡兒粉麵搓，渾似湯圓不待煮，清真喚作愛窩窩。」這種類似大湯圓的艾窩窩，黏軟香甜，頗受人們的喜愛。明萬曆年間內監劉若愚的《酌中志》中就有「以糯米夾芝麻為涼糕，丸而餡之為窩窩，即古之『不落夾』是也」的記載，可見艾窩窩在明萬曆年間就有製作，而且原來只叫窩窩。相傳後來某位明朝皇帝特別愛吃它，動不動就吩咐說「御愛窩窩」，後來傳到民間，百姓不敢提起代表皇帝的「御」字，便簡化成了「愛窩窩」，時間久遠了，人們還以為是某位艾姓人家發明了這類食物，於是想當然將其叫成了「艾窩窩」。

糖耳朵是麻花嗎

糖耳朵

糖耳朵又稱蜜麻花，是北京傳統小吃中的經典甜食，色澤棕黃油亮，綿潤鬆軟，甜蜜可口，因為它做成後外形與人的耳朵相似而得名。前人有詩云：「耳朵竟堪作食耶？常偕伴侶蜜麻花，勞聲借問誰家好，遙指前邊某二巴」。其原料有麵、紅糖、花生花生油、飴糖、蜂蜜、鹼，繁而不雜。

糖耳朵適宜在春、秋、冬季食用，唯獨不適合夏季吃，這是因為夏季天氣炎熱，糖耳朵上的糖容易化掉，黏手不說還容易脫落。但這是老話了，現代人家家都有冰箱，買來之後吃不完往冰箱裡一放，想吃的時候就可以隨時解饞了。

老北京炒肝有何歷史

炒肝兒

老北京的傳統小吃炒肝近年來可謂是「風風火火」了一把。2011年，時任美國副總統的拜登在中國訪問期間專程到鼓樓附近的姚記炒肝店吃炒肝，並豎起大拇指。最讓老北京炒肝聲名遠揚的，還是在2013年12月28日中午，習近平總書記到北京市西城區慶豐包子鋪月壇店，吃包子，就炒肝。習總書記的吃法最是正宗，因為在老北京人眼中，炒肝就應該是就著包子一起吃的。

話說回來，這一下子紅遍大江南北的炒肝有著怎樣的歷史呢？其實，北京的炒肝可以追溯到宋代的民間食品「熬肝」和「炒肺」。而炒肝的正式出現是在100多年前，前門鮮魚口胡同會仙居的掌櫃劉氏三兄弟在之前白湯雜碎的基礎上，去掉豬心、豬肺，並用醬與澱粉勾芡而發明了炒肝。炒肝這一小吃甚至產生了許多有趣的歇後語，如「豬八戒吃炒肝──自殘骨肉」「天興居的炒肝──沒心沒肺」等。

麻豆腐和豆汁是「系出同門」嗎

麻豆腐

麻豆腐是老北京的家常菜，北京人家常將麻豆腐加羊尾巴油、紅辣椒、黃豆、雪裡蕻一起炒，味道微酸，入口即化。因為羊油的膻味很重，所以有時候人們也用素油烹調麻豆腐。麻豆腐是綠豆製品，所以也具有一定的清熱去火、美容養顏的功效。

麻豆腐的歷史可以追溯到明朝，是當時粉坊用綠豆製作粉絲過程中的下腳料。綠豆在加水磨粉後，經發酵濾去上層頂稀的液體豆汁，殘留下的黏稠物裝入布袋加熱並濾去水分，就是麻豆腐了。所以說，麻豆腐與豆汁是「系出同門」的。雖然是地地道道的下腳料，但是麻豆腐可不乏名人大腕兒的追捧，著名京劇大師馬連良便是其中的代表。

褡褳火燒見證了怎樣的北漂傳奇

褡褳火燒是北京的一種傳統小吃，因為外形酷似傳統服飾上的褡褳而得名。褡褳火燒是一種油煎食品，色澤金黃，鮮脆可口，製作時用麵片裝入餡，兩面折起包住餡，另兩面不封口，放入油中煎熟至金黃即可。

褡褳火燒

褡褳火燒還見證了一段北漂傳奇。相傳清朝光緒年間，從順義縣城來京的「北漂」姚春宣夫婦在北京的東安市場開了一個做火燒的小攤。一開始，由於火燒這種食品在老北京司空見慣，所以夫婦倆的生意並不算好。後來姚氏夫婦看到往來行人肩上搭著的褡褳，靈機一動，做出外形酷似褡褳的火燒。夫婦倆做出的褡褳火燒細長金黃，外焦裡嫩，鮮香美味，很快便打出了一片市場。小攤的生意越發紅火，姚氏夫婦終於開起一家名叫「瑞明樓」，專門經營褡褳火燒的小店。

吃門釘肉餅有何講究

若想知道吃門釘肉餅有何講究，就得了解它。

焦黃的麵皮、鮮美的肉餡，香濃的湯汁，這就是傳說中的門釘肉餅。「門釘」也即「門丁」，是頗有盛名的老北京回民小吃，餡是牛肉大蔥，牛肉是上好的上腦或腰窩且要肥瘦相間，大蔥的分量與用到的牛肉一樣多，並從中加入油、薑、花椒等輔料調拌而製。

門釘肉餅皮薄餡多，是高約3公分，直徑5公分的圓柱體，和一般的肉餅相比小且厚。門釘肉餅是用牛油做的，油水很大，並且牛油很容易凝結成塊狀，凝固了的肉餅味道就不怎麼鮮美，因此最好趁熱吃，那樣吃起來的口感才好，一口咬下肉餅，那充滿著外焦裡嫩的麵皮，清香潤口的湯汁，還有極致的牛肉瞬間佔領了舌尖，咀嚼之時，味蕾得到昇華。但是趁熱吃時，千萬莫要心急就直接地

門釘肉餅

一大口咬下去，因為那樣很容易燙著嘴，並且還會滋一身的油，因此在吃門釘肉餅時得注意，不要把一種享受變成一種尷尬。

在北京，門釘肉餅被稱為小吃十三絕之一，這跟慈禧太后也有著千絲萬縷的關係。據說有一日，御膳廚房的師傅給慈禧做了一道帶餡的點心，慈禧嘗過後，感覺味道很適宜，甚是喜歡，便詢問身邊的廚子是什麼食物。由於當時還沒有名字，可是太后問，廚子又不敢直接明說不知道，怕惹來殺身之禍，於是，廚子想到了宮廷大門上的釘帽，就戰戰兢兢地說：「這叫『門釘肉餅』。」從此，流傳到民間，漸漸地成為現在充滿著北京風味的名小吃。

吃過門釘肉餅的人，只要一想到在焦黃的麵皮裡面，飽含著濃濃的湯汁，集合了牛肉的鮮和大蔥的香，就頓時感覺著實地誘人，毫不誇張地「口水直流三千尺」。

薩其馬一名到底是怎麼來的

北京的名小吃多種多樣，並都有著各自的特色和寓意，而「薩其馬」則是一種充滿著老北京風味的糕點名稱，原意是「狗奶子蘸糖」，它原本是滿族祭祀的祭品，用冰糖、奶油和白麵製作而成，形狀有點像糯米，經烤熟後切成方塊狀，即可食用。有關「薩其馬」一名的由來眾說紛紜，在野史記載中曾有三種說法：

說法一充滿著濃厚的民族色彩，民間傳聞在清朝有位姓薩的將領，他經常外出狩獵，每次狩獵回府時都要吃些點心，甚至還苛刻地吩咐廚房製作點心不能做重樣，否則要實行懲戒。一次，廚房裡的一個廚子不小心將蘸了雞蛋清的點心炸碎了，內心感到十分惶恐不安，而此時，廳堂裡的大將軍已在催著要上點心，無奈只好端了上去。原以為會被責罰，不料將軍吃了讚不絕口，還特意問這道點心的名字，廚子看到一僕人牽走的馬就隨口說道「殺騎馬」，後來這道點心的名字被記載成文字，也即為「薩其馬」。

說法二，古時候有一位做了一輩子點心的老翁，一天突發奇想地想創作一種口味獨特、形狀新穎的點心，他在另一種甜點蛋散中得到了靈感，起初還沒來得及為此點心命名，便被迫不及待的妻子催著去市場上賣。由於半道中下雨，老翁便到了大宅門口避雨。不料那戶人家的主人騎著馬回來，把老

翁放在地上盛放點心的籮筐踢到了路中心，點心便撒了一地，濕漉漉的。後來老翁再次做了那點心去賣，結果廣受民眾歡迎，那時有人問到這個點心的名字，他回想起那日的情景就咬牙切齒地答道「殺騎馬」，而後隨著時間的不斷推移，便被後人將名字雅化成「薩其馬」。

說法三，最有依據和最有說服力的講法便是滿語的音譯，在清朝乾隆年間，大學士傅恆等編撰的《御製增訂清文鑑》一書中曾有過詳細的記載，由於當時一時半會兒找不到合適的漢語代稱，便直接將滿語音譯，所以一直都有著各式各樣的「沙其馬」「賽其馬」等等的稱呼。經過歷史的變遷，清王朝的統治漸漸地穩定下來，滿族民眾入關後，與漢族文化相互交融磨合，而薩其馬作為一種特色的滿族風味食品，也就漸漸地被漢民所接受。因此薩其馬的名字也就順理成章地成了滿漢人民共同使用的名稱。

這些版本的真假，已不重要了，重要的是它帶給我們的歷史氣息、味蕾的滿足感和心裡的獵奇感，現今「薩其馬」這一小吃已然被廣大中外民眾所追捧，而傳說為它蒙上更為神秘的面紗。來北京吃薩其馬，也許會是一個不錯的選擇。

慈禧太后長壽真的與吃茯苓餅有關嗎

北京有一種薄薄的「紙餅」，叫做茯苓餅，也叫茯苓夾餅，是一種滋補性傳統名點。因為餅皮很像國藥中的雲茯苓片，故稱「茯苓餅」。慈禧太后尤其愛吃茯苓餅，特別是到了晚年，每天必吃，並以此養生保健，更讓人覺得此餅非同一般。

茯苓餅

茯苓餅所含的茯苓，俗稱雲苓、松苓、茯靈，為寄生在松樹根上的菌類植物，形狀像甘薯，外皮黑褐色，裡面白色或粉紅色。古人稱茯苓為「四時神藥」，功效廣泛，不分四季與各藥配伍，不論寒、溫、風、濕等症，都能發揮其獨特功效。在《神農本草經》中，茯苓更是被列為上品，並指出其「久服安魂養神，不饑延年」。茯苓餅的製作係以茯苓霜和精白麵粉做成薄餅，中間夾有用蜂蜜、砂糖熬溶攪勻的蜜餞松果碎仁，其形如滿月，薄如

紙,白如雪,珍美甘香,風味獨特。

據說慈禧太后能活到74歲與她長期食用藥膳有直接的關係。在已經公布的13個慈禧補益方中,茯苓餅的使用頻率最高。

慈禧為什麼晚年特別愛吃茯苓餅呢?傳說北京香山的法海寺,有個老方丈素有「老壽星」之稱。來此進香的人,早就聽說老方丈已99歲了,但是精神特好,每天除了坐禪、練功,就是上山採藥。他除了吃松子,便是吃自己親手烙的不知名小圓餅。

這一年,慈禧在香山行宮養病,看著自己年紀大了,又得了心疼病,生怕自己活不長久了而終日憂愁。御醫給她開了很多方劑,也沒有多大起色。於是有人進言可以向法海寺的老方丈求醫。慈禧便將老方丈請進了香山行宮,老方丈則向太后進獻了自己親手製作的小圓餅數枚,讓她服用。方丈走後,慈禧連吃三枚,味道鮮美,而且感覺精神也清爽了許多。服用幾天後,心疼病竟然一掃而光。

為了打探這小圓餅的奧秘,次日清晨,慈禧只帶一二隨從來到了法海寺。一進廟門,但聞奇香撲鼻而來。她也不讓隨從聲張,逕自走向方丈禪房。這才發現老方丈正在烙製自己前日吃過的小圓餅呢。見太后駕臨,方丈急忙迎接。慈禧好生慰問一番,方才請教此物底細。老方丈說:「人生在世不求仙,五穀百草保平安。此餅乃是老衲所採茯苓所製,名曰『茯苓餅』,有養生健身奇效。」說著,他便取來自己採集之物給太后觀看,太后連聲稱讚,並熟記在心。

慈禧回來之後,把御醫和御膳房名廚叫來,如此這般一說,限令他們試製「茯苓餅」。時隔不久,精美餅食即奉獻於太后面前了。御醫研討後的製作方法,被載入太醫院「仙方冊」中。御膳房製作「茯苓餅」的名廚也得到了重賞。據一些在慈禧太后身邊服侍多年的人回憶說,老佛爺自從進食「茯苓餅」後,不僅很少犯心疼病,而且頭髮也由白變黑了。

豌豆黃兒為何會有「粗」「細」之分

在北京,豌豆黃兒是春夏季時典型的應季必需品,每到農曆三月初三就得吃豌豆黃兒,它原來是民間食品,後來被傳入宮廷。現今北京豌豆黃兒廣

受大眾喜愛，並於1997年12月被中國烹飪協會授予首屆全國中華名小吃的稱號，至此在全國名聲大噪。

當你來到北京的時候，就會奇怪的發現豌豆黃兒竟有「粗」和「細」之分，其中當然有一定的人文因素。「粗豌豆黃兒」源於民間，其製作工藝和材料都極為普通簡單，它的材料常用白豌豆，去皮後燜熟放糖，並與石膏水和紅棗進行攪拌，冷卻後切成菱形塊狀。它常見於北京春季時盛大的廟會上，那時候大塊的大塊的豌豆黃兒探著頭好像是給人們報春訊，帶著濃濃的暖意。

而「細豌豆黃兒」是清朝時期的御膳房根據民間的「粗豌豆黃兒」進行的改良品。有一回慈禧太后正休息之時，忽聞街上傳來敲鑼打銅吆喝聲，心感納悶，忙令身邊伺候之人前去打探，當值太監回稟是賣豌豆黃兒。慈禧一聽略感餓意，遂傳令將此人帶進園來。來人見了老佛爺急忙雙膝跪地，並小心翼翼地雙手捧著豌豆黃兒，敬請老佛爺賞光。慈禧嘗罷，讚不絕口，並將此人留於宮內，專為她做豌豆黃兒。宮廷的豌豆黃兒製作工藝精細，材料選用上等，因此口味與民間的豌豆黃兒有著天壤之別。

豌豆黃兒成品色澤淺黃、細膩、純淨，有點像芒果布丁，且入口即化，味道香甜，清涼爽口，食入豌豆可利於小便、止渴、和中下氣，並有清熱解毒、消炎、輔助降血壓、減肥的功效。

豌豆黃

老北京麵茶和茶湯是一種小吃嗎？

「清晨一碗甜漿粥，才吃茶湯又麵茶」，這首《都門竹枝詞》生動具體地描寫了老北京人的生活狀態，其中的麵茶和茶湯同是北京炙手可熱的民間小吃，並被人們冠上「八寶」這一稱謂，雖然名字裡都帶有「茶」這個字眼，但卻不是同類的食品。

麵茶是一種麵食，它是北方人在冬季和春季時候常用作早餐和夜宵的一種食品，清朝《隨園食單》中就曾有過記載，麵茶是玉米麵加上小米麵合煮成的黏稠粥糊物，放些碾好加了鹽的芝麻粒兒，並在其表面上轉著圈地澆著

已和了香油的芝麻醬，還可以適當地放些花椒鹽，另加兩勺果子蛋，一起吃味道極佳。麵茶在老北京講究的是喝它的方法。當地人喝麵茶不用勺不用筷，只要一手拿碗即可，首先把雙唇攏起，緊貼著碗的邊沿，轉著圈兒喝，因為麵茶很燙，碗裡的麵茶和著麻醬一起流到碗邊再用絕技吸溜到口中，每一口裡都包含著麻醬還有芝麻，香濃飄逸，妙趣無窮。

茶湯相傳於明朝，因僅靠熱水沖食，猶如沏茶，因此被稱為茶湯。「茶湯」也叫「扣碗茶湯」和「龍茶」，被稱為「扣碗茶湯」是因為將碗翻過來並且茶湯不灑出，而叫「龍茶」則是因用龍頭嘴的壺沖泡而製。「茶湯」是北京的一種甜飲食，有些像藕粉一樣，它們的原材料採用的都是糜子麵。茶湯講究的是一鼓作氣一次沖熟，並且厚薄要合乎所規定的要求範圍，忌加水再次沖泡，因為那樣不僅流失了茶湯的營養成分，還淡化了它味甜香醇的口感。茶湯成品須是色澤杏黃，味道細膩耐品方可為正宗。北京的「聚元齋」和「茶湯李」賣的茶湯乃是上品。

茶湯除香甜外，還有穀物的樸實之氣，給人以一種親近自然的感覺。

將時間的鏡頭拉長定格在北京陽光明媚的早晨，會看到一群服裝迥異的男女老少正其樂融融地在各種小吃店裡，悠閒地享受著美味的「甜漿粥、茶湯、麵茶」，那種恬靜平淡和歡聲笑語幻化成一條紅絲帶，高高地掛在北京歷史門前的那棵棗樹上隨風飄揚。

「漏魚」是一種與魚有關的北京小吃

「漏魚」也俗稱「蛙魚」，但它並不是一種魚，也不是跟魚有關的食物，而是北京漢族人民的名小吃。它是用地瓜粉或是綠豆粉製作成的半透明狀物，

漏魚

煮熟之後因外形酷似魚，而被當地人取之名為「漏魚」。其名一是取之於形，二是充滿著生動活潑的鄉土氣息。在古時的北京曾有人稱讚道：「冰鎮刮條漏魚竄，晶瑩沁齒有餘寒。味調濃淡隨君意，只管涼來不管酸。」

美食的誘惑對天生愛吃的人來說是抵擋不住的。早年老北京吃「漏魚」並非必去店裡，其實在家

裡也可以動手製作出色澤潔白剔透，嫩滑鮮香酸辣的「漏魚」。

製作「漏魚」的時候要注意澱粉和水的比例，還有它外形的精緻小巧。首先要將放置澱粉的盆裡用水進行調和成水澱粉，隨後在往鍋內倒些清水並進行加熱，比例調為1:7左右，然後把白礬壓成麵放入鍋裡進行溶化，並把水澱粉倒入鍋內，用木棍進行順時針和逆時針的攪拌，再把芝麻醬用涼開水調散開來，把洗淨的胡蘿蔔切成絲，分別有序地擺放在廚房的桌子上，便於接下來步驟的實施。 最後在盆內加少許的涼水，把攪拌好了的熟澱粉糊倒入盆內的漏勺上，用木棒輕敲專門製作「漏魚」的工具，讓澱粉糊順其自然流下，吃時撈入碗內即可。按照北京人的習慣，在盛入「漏魚」時灑些榨菜，放些辣椒油和脆香的花生米，再添加獨家配方調製的大料水，當然也可以根據個人喜好擱些適當的醋和糖。

當有一碗「漏魚」出現在面前的時候，莫要狼吞虎嚥地只顧填飽肚子，得細細品嘗，在吃之時，享受著嗞溜一下滑入腹中的快感和口齒間遺留的「魚」香，著實令人流連忘返，回味無窮。

您吃過正宗的老北京焦圈嗎

焦圈形如女士們佩戴的手鐲，其色澤金黃，酥鬆蓬脆，是一種北京古老的小吃，它稍碰即碎，別有一番風味，並深受北京群眾喜愛。老百姓們喝豆汁時愛就著焦圈，再來幾碟小菜，倍感滿足愜意。且貯存十天半個月，口感依然酥脆不變。

上等正宗的焦圈，評判有技術含量的標準就是炸出來的顏色是否金黃，是否油亮光滑小巧玲瓏。在老北京做焦圈用的麵，不能隨隨便便都成，講究的是張家口一帶的口麥磨的麵，因為口麥紅皮圓粒，炸出來的焦圈不僅個兒大還倍加香脆，配料中還要添加鹽、塊鹼、明礬、花生油等十多種必備材料。刀工也有講究，首先將和好了的麵團平攤在桌子上成塊狀，並用專門製作焦圈的刀具切成一寸多長的小條，然後取其中的兩個小條並重疊起來，再順著長度從中間切出一條縫，不可將兩頭都切開，因為那樣炸出來的形狀就不像圓形手鐲了，然後放到油鍋裡，當小條在熱油中膨脹浮起時，迅速地將它翻面，然後再將筷子插入縫中，把縫碰寬，用筷子套著縫，在油中劃上幾

個圓圈來，便形成了一個圈兒。出鍋也是有學問的，內行講究的是一兩麵出8個，一斤麵出80個，不多不少剛剛好。

焦圈看起來不怎麼吸人眼球，但也是皇家的傳承之物，據傳古代帝王都曾

吃過，現今焦圈的風采一如初見，北京著名的護國寺小吃店和群芳小吃店出售的焦圈，於1997年12月獲得首屆全國中華名小吃的稱號。

焦圈，象徵著人們渴望生活的幸福圓滿，傳承著中國的飲食文化，一道道工藝都包含著辛勤勞動人民智慧的結晶，它不僅僅是一種舌尖上的享受，更是一種風情，一種歷史的見證，一種文化的積澱。

焦圈

附　錄

名勝古蹟 *TOP 10*

故宮：

　　故宮是今天世界上規模最大、保存最完整的古代皇宮建築群，位於天安門北側，舊稱紫禁城。其建成於明代永樂十八年（西元1420年），是明清兩代的皇宮，先後共有24位皇帝在此生活和處理政務。它是漢族宮殿建築之精華，是無與倫比的古代建築傑作，與法國凡爾賽宮、英國白金漢宮、美國白宮和俄羅斯克里姆林宮並稱為世界五大宮殿。

　　整個故宮建築分為「前朝」和「內廷」兩部分，四周有城牆圍繞，城外有筒子河環抱，城的四角都有角樓，四面各開一道大門，正南是午門，為故宮的正門。

　　2014年，故宮設立了古建修繕技藝傳承基地，部分恢復造辦處功能。

頤和園：

　　頤和園的前身是清漪園，位於北京西郊，距城區15公里，佔地約290公頃，與圓明園毗鄰。頤和園是中國現存最完善的皇家行宮御苑，被譽為「皇家園林博物館」，是北京著名景點。

　　頤和園是乾隆十五年（西元1750年）乾隆為孝敬母親動用448萬白銀所修建的，園內所有的景點都以杭州西湖為藍本，是汲取江南園林的設計手法而建成的一座大型山水園林。咸豐十年（西元1860年），清漪園被英法聯軍焚毀。光緒十四年（西元1888年）重建，改稱頤和園。光緒二十六年（西元1900年），頤和園又遭「八國聯軍」的破壞，珍寶被劫掠一空。清朝滅亡後，頤和園在軍閥混戰和國民黨統治時期，又遭破壞，可謂是命運多舛。

　　1961年，頤和園被公布為第一批全國重點文物保護單位，1998年11月被列入《世界遺產名錄》。2007年5月8日，頤和園由國家旅遊局批准成為國家5A級旅遊景區。

天壇：

天壇公園是世界文化遺產、國家5A級旅遊景區、全國重點文物保護單位。距市中心3公里，位於北京正陽門東南方向，為明、清兩朝皇帝祭天、求雨和祈禱豐年的專用祭壇，是世界上現存規模最大、最完美的古代祭天建築群。1918年作為公園正式對外開放。

地壇：

地壇又稱方澤壇，是古都北京五壇中的第二大壇。始建於明代嘉靖九年（西元1530年）是明清兩朝帝王祭祀「皇地祇神」的場所，也是中國現存最大的祭地之壇。壇內總面積37.4公頃，呈方形，整個建築從整體到局部都是遵照中國古代「天圓地方」「天青地黃」「天南地北」「龍鳳」「乾坤」等傳統和象徵傳說構思設計的。地壇現存有方澤壇、皇祇室、宰牲亭、齋宮、神庫等古建築。

日壇：

日壇又名朝日壇，位於北京朝陽門外東南，國家3A級旅遊景區、國家級文物保護單位。是明清兩代帝王祭祀大明之神「太陽」的處所。1951年北京市人民政府決定將日壇擴建，開闢為公園。今年，日壇公園增建了部分基礎建設，重修了馬駿烈士墓及紀念室，修建了遊樂中心。園中林木成蔭、路面整齊、古樸典雅、景色幽靜，是個修身養性的好去處。

月壇：

月壇公園位於北京市西城區南禮士路西，月壇北街路南。月壇原名「夕月壇」，是北京五壇之一，建於明嘉靖九年（西元1530年），是明清兩代帝王秋分日祭夜明神（月亮）和天上諸星宿神祇的地方。鐘樓、天門、神庫等古建築均保存完好，是北京市文物保護單位。月壇於1955年闢為月壇公園；1969年在公園內建築了電視鐵塔；1983年在外壇修建了天香書院、攬月亭、爽心亭和嫦娥奔月雕塑等；1987年又增建了月下老人祠和碑牆。月壇公園佔地8.12公頃，分為北園和南園兩個部分。

先農壇：

先農，遠古稱帝社、王社，至漢時始稱先農。魏時，先農為國六神之一（風伯、雨師、靈星、先農、社、稷為國六神）。藉天祭先農，唐前為帝社，祭壇曰藉田壇，垂拱年（西元685～688年）後改為先農壇。至此祭祀先農正式定為封建社會的一種禮制，每年開春，皇帝親領文武百官行藉田禮於先農壇。

天安門：

天安門坐落在北京市中心，故宮的南端，與天安門廣場隔長安街相望，是明清兩代北京皇城的正門。設計者為明代的御用建築匠師蒯祥。

天安門始建於明朝永樂十五年（西元1417年），最初名叫「承天門」，寓「承天啟運」「受命於天」之意，是紫禁城的正門。清朝順治八年（西元1651年）更名為天安門。既包含了皇帝是替天行使權力、理應萬世至尊的意旨；又寓有「外安內和，長治久安」的含義。

1925年10月10日，國立故宮博物院成立，天安門開始對民眾開放。1949年10月1日，在這裡舉行了中華人民共和國的開國大典，它也被設計入國徽的圖案中，並成了中華人民共和國的象徵之一。1961年國務院公布天安門為第一批全國重點文物保護單位之一。

天安門以其500多年厚重的歷史內涵，高度濃縮了中華古代文明和現代文明，同時它還是新中國的象徵，成為了中國人心中嚮往的地方。

長城：

長城，從東到西綿延萬里，從古至今，其延續不斷修築了2000多年。憑臨登攀，越是到懸崖絕壁人蹤罕至處，越可見其建造的艱辛奇特。它那雄偉的風姿、美學的價值、防禦的功能及所蘊含的軍事謀略，都是世界文化遺產中少見的。它是偉大的世界奇蹟，深受各國人民的仰慕和讚歎。

站在長城上，不論是春花秋月、夏雲冬雪，還是看長城內外蒼茫的遠山、連天的衰草，都有一股濃重的思古幽情油然而生。也許，我們已經忘記當年這個古戰場上飛揚的胡笳羯鼓和閃爍的刀光劍影，但我們不會忘記在歷時2000多年間千千萬萬修築萬里長城的先人；他們驚人的智慧、驚人的堅守

以及驚人的創造力，不僅使我們受到巨大的震撼，也給予了我們深深的啟迪。

明十三陵：

　　明十三陵是中國明朝皇帝的墓葬群，坐落在北京西北郊昌平區境內燕山山麓的天壽山。這裡自永樂七年（西元1409年）五月始作長陵，到明朝最後一帝崇禎葬入思陵止，其間230多年，先後修建了十三座皇帝陵墓、七座妃子墓、一座太監墓。共埋葬了十三位皇帝、二十三位皇后、二位太子、三十餘名妃嬪、兩位太監。

名山勝水 *TOP 10*

景山

　　景山原名煤山，相傳明代興建紫禁城時，曾在此堆放煤炭，故有「煤山」的俗稱。它地處北京城的中軸線上，原為元、明、清三代的皇家御苑。景山高聳峻拔，樹木蓊鬱，風光壯麗，為北京城內登高遠眺，觀覽全城景致的最佳之處。景山後來被開闢為景山公園，其中有綺望樓、山脊五亭、壽皇殿、永恩殿、觀德殿等旅遊景點。

萬壽山

　　萬壽山，位於北京頤和園內。它的南坡（即前山）瀕臨昆明湖，湖山聯屬，構成一個極其開朗的自然環境。前山接近園的正門和帝、后的寢宮，是頤和園苑林區的主體。但它本名不叫「萬壽山」，早在遼金的時候，這裡只是一處帝王遊獵的天然園囿，當時的山叫「金山」，上面建有金山行宮，水域叫「金海」。

香山

　　北京的香山又叫靜宜園，是中國四大賞楓勝地之一，位於北京海淀區西郊，香山之名源於佛教經典。據載，佛祖釋迦年尼出生地迦毗羅衛國都城（即父城）近處有座香山，為大悲觀世音菩薩得道的地方。佛教傳入中國之後，香山之名也隨之傳入。所以，中國以觀音為主祀的佛教寺廟大都名為香山寺。

霧靈山

　　霧靈山本名伏凌山，曾叫過孟廣硎山、五龍山，到明代時因大乘天真圓頓教第三代祖天真古佛將此山作為「求道靈山」，加之此山常年有雲霧繚繞

其上，始稱霧靈山。霧靈山是燕山山脈主峰，現已成為距京、津、唐、承最近的一所天然公園和避暑旅遊勝地。霧靈山迷人的景色，早已被古往今來的名人志士譽為「京東第一」。內有歪桃峰、七盤井、蓮花池、仙人塔、龍潭瀑布、清涼界碑、霧靈雲海、霧靈積雪等美景。

東靈山

東靈山風景區面積60平方公里，北靠官廳湖，南與北京市門頭溝靈山風景區毗鄰，主峰海拔2303公尺，是屏護首都的最高峰，所以被譽為京西的「珠穆朗瑪」。

這裡氣候獨特，春季繁花似錦，夏季碧野蔥蔥，秋季野果盈盈，冬季雪谷掛冰，位於海拔1700公尺以上的空中草甸是華北最大的空中草原。因為海拔高度適宜犛牛生長，所以1982年以後就從西藏、青海、甘肅等地引進了幾百頭犛牛，此後，「犛牛迎客」就成了該景區的一大亮點。

海坨山

海坨山位於北京延慶與河北赤城交界處，是北京第二高峰，海拔1800公尺以上，是大草甸類型的植物帶，有金蓮花、黃花菜、手掌參、地榆、拳參、山丹等。南側斷裂升降顯著，山勢險峻，截雲斷霧，夏季時有驟雨如飛，古稱「海坨飛雨」，又名「吞奇吐秀」，為媯川八景之一。

百花山

百花山位於門頭溝區，屬於小五台山支脈，是北京第三高峰。百花山上有百花山主峰景區、百花草甸景區、望海樓景區、百草畔景區四大景區，這裡風景獨特，氣候宜人，群山環抱，奇峰連綿，溪水潺潺，並有奇花異草、稀禽珍獸分布其中。

每到盛夏，在百花山頂的千畝百花草甸，百鳥爭鳴，百花齊放，讓人歎為觀止。置身於百花山的無限風光之中，更有「長嶺松濤」「白樺林」「石林花徑」「燕溪跌水」「百花瀑布」等多處景觀，讓您流連忘返。

永定河

　　永定河位於北京的西南部，是北京的最大的水系，在北京地區的永定河上雖然沒有很著名的旅遊景區，但永定河一直備受北京人的關注，它還曾被稱為北京的「母親河」。

蓮花池

　　蓮花池古稱西湖、太湖、南河泊，位於北京市區西南部豐台區灣子蓮花池公園內，湖內種植各種蓮花，湖上築長堤，堤上有曲橋、拱橋、涼亭等點綴其間，已成為北京城區西南部的一處休閒樂園。蓮花池有著悠久的歷史，相傳從北京城之始的薊城一直到遼金的都城，都是依於蓮花池而生存發展的。如今它已成為北京城內一座典型的城市水系遺址公園。

什剎海

　　什剎海，位於市中心城區西城區，毗鄰北京城中軸線，是北京市歷史文化旅遊風景區，也是北京內城唯一一處具有開闊水面的開放型景區，同時還是北京城內面積最大、風貌保存最完整的一片歷史街區，在北京城規劃建設史上佔有獨特的地位。什剎海包括前海、後海和西海（又稱積水潭）三個水域及臨近地區，與「前三海」相呼應，俗稱「後三海」。什剎海景區內有著眾多的旅遊景點，如恭親王府花園、醇親王府、宋慶齡故居等。

美食小吃 *TOP 10*

北京烤鴨

　　北京烤鴨是老北京的一道招牌美食，它的前身是南京板鴨。明朝初年朱元璋在南京建都對口感肥而不膩的南京板鴨讚不絕口。據說，朱元璋要「日食烤鴨一隻」，宮廷的御膳房怕皇帝吃膩了就發明了新的做法，叉燒烤鴨和燜爐烤鴨就是在此時發明。後來，朱棣遷都北京便將南京板鴨帶入了北京，南京板鴨就成為老北京烤鴨。

胡適之魚

　　據金受申《老北京的生活》記載：「王府井大街的安福樓，前身為承華園。當其鼎盛時，許多文人常在此詩酒流連。哲學博士胡適之曾到這裡大嚼，發明用鯉魚肉切成丁，加一些三鮮細丁，稀汁清魚成羹，名『胡適之魚』」。

豆汁

　　豆汁與豆漿雖都是豆製品，但口感迥異。據說，豆汁最早時在宋代就已出現，當時有一位做綠豆澱粉的人在無意中將做豆粉的剩餘汁液發酵，發現了十分可口的豆汁。後來他將這些豆汁煮熟賣給附近窮苦的百姓。就這樣這種味道獨特的豆汁就問世了。

艾窩窩

　　艾窩窩是北京的一種傳統糯米黏食，也稱「愛窩窩」，每年農曆前後，北京的小吃店要上這個品種，一直賣到夏末秋初，涼著食用。所以艾窩窩也屬春秋品種，現在一年四季都有供應。

糖耳朵

糖耳朵又稱蜜麻花，是北京傳統小吃中的經典甜食，色澤棕黃油亮，綿潤鬆軟，甜蜜可口，因為它做成後外形與人的耳朵相似而得名。前人有詩云：「耳朵竟堪作食耶？常偕伴侶蜜麻花，勞聲借問誰家好，遙指前邊某二巴」。其原料有麵、紅糖、花生油、飴糖、蜂蜜、鹼，繁而不雜。

麻豆腐

麻豆腐是老北京的家常菜，北京人家常將麻豆腐加羊尾巴油、紅辣椒、黃豆、雪裡蕻一起炒，味道微酸，入口即化。因為羊油的膻味很重，所以有時候人們也用素油烹調麻豆腐。由於麻豆腐是綠豆製品，因此也具有一定的清熱去火，美容養顏的功效。

薩其馬

「薩其馬」是一種充滿著老北京風味的糕點名稱，原意是「狗奶子蘸糖」，它原本是滿族祭祀的祭品，用冰糖、奶油和白麵製作而成，形狀有點像糯米，經烤熟後切成方塊狀，即可食用。

漏魚

「漏魚」也稱「娃魚」，它並不是一種魚，也不是跟魚有關的食物，而是北京漢族人民的名小吃，它是用地瓜粉或是綠豆粉製作成的半透明狀物，煮熟之後因外形酷似魚，而被當地人取名為「漏魚」，其名一是便於好記，二是充滿著生動活潑的鄉土氣息。在古時的北京曾有人稱讚道：「冰鎮刮條漏魚竄，晶瑩沁齒有餘寒。味調濃淡隨君意，只管涼來不管酸。」

焦圈

焦圈形如女士們佩戴的手鐲，色澤金黃，酥鬆蓬脆，是一種北京古老的小吃，它稍碰即碎，別有一番風味，深受北京群眾喜愛。焦圈，象徵著人們渴望生活的幸福圓滿，傳承著中國的飲食文化，它不僅僅是一種舌尖上的享受，更是一種風情，一種歷史的見證，一種文化的積澱。

麵茶

　　麵茶是一種麵食，北方人在冬季和春季時候常用作早餐和夜宵，清朝《隨園食單》就曾有過記載，麵茶是玉米麵加上小米麵合煮成的黏稠粥糊物，放些碾好加了鹽的芝麻粒兒，並在其表面上轉著圈地澆著已和了香油的芝麻醬，還可以適當地放些花椒鹽，另加兩勺果子蛋，一起吃味道極佳。

帶著文化遊名城：老北京記憶 ／劉嘯編著. -- 一
版.-- 臺北市：大地, 2019.12
　　面：　公分. --（經典書架：29）

　　　　ISBN 978-986-402-323-3（平裝）

　　　1.文化史 2.北京市

671.094　　　　　　　　　　　　　108018618

帶著文化遊名城：老北京記憶

作　　　者	劉嘯 編著
發 行 人	吳錫清
主　　　編	陳玟玟
出 版 者	大地出版社
社　　　址	114台北市內湖區瑞光路358巷38弄36號4樓之2
劃撥帳號	50031946（戶名：大地出版社有限公司）
電　　　話	02-26277749
傳　　　真	02-26270895
E - mail	support@vastplain.com.tw
網　　　址	www.vastplain.com.tw
美術設計	成樺廣告印刷有限公司
印 刷 者	博客斯彩藝有限公司
一版一刷	2019年12月

經典書架 029